9급, 7급 대비

조경직 공무원 기본서

이윤주 편저

개정 2판

윌비스 이윤주 조경직 저자직강 ON AIR

pass.willbes.net

Chapter 01. 조경학

1. 조경 일반 — 5
2. 서양조경사 — 15
3. 동양조경사 — 39

Chapter 02. 조경계획 및 설계

1. 조경계획 및 법규 — 59
2. 조경설계 — 119
3. 부분별 조경 계획 및 설계 — 129

Chapter 03. 조경식재 및 시공

1. 식재 일반 — 151
2. 식재계획 및 설계 — 159
3. 조경식물 재료 — 181
4. 조경식물의 생태와 식재 — 195
5. 식재공사 — 203
6. 시공의 개요 — 213
7. 조경시공 일반 — 225
8. 공종별 공사 — 237
9. 조경적산 — 257
10. 기본구조 역학 — 265

Chapter 04. 조경관리 및 생태계 관리

1. 조경관리의 운영 및 인력 관리   271
2. 조경식물 관리   275
3. 시설물의 특수 관리   297
4. 이용관리계획   307
5. 생태계   313
6. 생태환경   331
7. 생태복원   341
8. 경관생태   351
9. 생태조사   359
10. 생태관련법규 및 기준   367

Chapter 01. 조경학

01. 조경 일반

01. 조경의 개념과 영역

1. 조경(Landscape Architecture)의 정의

① 외부공간을 취급하는 계획 및 설계 전문분야

② 토지를 미적·경제적으로 조성하는데 필요한 기술과 예술이 종합된 실천과학

③ 인공 환경의 미적 특성을 다루는 전문분야

④ 환경을 이해하고 보호하는데 관련된 전문분야

⑤ 현대과학으로서의 조경 : 1974년 미국 조경가협회(ASLA) 정의

"조경은 토지를 계획 설계 관리하는 기술로서 자연요소와 인공요소와의 결합, 구성해서 유용하고 쾌적한 환경을 조성하는 것이 목적"

⑥ 일본 - '조원' / 우리나라 - 1950년 말~'조경' / 중국 - '조림'

⑦ 유명조경, 건축가들의 정의

　㉠ 허바드, 킴볼 : 도시인에게 안락, 편리, 건강을 줌

　㉡ 가렛트 에크보 : 건축학의 연장. 생활공간우선

　㉢ 팩스톤 : 건축과 조경의 차이 → 수단, 기술, 재료

　㉣ 해케트 : 조경(생태순환계, 경관의 환경적 과정), 더 좋은 환경 조성

　㉤ 카슬러 : 회화건축조각, 생태학, 행동과학의 과학적 지식과 연구로부터 행태의 결정요소를 끌어냄

2. 조경학 이론

① 자연적 요소 : 자연과학적 지식과 생태적 관계 이해 필요 (지질, 토양, 수문, 지형, 기후, 식생, 야생동물)

② 사회적 요소 : 인간 행태, 문화차이, 사회적 요구 차이, 가치나 규범 (심리학, 인류학, 비교문화 연구)

③ 공학적 지식 : 식재공법, 우수배수, 포장기술, 구조학, 재료학

④ 설계방법론 : 컴퓨터 활용(오토캐드, 포토샵, 스케치업 등)

⑤ 표현기법 : 표현방법, 표현기술, 전달매체

3. 조경의 대상

① 정원 : 주택정원, 상업건물의 전정과 중정, 옥상정원, 실내정원

② 공원(도시 내 공원녹지)
- 생활권 공원(소공원, 어린이공원, 근린공원)
- 주제공원(역사, 문화, 수변, 묘지, 체육공원)
- 도시주변녹지(시설녹지, 경관녹지, 완충녹지)
- 도시 속 오픈스페이스(광장, 보행자전용도로)

③ 자연공원 : 국립, 도립, 군립공원, 사찰경내, 문화유적지, 천연기념물 보호구역

④ 관광 및 레크리에이션 시설
- 육상시설(야영장, 경마장, 골프장, 스키장, 자연농원 및 관광농원, 유원지, 종합레저단지)
- 수상시설(해수욕장, 조정장, 낚시터, 수상스키장, 마리나 시설)

⑤ 시설조경 : 주택단지, 공업단지, 가로 및 고속도로 조경, 캠퍼스 계획 및 조경

⑥ 환경계획: 대규모 산림지역, 강유역 등 보존 및 개발방향

⑦ 단지계획 : 대지에 대한 분석·종합·경계·명확한 지역구분

4. 조경 공간의 분류

① 생활환경계 조경 공간(주택정원, 아파트조경, 학교 문화시설)

② 레크리에이션계 조경 공간(도시 내 공원, 자연공원, 유원지, 해수욕장, 국립공원)

③ 유통계 커뮤니케이션계 조경 공간(고속도로, 자전거도로, 네이쳐트레일, 보행자전용도로)

02. 조경가의 역할

1. 굿카인드의 환경에 대한 인간변화태도의 관계
① 나 - 당신 1단계 (안전을 위한 욕망, 유기적인 상호의존)
② 나 - 당신 2단계 (환경에 대한 논리적 적응, 자연의 도전)
③ 나 - 그것 3단계 (자연에 대한 공격과 정복, 도시발달, 환경오염)
④ 나 - 그것 4단계 (책임과 통일시대, 자연현상의 이해)

2. 메슬로우의 인간욕구단계
① 1단계 - 생물학적 욕구
② 2단계 - 안전에 대한 욕구
③ 3단계 - 사회적 욕구
④ 4단계 - 자긍심에 대한 욕구
⑤ 5단계 - 자기실현에 대한 욕구

3. 조경가의 역할
① 조경 계획과 평가 : 대지의 체계적 연구, 생태학, 자연과학
② 단지 계획 : 계획의 요구조건을 창조적 종합성으로 이끔
③ 조경 설계 : 도식화된 공간과 지역에 특수한 질 부여
④ 도시 설계 : 건물의 위치 순환체계를 위한 공간의 조직

4. 조경가의 세분
① 조경계획가(제너럴리스트) : 종합적 계획, 대규모 프로젝트, 종합적 사고력
② 조경설계가(스페셜리스트) : 기술적 지식과 예술적 감각으로 구상, 설계
③ 조경기술자 : 시공자, 공학적 측면, 재료의 마감, 구조물계산, 배수관망, 경사도 작성
④ 조경원예가 : 조경 식물을 대상, 수목생산·공급, 관리, 공원 및 식물 관리자

03. 조경대상 및 타 분야와의 관계

1. 도시계획, 설계와 조경의 관계

① 도시계획과 설계의 차이
  ㉠ 도시계획(도시, 대단위 지역의 계획. 미적 측면 강조, 계획과 설계에 중점)
  ㉡ 도시설계(도시의 물리적 골격과 형태, 최종적 환경 모습에 관심)

② 최초의 도시계획 : 그리스 밀레토스의 장방형 도시계획(히포데이모스)

③ 현대 도시계획
  ㉠ 하워드 전원도시론
    - 근린주구 이론과 신도시 개발의 기틀 마련
    - 소도시론, 자족적 자급도시
    - 인구 3만 2천명 수용, 주거밀도와 면적 제한
    - 도시의 편리성과 기능성을 농촌의 쾌적성과 자연성에 결합
    - 영국의 레치워스와 웰윈의 건설에 도입
    - 도시, 전원, 전원도시
  ㉡ 테일러 위성도시론
    - 하워드의 전원도시 계승
    - 신도시건설(도시의 기능을 교외로 분산)
    - 인구 3만명 수용, 계획적 조성, 자족적 독립도시
  ㉢ 페리의 근린주구이론
    - 생활권 선정(초등학교 학군을 기준으로)
    - 6가지 개념(규모, 경계, 오픈스페이스, 공공건축용지, 근린상가, 지구내 가로체계)
  ㉣ 레드번 계획
    - 미국 전원도시(페리의 근린주구이론 실현)
    - 인구 2만 5천명 수용(미국 뉴저지의 420 ha)
    - 10~20ha 슈퍼블록(super block) 설정 : 보도와 차도의 분리, 블록 내 안전한 놀이장소 형성
    - 쿨데삭(cul-de-sac)도로 : 통과 교통방지, 근린성 확보, 차량 진입 하여 회전해 나오는 형태
  ㉤ 르꼬르뷔제의 대도시론
    - 건축적 기능주의 강조
    - 건물의 필로티를 이용해 도로 교통문제 해결, 숲에는 보행자 시설 설치
    - 거대도시계획(인구 300만명 수용) / 중심 - 초고층빌딩 / 외곽 - 녹지조성
  ㉥ 선형도시론
    - 기존 거점도시들을 연결해 전체도시를 선형으로 구성
    - 도시생활 + 전원생활 동시구현

2. 그린벨트(녹지계통) 형태에 의한 도시계획

형 태	특 징	해당 지역
분산식	녹지대가 여러 형태로 산재	
환상식	도시중심으로 환상형태 = 도시확산방지	오스트리아 비엔나
방사식	도시중심 → 외부로 방사형태 녹지대	독일 하노버, 비스바덴, 미국 인디애나폴리스
방사환상식	방사식 + 환상식 = 가장 이상적 형태	독일 쾰른
위성식	대도시에 적용(인구분산목적)	독일 프랑크부르트
평행식	띠 모양으로 일정간격 두고 배치	스페인 마드리드, 러시아, 스탈린그라드

3. 조경과 타 분야와의 관계

① 건축 : 건물의 계획이나 설계(실내)

② 토목 : 도로, 교량, 지형의 변화, 댐, 상하수 설계와 공법

③ 환경설계

    ㉠ 환경디자인, 환경전반

    ㉡ 인간 행태와 물리적 환경사이

    ㉢ 환경설계

    ㉣ 토지의 합리적 이용

04. 조경계획과 설계

1. 계획의 일반과정

목표와 목적 설정 → 기준 및 방침 모색 → 대안작성 및 평가 → 최종안 결정 및 시행
↑─────────────── 환류(feedback) ───────────────┘

2. 계획과 설계의 비교

계 획	설 계
*문제 발견-분석적 접근	*문제 해결-종합적 접근
*논리적, 객관적 접근, 합리적 사고	*주관적, 직관적, 창의성과 예술성 강조
*지침서, 분석결과의 서술적 표현	*도면, 그림, 스케치로 표현, 창조적 구상
*체계적, 일반론 존재	*개인 능력과 감각에 의존
*사회요구, 수요, 경제적 가치의 양적 표현	*양적 토지를 질적 표현

3. 계획의 접근방법

① 토지이용계획으로서의 조경계획

㉠ 러브조이(D. Lovejoy)
- 토지이용계획 : 토지의 효율적 이용 계획
- 조경계획 : 최적이용 달성방법론(대지 / 기능)

㉡ 해켓(B. Hackett)
- 조경계획 : 기술적 지식과 미적 이해를 바탕으로 새로운 경관으로 발전
- 조경계획방법 : 대지 및 경관분석 → 예측 및 자문 → 기본 및 실시설계 → 대략적 계획, 대안 → 특정 계획안 작성

② 레크리에이션 계획으로서의 조경 계획(골드 S. Gold)

- 레크리에이션 계획 : 여가 시간 활동에 적합한 공간 및 시설 계획
- 레크리에이션 계획의 5가지 접근 방법

자원 접근법	-물리적 자원이 레크리에이션 유형의 양 결정 -공급이 수요제한 -한계 수용력과 환경의 영향 -경관이 뛰어난 지역에 유용
활동 접근법	-과거 레크리에이션활동 참가사례가 앞으로의 기회를 결정 -공급의 수요창출 -대중 선호유형, 참여율, 사회적 인자가 중요 -대도시 레크리에이션 계획
경제 접근법	-경제적 기반, 예산규모가 레크리에이션의 유형, 입지 결정 -투자와 책임은 비용편익분석에 의해 조절 -경제적 인자가 우선 -공공사업의 민자 유치, 기업 투자효과 고려해 계획
행태 접근법	-이용자의 구체적 행동패턴에 맞춰 계획 -이용자 선호도와 만족도가 계획에 반영 -잠재적 수요파악 -정확한 가치판단, 신빙성 있는 조사법 개발, 수준 높은 시민 참여도 필요
종합 접근법	-위 4가지 방법의 긍정적 측면만 이용한 계획

4. 조경계획의 과정

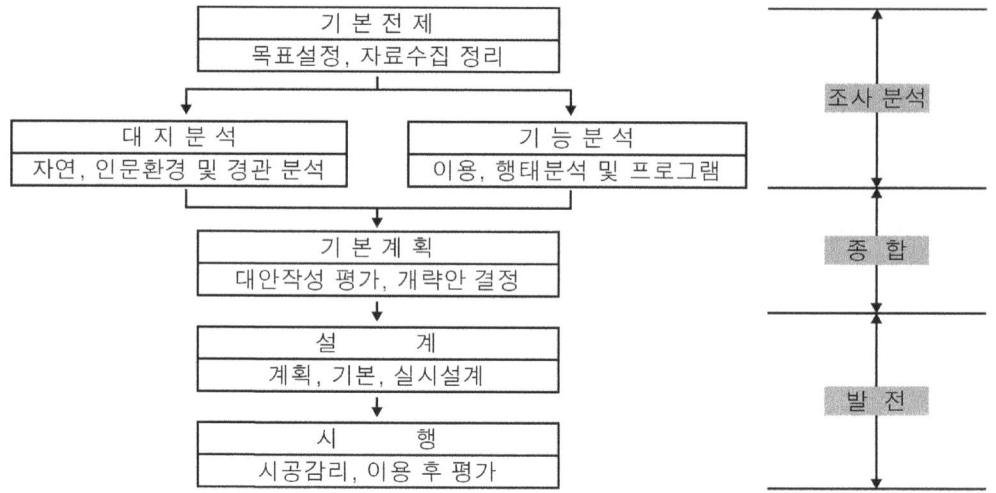

① 조사 분석

　㉠ 사전조건 결정 : 문제 파악 및 분석 시작 / 목표 설정

　㉡ 분석대상

　　-자연환경분석(지질, 지형, 토양, 기후, 식생, 수문, 생물, 경관 등)

　　-인문환경분석(인구, 교통, 토지이용, 시설물, 역사문화, 이용행태 등)

　㉢ 분석내용

　　- 대지분석

자연적 인자	생태적 분석 관계
지권	토양, 지질, 지형, 경사도 분석
수권	수문, 지표수, 우수배수, 지하수분석
대기권	기후 및 일기
생물권	식생, 야생동물
문화적 인자	토지이용, 교통동선, 인공구조물 현황, 변천과정, 역사
미학적 인자	시각적 특성, 경관 가치, 경관 이미지

　　- 기능분석(양적 수요파악, 사회심리조사, 설문, 관찰 조사 분석)

② 종합 및 평가

　㉠ 기본구상(프로그램을 대지에 배치하는 단계)

　㉡ 개념도 대안작성 후 대안 결정

　㉢ 린치의 3가지 유형 개념도(토지이용계획, 동선계획, 시각적 형태)

③ 설계발전 및 시행

　㉠ 기본 계획(계획 설계)

　　- 조건정리, 토지이용계획, 공공시설기본계획, 사업비추정, 1/3,000~1/10,000

　㉡ 기본설계

　　- 배치설계도, 도로설계도, 정지계획도, 배수설계도, 식재계획도,

　　시설물배치도, 설계개요서, 공사비 계산서, 시방서, 1/1,000~1/3,000

　㉢ 실시설계

　　- 설계도, 상세도, 수량산출, 일위대가표, 공사비, 시방서, 공정표, 1/1,000 이상

　㉣ 환경 영향 평가(개발에 따른 생태적, 사회적, 경관적 영향에 초점. 사전평가)

　㉤ 이용 후 평가(시행된 후까지 책임. 이용 상태 중심 평가)

* tip *

조경계획 및 설계 3대 분석과정 (물리·생태적 분석 / 시각·미학적 분석 / 사회·행태적 분석)

Chapter 01. 조경학

02. 서양조경사

01. 고대의 조경

1. 이집트

(1) 개관

    ① 자연적 배경 : 아프리카 동북부, 국토 절반이 사막, 나일강가의 문명 발생지(이집트 문명)

    ② 기후적 배경

        ㉠ 무덥고 건조한 사막기후(나일강 유역의 폐쇄적 지형)

        ㉡ 산림과 수목의 결핍. 수목을 신성시(녹음수)

        ㉢ 원예(수목원, 포도원, 채소원)와 관수의 발달로 관개농업 발달

    ③ 사회적 배경 : 신전정치. 종교적 신전 발달

    ④ 건축

        ㉠ 분묘건축(마스타바, 피라미드, 스핑크스, 오벨리스크)

        ㉡ 신전건축(예배신전, 장제신전, 분묘구조)

(2) 주택정원

    ① 아메노피스 3세의 중거의 분묘(탑문, 아취형 포도나무)

    ② 메리네 정원(침상지, 관목과 화훼류를 원로에 배식)

    ③ 주택정원의 특징

        ㉠ 높은 울담의 사각 공간 구성

        ㉡ 수목의 열식(시커모어, 대추야자, 이집트 종려, 아카시아, 포도, 무화과, 석류 등)

        ㉢ 정형식 정원

        ㉣ 정원 입구에 탑문(pyion)설치

        ㉤ 주요부에 연못조성, 키오스크(정자) 설치

(3) 신원

    ① 샤린 가든(Shrine Garden)

        ㉠ 델 엘 바하리의 핫셉수트 여왕의 장제신전

        ㉡ 세계 최고의 정원유적으로 센누트 설계

        ㉢ 태양신인 아몬의 신전

        ㉣ 식혈 존재(탑문과 노단에 구덩이 파고 수목 열식)

        ㉤ punt 보랑 부조(외국에서 수목을 옮겨오는 내용)

    ② 사자의 정원(묘지정원, 영원)

        ㉠ 테베의 레크미라 무덤벽화

        ㉡ 사후세계

        ㉢ 구형(사각형)연못, Kiosk, 연못 사방에 수목 열식 및 관수

2. 고대 서부아시아

(1) 개관
- ① 자연적 배경 : 티그리스강과 유프라테스강 지역, 기후차가 극심, 강수량이 적음
  토지이용도가 낮고, 인공적 언덕이나 높은 대지 선호
  녹음을 동경해 수목 신성시, 아치와 볼트의 발달로 옥상정원 가능(신바빌로니아)
- ② 문화적 배경
  - ㉠ 측량학 발전으로 최초 도시 형성
  - ㉡ 도시계획 : 우르, Nippur, 바빌론
  - ㉢ 함무라비 법전 : 바빌론의 도시계획에 관한 것
- ③ 종교적 배경 : 다신교, 천지 숭배, 점성술 발달, 현세관
- ④ 정치적 배경 : 왕은 주권자이자 신의 집행자. 신전중심의 도시계획
- ⑤ 건축 : 외부에 대해 폐쇄적이고 방어적(지구라트, 바벨탑, 수메르인의 사원)
  - ㉠ 건축재료 : 석재, 목재, 흙벽돌, 갈대와 진흙
  - ㉡ 공법 : 아취형, 지붕은 낮고 수평적

(2) 조경유적
- ① 수렵원(Hunting Park)
  - ㉠ Quitsu(숲) & Kiru(사냥터)
  - ㉡ 길가메시 이야기(사냥터의 경관에 대한 묘사로 최고의 문헌)
  - ㉢ Nineveh(니네베)의 언덕 위 궁전
- ② 공중정원(Hanging Garden)
  - ㉠ 신바빌론 성벽의 내외 이중구조 중 내성
  - ㉡ 최초의 옥상정원으로 세계 7대 불가사의
  - ㉢ 노단벽은 아케이드, 내부는 방, 동굴, 욕실 등 실용공간 구성
  - ㉣ 네브카드네자르 2세 왕이 아미티스 왕비를 위해 축조
  - ㉤ 정방형 나선형태
  - ㉥ 인공적 수조(유프라테스 강에서 관수)
  - ㉦ 피라미드형 노단층의 평평한 부분에 식재
- ③ 지구라트(Ziggrats) : 신성스런 나무숲과 정상에 사원 축조
  - ㉠ 메소포타미아지방의 종교용 건축물
  - ㉡ 평면의 거형에서 상승하며 피라미드형으로 구성
  - ㉢ 정상에 광장과 신전건축
  - ㉣ 많은 장식, 재단과 수목이 많으며, 정상에 덩굴식물 식재
- ④ 페르시아 파라다이스 가든
  - ㉠ 페르시아의 지상낙원으로 천국 묘사. 개인정원
  - ㉡ 담으로 둘러싸인 방형공간에 교차수로에 의한 사분원 형성
  - ㉢ 카나드(Canad)에 의한 급수, 여러 과수재배로 수목 풍성, 신선한 녹음

3. 그리스

(1) 개관

① 자연적 배경 : 지중해성 기후와 해안선 발달, 연중 온화 쾌적,

지리적 영향으로 독립된 도시 발달, 도시국가 형성

기후적 영향으로 공공조경 발달

② 문화적 배경

㉠ 에게문명의 발상지 - 크레타섬의 크레타문명

㉡ 반도의 미케네문명

③ 인문적 배경 : 공공조경 발달

④ 종교적 배경 : 신인동형동성설

⑤ 건축

㉠ 양식 : 도리아식(파르테논 신전, 아테네 신전), 이오니아식(아테나 신전), 코린트식(올림피아 제우스 신전)

㉡ 특징 : 평면의 기능, 구조기술, 형태미에 치중, 구성의 비례나 균제미, 채색, 명암 중시

(2) 공공조경

① 성림 : 신에 대한 숭배와 제사 지내는 장소

㉠ 델포이성림(아폴로신전) : 수목과 숲을 신성시

㉡ 올림피아성림(제우스신전) : 4년마다 제사를 지내던 것이 올림픽의 기원이 됨

㉢ 종려나무, 떡갈나무, 플라타너스 등 녹음수 식재

② 김나지움(Gymmasium)

㉠ 청년들의 체육훈련장소 → 대중적 정원으로 발달

㉡ 나지로 식물이 전혀 없었으나 후에 녹음수 식재, 의자, 욕실 설치

㉢ 시민산책, 집회에 이용하면서 공원화

③ 아카데미(Academy)

㉠ 아테네 근교 올리브나무숲 아카데모스에서 유래

㉡ 플라타너스 열식, 제단, 주랑, 벤치 설치

㉢ 플라톤이 세운 최초의 대학

④ Stadia : 제사 때 경기장으로 사용된 마제형 공식적 경기장

⑤ 야외극장 : 사면을 이용해 관람석, 중앙 무대로 구성

- 메가로폴리스, 에피다우로스, 디오니서스

(3) 도시조경
　① 아고라(Agora)
　　㉠ 시민들의 토론과 선거위한 장소, 시장기능, 도시민의 경제생활과 예술활동의 중심지
　　㉡ 광장의 개념이 최초로 등장
　　㉢ 공공광장, 스토아라는 회랑에 의해 경계 형성
　② 아크로폴리스(Acropolis)
　③ 도시계획
　　㉠ 히포다무스(Hippodamos) : 최초의 도시계획가
　　㉡ 도시계획의 기본요소 : 격자형 가로망, 건축물 통제, 도시하수처리와 아고라
　　㉢ Priene시의 도시계획
　　㉣ 밀레토스의 장방형 격자모양의 도시계획을 히포다미안, 밀레시안으로 지칭

(4) 주택정원
　① 아도니스원 : 후에 pot 가든, roof 가든으로 발전
　② Priene의 주택
　　㉠ 주랑식 중정(입구가 한 개인 직각형태)
　　㉡ 파티오(Patio) : 가족공용 중정, 거실과 방이 중정을 향해 집중
　　㉢ 폐쇄식 구조 : 도로쪽을 폐쇄, 파티오 향해 개방함

4. 로마

(1) 개관
- ① 자연적 배경: 지중해성 온난한 기후, 티베르 강가의 구릉지에 최초의 도시국가 건설
- ② 문화적 배경: 과학기술, 토목기술, 법학, 의학 발달
- ③ 건축
    - ㉠ 기하학적, 균제적, 별장정원 발달
    - ㉡ 열주형태 건축양식, 대규모적 화려, 장식적
    - ㉢ 구조물을 경관보다 우세하게 처리
    - ㉣ 토목기술 발달(상·하수도 설치)
- ④ 도시계획
    - ㉠ 아우구스투스의 도시계획
    - ㉡ 토목기술의 발달(고가수로, 도로, 배수시설 설치)
- ⑤ 정원 식물(농업과 원예발달, 토피어리의 최초사용)

(2) 빌라
- ① 로렌티아나(villa Laurentina) 빌라(바닷가 위치, 창문에 처마 설치)
- ② 투스카나(villa Tuscana) 빌라(구릉에 위치한 피서용 별장)
    - ㉠ 공간구성 : 구릉에 위치한 노단식 구조 - 주건물군, 구릉건물군, 경기장
- ③ 하드리아나 빌라(villa Adriana) : 대규모 왕궁과 정원을 겸한 대별궁
- ④ 네로황제의 티베르강 서한의 빌라: 황제와 신하의 파라다이스
- ⑤ 호르투스 빌라(villa Hortus) : 로마시민의 작은 채원 중심정원이 있는 빌라

(3) 포럼(Forum)
- ① 공간특징 : 지배계급을 위한 상징적 공간, 집회장소 → 사교장, 오락장
- ② 유형 : 일반광장, 시장광장, 황제광장

(4) 공공건축
- ① Temple(신전) : 그리스도교 예배당으로 사용
- ② Basilica : 부분적 집회, 상업적 역할 → 교회당
- ③ 투기장(콜로세움) : 격투장
- ④ 경마장 : 긴 마제형 경기장
- ⑤ 욕장(Thermal) : 위락, 온실, 공공욕장을 합성, 도서실, 소극장
- ⑥ 개선문, 기념주 : 기념 건축물

(5) 주택정원
- ① 제 1중정(Atrium) : 손님접대, 상담, 공적 장소, 포장, 빗물받이 수반, 무열주
- ② 제 2중정(2개의 Peristylium) : 사적공간, 가족을 위한 공간, 열주의 중정, 화훼, 조각, 분천
- ③ 제 3중정(Xustus) : 후원, 5점 식재, 실용원, 수로중심, 원로와 화단의 대칭배치

02. 중세의 조경

1. 개관
① 시대적 배경 : 서로마 제국의 멸망 후 유럽의 3대 영향권(비잔틴문명, 서방문명, 이슬람문명)
② 문화적 배경 : 기독교 중심과 봉건영주에 의한 암흑의 시대
③ 건축 : 기독교건축 발달(회화와 조각 발달, 바실리카식 → 로마네스크 → 고딕양식)

2. 서구
(1) 수도원 정원 - 중세 전기
    ① 실용원이 발달(약초원, 채소원) / 이탈리아 중심으로 발달
    ② 장식정원(회랑식 중정)
        ㉠ 회랑식 정원
        ㉡ 폐쇄식 중정
        ㉢ 중심에 파라디소 설치(수목식재, 수반, 분천, 우물)

(2) 성관정원 - 중세 후기
    ① 봉건제도, 폐쇄적 정원, 과수원, 초본원, 유원
    ② 프랑스, 잉글랜드에 주로 발달
    ③ 화려한 화훼중심, 미로, 무늬화단, 토피어리
    ④ "장미의 이야기"의 삽화에 묘사

(3) 중세광장
    ① Town Square : place나 현대의 plaza로 발전
    ② 도시 광장적 개방 공간
    ③ 비대칭적 접근
    ④ Claustrum : 건물에 둘러싸인 네모난 공지

(4) 중세정원의 특성
    ① 초본원(유원, 과수원)
    ② 식물중심(채소, 약초, 과수, 장식, 토피어리, 화단)
    ③ 4대 정원구성물(분수, 퍼골라, 수반, Turfseat)

3. 중세 페르시아 회교식 정원(사라센식)

(1) 조경 특징
① 기후영향 : 고원지대로 엄한과 혹서의 대조적 기후, 물의 사용, 관개시설, 못, 분천, 커넬, 수조, 캐스케이드
② 종교영향 : 이슬람교, 숲 조성하고 원로, 원정 설치
③ 국민성 : 녹음수의 수호자, 토벽에 녹음수 밀식
④ 울담으로 위요해 바람을 막음, Canad(관수 위한 수로조성, 인공관개)
⑤ 이탈리아 르네상스의 노단건축식의 형성과 수경기법 등에 영향 미침

(2) 도시계획
① 이스파한(중부 사막지대에 위치한 계획적 정원도시)
 ⓒ 왕의 광장(마이단) : 380 m × 140 m의 거대 옥외공간
 ⓒ 40 주궁 : 규칙적 화단과 감귤류 가로수, 왕의 광장과 차하르바흐 사이의 궁전구역
② 차하르 바그 : 7 km 이상 길게 뻗은 넓은 도로
 - 도로 양쪽 가로수(사이프레스와 플라타너스) 식재 / 화단, 수로의 넓은 도로 중심의 도로공원
③ 시라즈(황제도로가 관통- 이스파한과 시라즈의 관통도로)
 ㉠ 안락의 정원 : 커넬, 오렌지나무 산책로
 ㉡ 왕좌의 정원 : 오렌지 숲, 사이프레스 가로수

4. 중세 스페인(무어인) 회교식 정원

(1) 조경 특징
① 해안을 따라 녹지 발달, 이슬람문화의 혼합
② 고가수로, 빌라정원
③ 고도의 관개기술로 정원 속에 묻힌 도시 창출
④ 로마의 중정형식, 내향적 공간추구
⑤ 스페인 Patio 양식 생성
 - 둘러싸여 위요된 공간
 - 내부중정(덩굴식물, 분수)

(2) 주요 정원
① Cordoba 대모스크(사원)
 ㉠ 코르도바에 위치
 ㉡ 오렌지 중정에 오렌지나무, 연못, 분수 배치
② 알함브라 궁원(그라나다)
 ㉠ 특징 : 색채 중요, 건물의 수학적 비례감, 무어양식의 극치
 ㉡ 공간구성
  - 연못의 파티오(대형 장방형 연못, 연못 양쪽 끝에 대리석 분수, 대리석 포장)
  - 사자의 파티오(12마리 사자상의 분수, 주랑식 중정, 자갈포장, 가장 화려한 중정)
  - 다라하의 파티오(부인전용, 원로, 분수, 회양목으로 가장자리 처리)
  - 레하의 파티오(가장 작은 규모, 색자갈로 무늬포장, 사이프레스 중정, 중심에 분수)

③ Generalife 이궁(높이 솟은 정원)
  ㉠ 왕의 피서지
  ㉡ 경사지에 노단식으로 배치(노단건축식에 영향 미침)
  ㉢ 공간구성
    - 수로의 중정(연꽃의 분천): 가장 아름다운 공간, 회양목의 무늬화단, 장미원
    - 사이프레스 중정(후궁의 중정): 옹벽 따라 사이프러스 노목 식재
    - miradors(북쪽문)
④ Sevilla의 알카자르 공원(요새형 궁전)
  ㉠ 정원과 파티오에 무어인의 영향이 강하게 나타남
  ㉡ 3개의 부분으로 구획되고, 가든 게이트와 창살 달린 창으로 연결
  ㉢ 연못은 침상지로 중앙에 분수, 원로는 타일과 석재포장

5. 중세 인도(무굴인)의 회교식 정원

(1) 조경 특징
  ① 수경중심(연꽃) : 물을 중시
  ② 녹음수 중시, 프라이버시 위한 높은 울담 설치
  ③ 입지 : 구릉지, 샘터 중심으로 선정
  ④ Bagh 발달
    ㉠ 캐시미르지방 : 산지 계곡, 물이 풍부하고 경관 수려, 노단식 피서용 바그발달
    ㉡ 아그라, 델리지방 : 평지, 궁전이나 묘지 발달, 지형적 영향으로 높은 담 사용
  ⑤ 묘원 : 정원과 묘지의 결합
  ⑥ 인도정원에 대한 문호

(2) 주요 정원
  ① 니샤트 바그(Nishut B.)
    ㉠ 캐시미르 지방의 다르호 동쪽 호안에 세워진 왕의 하계별장
    ㉡ 수경중심 정원, 12개의 노단으로 구성, 중앙에는 분수로 캐스케이드 형성
    ㉢ 화단조성(백합, 장미, 코스모스 등), 포플러, 플라타너스 식재
  ② 살리마르 바그(Shalimar B.)
    ㉠ 샤자한 왕의 여름별장
    ㉡ 4분원, 제2테라스 연못에 돌로 된 섬 축조
    ㉢ 수로 양단 원로의 무늬벽돌포장
    ㉣ 크지 않은 낙차의 3개의 테라스로 구분
  ③ 타지마할(Taj Mahal B.)
    ㉠ 샤자한 왕이 뭄타즈 마할 왕비를 위해 조영
    ㉡ 건축특성 : 대칭적 구조의 균형잡힌 단순 의장 - 균제미의 절정
    ㉢ 정원특성 : 높은 울담, 흰 대리석 능묘, 장방형 대분천지가 특징, 완벽한 좌우 대칭형으로 말단부에 원정(파빌리온)

03. 르네상스(15~17C)의 조경

1. 배경

(1) 르네상스의 발생과 특징

① 문예부흥(기독교와 봉건제도에 반발해 강력한 시민사회 형성, 새 문화 창출운동)

② 인간의 존엄성을 높이기 시작

③ 정원이 예술의 한 분야로 속하게 됨

중세	르네상스
암흑의 시대	광명의 시대
속박의 시대	자유의 시대
그리스도교 신본주의 사회	휴머니즘, 인문주의 사회
정원- 신의 영광	정원- 인간의 존엄성, 취미, 품위

(2) 시대적 흐름

① 15세기 초기 르네상스 : 플로렌스지방 중심

② 16세기 중기 르네상스 : 로마와 근교를 중심으로 발전

③ 17세기 후기 바로크양식 : 이태리 북부지방 제노바, 베니스에서 발전

2. 이탈리아

(1) 개관

① 시대적 배경 : 르네상스 운동의 원동력

② 르네상스 문화의 중심지 : 피렌체(정치적, 지리적, 자연적 우연성)

③ 건축 : 고대 로마양식 기초, 안정과 대칭, 균제 강조

④ 조경

㉠ 지형과 기후적 여건으로 구릉과 경사지에 빌라 발달, 노단이 중요 경관요소로 등장

㉡ 빌라를 중심으로 전정과 후정, 자연경관, 과수원, 수림대 등으로 구성

㉢ 건물의 주축이 정원의 비례나 대칭적 공간분할의 기본적 형태로 작용

㉣ 색채의 대비효과 이용(흰 대리석과 암록색 상록수)

(2) 15C(Tuscan 피렌체) : 르네상스 초기

① 카레기의 메디치장 : 미켈로지(villa Medici di careggi)

- 르네상스 최초 빌라, 인본주의 특징

- 고대 로마별장 특성 + 중세 세부시설, 색채 + 르네상스적 입지

- 높은 담, 도시경관 조망가능, 테라코타 화분장식

② 피에졸의 메디치장 : 미켈로지(villa Medici di Fiesole)

- 전원형식 별장, 언덕의 사이프레스, 올리브나무 배경

- 경사지에 테라스 만들어 지형 이용한 설계, 차경효과 우수

(3) 16C(로마) 노단건축식

    ① 로마의 벨베데레원(Bevedere garden at Rome) : 브라망테
- 바티칸궁과 벨베데레 구릉의 별장을 서로 연결해 설계
- 경사지를 3개의 테라스로 구성, 옹벽과 계단 설치
- ㉠ 조경특성
  - 최상의 테라스 : 카지노 설치, 장식적 정원
  - 중앙의 테라스 : 높고 평탄한 대지, 수목식재, 노단건축식 양식의 시작, 테라스를 대규모 계단으로 연결
  - 최하의 테라스 : 바티칸 궁전건물과 반원형의 중정을 연결, 잔디식재

    ② 몽테마리오 산의 마다마 빌라(villa Madama at the slope of Monte Mario)
- 3개의 노단식 정원, 남북의 긴 축을 3개의 노단으로 기하학적 축선에 따라 연속적이고 변화 있는 디자인

    ③ 티볼리의 에스테원(villa D'este at Tivoli) - 리고리오
- ㉠ 이탈리아 3대 정원
- ㉡ 중심축을 따라 4개의 테라스 연결(하부에서 상부까지 명확한 중심축 사용)
  - 제 1 테라스 : 중앙부분에 사이프레스 식재, 자수화단, 미원, 연못, 조각물, 물풍금
  - 제 2 테라스 : 감탕나무 숲 사이로 세 갈래 계단이 평행되게 배치, 사면에 타원형의 용의 분수
  - 제 3 테라스 : 경사면 따라 100개의 분수의 긴 산책로, 티볼리 분수, 로메타 분수
  - 제 4 테라스 : 흰 대리석 카지노
- ㉢ 정원특징 : 수경의 연출, 강한 대비효과

    ④ 바그나닝의 빌라 랑테(villa Lante at Bagnaning) - 비뇰라
- ㉠ 4개의 테라스가 돌계단으로 연결, 총림·테라스·화단의 조화로운 배치
- ㉡ 이탈리아 3대 정원
  - 최하의(제1) 테라스 : 물의 정원, 정방형 연못, 두 개의 대칭적 카지노
  - 제 2 테라스 : 플라타너스 군식, 원형의 분수, 빛의 분수
  - 제 3 테라스 : 추기경의 테이블, 잔디원 사이 장방형 못, 거인의 분수
  - 최상의(제4) 테라스 : 인공폭포와 인공수로, 캐스케이드, 돌고래 분수
- ㉢ 제 1 노단과 제 2 노단 사이에 두 채의 카지노 설치

    ⑤ 빌라 파르네제(villa Farnese) - 비뇰라
- ㉠ 이탈리아 3대 정원, 계단에 캐스케이드 형성
- ㉡ 2개의 테라스로 울타리 없이 주변경관과의 조화 이룬 구성
- ㉢ 물을 많이 이용하지 않고 좌우대칭의 일상생활 위주 설계

(4) 17C 후기 바로크
　① 감베라이아 빌라(villa Gamberaia) : grotto원, 물의 정원, 레몬원, 사이프레스원, 전망대, 올리브 숲
　② 알도브란디니 빌라(villa Aldobrandini) : Plaza, 벽감, 카지노, 물극장, 인공폭포
　③ 이졸라 벨라 빌라(villa Isola bella) : 바로크 정원 양식의 대표작
　　- 호수의 섬 전체를 10개의 노단으로 구성, 공중정원 형식
　　- 테라스마다 대리석 난간, 조각물, 화병, 오벨리스크, 꽃의 사용, 최상단 테라스의 물극장
　④ 가르조니 빌라(villa Garzoni) : 바로크양식의 최고봉, 건물과 정원이 분리된 2개의 노단으로 구성
　　- 상단 테라스 : 무대, 조망, 총림의 대비
　　- 하단 테라스 : 밝고 화려한 파르테르, 원형의 연못
　⑤ 란셀로티장 : 바로크 양식의 빌라

(5) 이탈리아 르네상스 조경의 특징

	초기 르네상스(15C) 조경의 특징	
1	고대특징	고대 로마의 별장과 전원 스타일 계승
2	중세적 특징	건물, 의장, 세부시설
3	르네상스적 특징	위치선정, site 개발, 독특성
4	식물자체에 대한 흥미	

	이탈리아 르네상스 정원양식의 특징	
1	노단 건축식 양식	
2	축선의 사용	메디치Medici(세 개의 축), 랑떼Lante(강한 주축), D'est(독립된 테라스)
3	카지노의 위치	상단형: 원경조망(에스테장) 중간형: 알도브란디니장 하단형: 랑테장, 카스켈로장
4	시각구성적 특성	강한 대비, 원근효과, 색채 강조
5	물의 다채로운 이용	바로크 시대, 물극장, 비밀분천, 경악분천

3. 프랑스

(1) 개관

① 자연환경 : 지형이 넓고 평탄, 다습지가 많아 풍경이 단조로움, 온난습윤의 기후로 낙엽수림 발달해 산림 풍부

② 사회경제환경 : 절대주의 왕정 확립과 예술 후원의 영향을 크게 받음

③ 시대별 특징

　㉠ 15세기 : 이태리 르네상스 모방시대

　㉡ 16세기 : 이탈리아 양식으로 성곽과 정원개조

　㉢ 17세기 : 본격적 프랑스 르네상스 정원 창출(평면기하학식 정원)

④ 이탈리아와 프랑스 르네상스 조경의 차이

	이탈리아	프랑스
도시적	도시국가, 전원생활 빌라	도시주변 성곽중심, 해자의 정원
지형상	구릉과 산악중심	평지
양식상	노단 건축식	평면기하학식
물이용	cascade	canel
조경	테라스 중심의 시각적 view	화단 중시, 수직적 요소의 vista형성
소유주체	도시 부유 상인계층	왕족, 귀족중심
기능	기능 + 장식	장식원
식물재료	다양한 식물	단순한 식물
자연경관이용	자연 이용	의도적 변화

(2) 정원유적

① Vaux-le Vicomte(보르뷔꽁트, Le Notre)

　㉠ 배경 : 성관에 부속된 정원

　㉡ 설계 : 건축(루이 르 보) / 회화·조각·실내장식(샤를 르 브렁) / 정원·조경(앙드레 르 노트르)

　㉢ 특징

　　- 최초 평면기하학식, 기하학, 원근법, 광학의 법칙 적용

　　- 정원 중심적 공간개발

　　- 르노트르 조경가 배출, 베르사이유 궁원 계기

　㉣ 시설물 : 자수화단, 원형분수, 산책로, 수로, 동굴, 분천

　㉤ 공간구성적 특징

　　- 거대한 총림에 의해 강조된 비스타가 직선으로 조성

　　- Vista Garden(주축, 부축, 성관건물)

② 베르사이유 궁전
- ㉠ 배경 : 수렵지를 궁정과 궁원으로 조성
- ㉡ 특징 : 최대의 정형식 정원
- ㉢ 설계 : 건축(루이 르 보) / 회화·조각·실내장식(샤를 르 브렁) / 정원·조경(앙드레 르 노트르)
- ㉣ 공간구성
  - 강한 축과 총림에 의한 비스타 형성
  - 축선이 방사상으로 전개되어 태양왕의 이미지 반영
  - 물의 원로, 물극장, 총림, 미원, 분수 등
  - 대 트리아농(그랑 트리아농)

(3) 앙드레 르노트르
① 궁전정원사
② 주요 정원설계 : 생클루트, 퐁텐블로정원, 보르비꽁트, 샹델리정원
③ 정원 특징
- ㉠ 대규모의 Vista 중심의 경관 전개
- ㉡ 정원이 주요소로 설계
- ㉢ 평면 공간구분(산울타리와 보스퀘 이용)
- ㉣ 엑센트 요소(평지에 조각, 분수 등)
- ㉤ 장엄한 스케일 도입
- ㉥ 총림과 소로로 비스타를 형성해 경관 전개
④ 시설적 특징
- ㉠ Allee(소로)
- ㉡ Bosquet(총림)
- ㉢ Vista(비스타, 통경선)
- ㉣ 장식적 정원
- ㉤ 격자울타리(trellis)
⑤ 르노트르 정원의 외국전파 영향
- ㉠ 평면지형에 장식된 정원양식, 유럽도시 경관의 변화 계기
- ㉡ 도시계획에의 전파
  - Allee(소로) : 도시의 동선으로 적용
  - Bosquet : 도시의 주택군으로 적용
  - Rond point : 도시 광장으로 적용

4. 네덜란드(운하식)

① 초본식물 위주의 정원
② 정원 구성물 : 과수원, 소채원, 약초원, 화단, 창살울타리(차경수법), 미원, 토피어리 중심
③ 풍부한 화초, 토피어리와 수로로 부지경계 역할
④ 단순사각형의 화단
⑤ 인공가산
⑥ 영국 Levens Hall에 영향을 줌
⑦ Summer House(도시정원)

5. 영국 르네상스(15~17C)

(1) 튜터 왕조 정원
    ① 배경 : 신문화 흡수, 프랑스와 이탈리아 모방시작, 암흑시대 끝나고 정원 확장
    ② 정원특징
        ㉠ 화훼, 정원의 관심 증대
        ㉡ 화단: 격자울타리에 둘러싸여 여러 개로 구획
        ㉢ 토피어리 도입
        ㉣ 가산 축조 : 정자 지어 주변 경관 감상
        ㉤ 매듭화단 : 튜터 왕조가 창시
        ㉥ 회랑: 가장 특징적 정원시설. 정원 밖 건물과의 통로
    ③ 대표 정원 : 햄턴 코오트(Hanpton court)
        ㉠ 정형식 정원, 여러 번의 개조를 통해 여러 나라의 영향을 많이 받은 정원
        ㉡ 정원구성물: 격자울타리 화단, 토피어리, 가산축조, 매듭화단, 회랑, 풍신기, 해시계
        ㉢ 연못의 정원: 침상원 3개의 노단, 중앙의 원형분천

(2) 엘리자베스 시대
    ① 배경 : 이탈리아, 프랑스, 네덜란드에서 도입된 새로운 정원양식 결합
    ② 정원특징
        ㉠ 전정 조성   ㉡ 노단 배치
        ㉢ 네모난 화단   ㉣ 격자원정
        ㉤ 유원(경제적 산울타리 역할)   ㉥ 토피어리
        ㉦ 보울링 그린(구기장, 활터)
    ③ 대표 정원 : 몬타큐트(Montacute)
        ㉠ 유럽 모방, 화려한 화단 구성, 벽으로 둘러싸인 전정, 돌로 포장된 원로
        ㉡ 단순하면서 주축선 강조, 분수가 있는 잔디밭

(3) 스튜어트 왕조(17~18C 초)
    ① 배경: 장원건축, 조경의 퇴보, 이탈리아, 프랑스, 중국의 영향 받음
    ② 주요정원
        ㉠ 멜버른 홀 : 화려하고 풍성한 식재, 세부적 디테일 묘사, 영국적 성격 + 프랑스적 디자인 가미
        ㉡ 채스워스 : 바로크형태의 확장적 적용, 자수화단, 건축물의 축선, 계단의 반복과 캐스케이드
        ㉢ 레벤스 홀(Levens Hall) : 토피어리 정원, 튤립, 주축선, 소로, 비스타 등 프랑스 영향

(4) 영국 정형식 정원의 특징
    ① 부유층을 위한 정원
    ② 테라스 설치
    ③ 주도로 : 평행선의 산책로(자갈, 잔디로 포장)
    ④ 가산(Mound) : 기하학적 정형성을 가진 축산
    ⑤ 보울링 그린(Bowing Green) : 보울링 경기 장소, 자연풍경식 발생 촉매
    ⑥ 약초원 : 거형, 장방형 형태
    ⑦ 3대 정원요소 - 문주 / 매듭화단 / 토피어리

04. 18세기의 조경

1. 18C 영국 자연풍경식

(1) 시대적 배경

① 산업혁명과 민주주의, 휴머니즘과 합리주의, 근대 과학정신

② 동양의 영향과 계몽사상의 발달

③ 도시공원 발생, 자연주의 풍경식

④ 영국 정형식 정원의 인공적 형태에 반발

(2) 영국 풍경식 조경가

① 스위쳐(Switzer) : 최초의 풍경식 조경가, 정원 울타리 없앰

② 찰스 브릿지맨(Charles Bridgman) : 대지 외부로 디자인 범위 확대
 - 조경에 하하(ha-ha) 개념 최초로 도입(스토우 가든)
 - 스투어헤드, 치스윅하우스, 로스햄 설계

③ 윌리엄 켄트(William Kent) : 풍경식 정원의 선도적 역할
 - '자연은 직선을 싫어한다.', 정형적 정원 비판
 - 켄싱턴 가든, 치스윅하우스, 스투어헤드 설계

④ 란셀로티 브라운(Lancelot Brown) : 켄트의 제자
 - 스토우가든, 발레이, 블렌하임 수정

⑤ 험프리 렙턴(Humphry Repton) : 자연미와 실용적이고 인공적 특징 조화설계
 - 사실주의자연풍경식, 영국풍경식
 - 레드북(Red Book)

⑥ 윌리엄 챔버(Sir. William Chamber)
 - '동양 정원론'을 통해 영국에 중국 정원 소개
 - 큐 가든에 중국식 건물과 탑의 최초 도입

브라운파	회화파
영국 사실주의적 자연풍경식	지적요소 도입
변화 많은 풍경	경탄감, 미적쾌감
브라운, 랩턴 + 영국 기질	고전적 조사, 도자기, 작은 정자
	이질적 기호
	챔버

(3) 영국 풍경식 정원의 작품

　① 스토우 가든(Stow Garden) : 영국 풍경식 정원의 변화과정을 잘 보여주는 대표 사례

　　㉠ 브리지맨 → 브라운, 캔트 개조 → 브라운 개조

　　㉡ 하하(Ha-Ha)수법 사용

　　㉢ 브리지맨과 반브로프 설계 당시 : 기하학적 정원으로 주축과 부축이 과도기적 형태, 자수화단, 수영장, 분수

　　㉣ 브라운, 캔트 개조 시 : 직선요소 없애고 울타리 넘어 자연을 차경으로 활용

　　㉤ 브라운 개조 시 : 모든 자연요소를 정원으로 활용

　② 치스윅 하우스(Chiswick House)

　　㉠ 캔트 설계, 낭만주의 풍경식 정원의 대표작

　　㉡ 전통적 규칙성과 야생적 경관을 혼용

　③ 스투어헤드(Stourhead)

　　㉠ 캔트, 브리지맨

　　㉡ 인공 호수를 따라 아폴로 신전, 판테온 신전, 플로라 신전 등 배치

　④ 로스햄

　⑤ 블렌하임 궁원

(4) 영국 풍경식 정원의 조경사적 의의

　① 근대조경에 지대한 영향, 새로운 양식 도래

　② 야생의 자연과 일치하는 경관 창출

　③ 삼림과 농촌풍경을 보존하는 노력

2. 프랑스 풍경식

(1) 배경

　① 영국 풍경식 정원이 유행

　② 계몽주의 사상, 루소의 자연복위 사상 ("자연으로 돌아가라")

(2) 대표적 정원

　① 프티 트리아농(Petit Trianan) : 가브리엘 설계

　　- 영국 풍경식 정원을 받아들인 프랑스 풍경식 정원 대표

　　- 첨경물 설치, 촌락이 정원의 중심

　② 에르메농빌르(Ermenonville)

　　- 프랑소와 지라르뎅 설계, 풍경식 정원 조성

　　- 공간구성 : 대임원, 소임원, 벽지, 모래땅, 암석, 호수

　③ 말메종(Malmaision)

　　- 베르토 설계

　　- 수목, 화훼류 식재

　　- 온실에 외국 식물 재배

　④ 몽소공원

　⑤ 모르퐁테느

(3) 프랑스 풍경식의 특징

　① 영국 후기 풍경식 정원형식(사실적 자연풍경양식)

　② 이국적 정서, 취향을 적극적으로 받아들임

　③ 작은 농촌의 촌락과 같이 보이게 조성

　④ 첨경물 적극적 사용

　⑤ 곡선 그리는 원로(독창적인 정원의 지배요소)

3. 독일 생태학적 풍경식 정원

(1) 특성

① 산림위주의 생태학적 정원

② 과학적 기반(식물생태학, 식물지리학의 발전)

(2) 주요 조경가

① 히르시 펫트 : 풍경식 정원에 대한 정원예술론 연구

② 칸트 : "판단력 비판" - 조경에 대한 정의회화와 조경술 구분

③ 괴테 : 바이마르원 설계, 낭만주의 문학가

④ 쉴러 : 풍경식 정원의 비판자

(3) 주요 정원

① 시베베르원 : 독일 최초의 풍경식 정원

② 데시테드 정원 : 과학적인 배려를 하여 조성(임원에 지리 및 생육상태 등)

③ Muskau성의 대림원 : 독일 풍경식 정원을 대표하는 작품

05. 19세기의 조경

1. 영국조경

(1) 배경
- ① 산업화와 도시화로 도시문제 해결 위한 공원 등장
- ② 도시 확산에 대한 전원 도시안 등장
- ③ 공원에 대한 대중 관심 증대
- ④ 귀족정원을 대중에게 개방
- ⑤ 19세기 초 정원개조
  - ㉠ 절충식 경향 탄생, 식물에 관심
  - ㉡ 배리(Berry) : 건축가, 로마 근교 별장수법 사용, 정원을 풍경원과 분리, 지형에 따라 노단식과 침상식 화단으로 조성, 반정형적 영국풍경식 정원(트렌덤성)
  - ㉢ 팩스턴(Paxton) : 이탈리아식 국부와 프랑스식 국부를 사용해 개조(채스워스) 정형식 국부와 비정형식 국부가 함께 갖추어진 절충식 정원(수정궁)

(2) 대표적 정원
- ① 리젠트 파크(Regent Park) : 건축가 존 나쉬 계획
  - ㉠ 배경 : 정원이 공공기관에 기부됨. 리젠트왕자의 수렵원을 개조하여 공원화
  - ㉡ 녹지 공원 : 주요 가로를 개조하여 띠 모양의 숲 조성
  - ㉢ 절충식 정원 : 고전양식 + 낭만양식
- ② 버컨헤드 파크(Birkenhead Park)
  - ㉠ 조셉 팩스턴 설계, 시민의 힘으로 개방된 최초의 공원
  - ㉡ 양식 : 풍경식 양식과 여러 양식이 혼합된 절충주의적 양식
  - ㉢ 영향 : 미국 센트럴파크에 큰 영향 줌(도시공원설립의 자극적 계기)
  - ㉣ 공간구성 : 대규모의 초원, 완만한 곡선 마차길, 산책로, 대규모 인공연못
- ③ 세인트제임스 공원(James Park) : 존 나쉬가 긴 커낼을 물결무늬의 자연형 연못으로 개조

(3) 영국 구성식 정원(19C 말)
- ① 블롬필드(Blomfield)
  - ㉠ 구성식의 건축가
  - ㉡ 넓은 부지를 작은 공간으로 분할하는 영국 르네상스, 산울타리 이용
- ② 무테시우스(Muttesius)
  - ㉠ Outdoor Living Room : 건물과 정원의 조화, 정원은 또 다른 거실
  - ㉡ 노단, 화단, 채원은 방의 성격을 가진 공간

(4) 소정원운동
- ① 윌리엄 로빈슨(William Robinson) : 소정원운동의 대표주자, 원예가 야생정원 만들어 자생식물이나 귀화식물 식재
- ② 재킬여사(JeckII) : 아마추어 원예가, 소주택의 정원 고안

2. 미국조경

(1) 식민지 시대
- ① 배경 : 콜럼버스의 신대륙 발견으로 자국의 정원, 주택양식 반영
- ② 특징 : 정형적 정원 형식
- ③ 대표 정원
  - ㉠ 코로니얼 윌리엄스버그 : 프랑스 정형식 양식을 모방한 절충식 양식, 영국과 프랑스 양식의 혼합, 기하학적 중심의 공간구성
  - ㉡ 마운트 버논 : 초대 대통령 조지 워싱턴 사유지, 영국 풍경시과 프랑스 기하학식의 혼합
  - ㉢ 몬티첼로 : 대통령 토마스 제퍼슨 사저, 미국 르네상스 건축의 대표작

(2) 19세기 풍경식 공공정원
- ① 배경 : 남북전쟁 이후 별장과 조경 발달, 영국의 조경수법 계승
  18C 초 낭만주의적 풍경식 정원 도입, 19C 영국 르네상스 영향이 반영
- ② 풍경식 정원가
  - ㉠ 파르망띠에 : 최초의 풍경식 정원 설계
  - ㉡ 다우닝 : 미국 최초 조경가, 미국 최초 전원예술 서적 발간
  - ㉢ 옴스테드 : 근대 조경의 아버지, 3대 작품(센트럴 파크, 프로스팩트 파크, 프랭클린 파크)
- ③ 미국 공공공원 발달과정
  - ㉠ 1851년 : 뉴욕시의 공원법 통과
  - ㉡ 1858년 : 센트럴 파크 조성
  - ㉢ 공중위생 관심, 미적관심 발달, 경제적 성장
- ④ 센트럴 파크
  - ㉠ 옴스테드 설계(그린스워드안 당선), 보우의 건축설계
  - ㉡ 계획내용
    - 입체적 동선체계
    - 공원가장자리의 경계식재로 차음차폐
    - 정형식 패턴의 몰, 대형 도로를 몰과 연결
    - 드라이브코스, 마차길, 동선분리, 광장, 호수, 놀이공간, 교육적 수목원
  - ㉢ 의의 : 조경전문직 대두, 도시공원 운동의 효시, 옥외 레크리에이션 촉진
- ⑤ 찰스 엘리어트
  - ㉠ 수도권 공원 계통 수립
  - ㉡ 보스턴 공원 계통 수립 : 홍수조절과 하수 악취제거 위해 오픈스페이스 시스템 개념 도입
  - ㉢ 새로운 전원도시 창출
  - ㉣ 국립, 주립공원이 생기는데 공헌
- ⑥ 시카고 만국 박람회(콜롬비아 박람회)
  - ㉠ 미대륙 발견 400주년 기념 위해 개회
  - ㉡ 도시에 대한 관심과 도시계획 발달하는 기틀 마련
  - ㉢ 박람회의 영향 : 도시미화운동의 계기, 로마에 아메리칸 아카데미 설립

06. 현대의 조경(20세기)

1. 미국의 조경

(1) 1900~1차 세계대전

① 도시 미화 운동 : 로빈슨과 번함이 주도해 도심부를 재개발하는 도시개발 전개

② 전원도시 운동 : 영국에서 시작, 환경문제를 위해 하워드가 이상도시 제안

미국 옴스테드와 번함에게 영향 주어 레드번 계획(슈퍼블록, 쿨데삭 도로)으로 이어짐

(2) 1차 세계대전~1944년

① 공원계통

㉠ Eliot에 의해 최초 수립

㉡ 미국 : 지역공원계통 수립, 새로운 전원도시(레드번) 창조, 주립·국립공원운동

㉢ 맨허턴의 웨스터체스터 공원계통 : 하나의 공원 속에 설정하는 도로, 공원계통

② 광역조경계획

㉠ 도시와 도시를 연결하는 넓은 의미의 조경계획

㉡ 뉴딜정책 : 농업조정법과 산업부흥법

㉢ 도시개발을 국가적 차원에서 해결

㉣ T.V.A(Tenessee Valley Anthority): 수자원개발과 지역개발의 효시

③ 레드번 계획

㉠ 미국의 소규모 전원도시

㉡ 라이트와 스타인 설계

㉢ 내용 : 슈퍼블록으로 보차도 분리 / 쿨데삭 도로로 통과교통 차단, 전원풍경

2. 주택정원과 기타

(1) 미국정원

① 소정원 양식

㉠ 다우닝 : 원예가, 조경전문직에 대한 인식 높임

㉡ 플래트 : 신고전주의 정원 설계

② 캘리포니아 개인정원 스타일

㉠ 동양문화의 영향

㉡ 기하학과 음양조화에 바탕

㉢ 스틸(Steel) : 소정원계획, 정원은 옥외실

㉣ 토마스 처치 : 대중을 위한 소정원, 정원은 사적공간

㉤ 서해 vs 동해 캘리포니아 스타일

③ 모더니즘 조경

- 하버드대학의 하버드혁명

- 로즈, 에크보, 카일리 (모더니즘 촉발)

(2) 영국
　① 절충식 정원
　　㉠ 팩스톤 : 수정궁에서 정형과 비정형의 혼합양식
　　㉡ 루우돈 : 정원은 반정형과 반자연적
　　㉢ 베리경 : 풍경원과 정형원의 절충된 반정형적 정원 구성
　　㉣ 브롬필드 : 정원은 건축적이어야 함
　② 소정원 운동
　　㉠ 윌리암 로빈슨
　　㉡ 재킬여사

(3) 독일
　① 복스 파크
　　㉠ 국민의 후생 위한 공원
　　㉡ 독일 조경계를 대표하는 백화점식 공원
　② 독일의 분구원 : 화훼 재배장으로 사용
　③ 도시림 : 연방자연보존법이 도시림을 산림공원으로 보존, 개발
　④ 구성식 정원양식이 나타남
　⑤ 바우하우스 : 월터그리피우스가 세운 조형학교, 건축과 인간환경 창조 목적(기능주의)

(4) 스위스 현대건축국제회의(1929)
　① 그루피우스, 르 꼬르뷔제, 마알토, 기디온 등 주최
　② 기능주의에 입각한 국제건축 부각

(5) 파리 제1회 국제 조경회의(1937)
　① 스웨덴 기능주의적 이론 제시
　② 각 국의 아이디어 교환, 새로운 동향 전하는 계기
　③ 터나드(Tannard) : '현대조경에 있어서의 정원'이라는 저서로 세계 각국의 동향 기술

(6) 국제조경가협회(1937)
　① 런던에서 결성
　② 러스킨, 모리스에 의해 시작된 조형운동을 현대적 양식으로 모색

Chapter 01. 조경학

03. 동양조경사

01. 중국(사의주의적 풍경식)

〈 고대 〉

1. 은
  ① 원시적 도시, 귀족들이 산림지대에서 수렵, 수렵원이 별도로 없음

2. 주
  ① 영대·영소
  　㉠ 「시경」의 대아편에 소개
  　㉡ 낮에는 조망, 밤에는 은성명월 즐기는 높은 자리
  　㉢ 연못(영소)을 파고 그 흙을 쌓아 높은 영대 축조
  　㉣ 토속신앙으로 정치적 안정과 안민을 비는 종교적 장소 역할
  ② 원유
  　㉠ 춘추좌씨전에 소개 : 혜왕이 채소 심는 곳을 개발해 '유(囿)'를 만듦, 문왕 때 수렵원으로 '원유'를 만듦
  　㉡ 왕후의 놀이터로 광대한 원림으로 후세에 이궁의 역할

3. 진
  ① 난지궁과 난지 : 대규모 연못과 섬을 만들어 봉래산으로 삼고, 돌을 다듬어 고래상 설치(신성사상)
  ② 아방궁 : 광대한 토목공사, 진시황이 축조한 대규모 궁궐
  ③ 진시황의 묘와 만리장성

4. 한
  (1) 궁원
  　① 상림원 : 중국 최초의 정원, 무제가 축조, 70여개의 이궁, 사냥터로 사용, 원내 곤명호를 비롯해 6개의 대호수 설치
  　② 태액지 : 금원으로 신선사상을 반영한 정원양식, 연못 속에 영주·봉래·방장의 세 섬 축조
  　③ 궁원(감천원, 어숙원, 서교원 등)
  (2) 건축특징
  　① 대 : 제왕을 위해 축조된 건물, 경관감상, 신선대 축조, 곤명호의 예장대, 건장궁의 신명대, 감천원의 통천대 등
  　　관: 대와 같이 제왕을 위해 축조된 건물, 중전 속에 지어진 건물, 경관 바라보기 위한 기능
  　　각: 누각의 형식을 띤 건축물
  　② 바닥에 전돌로 포장
  (3) 그 외
  　① 임원 : 귀족, 신하들도 임원을 만들어 즐김
  　② "서경잡기"에 기록 : 양화궁에 호원축조, 화궁 조성
  　③ 개인주택 정원이 일반화
  　④ 한나라 정원 특성: 자연경관을 본떠서 정원을 꾸미려는 사상이 일반화

5. 삼국시대(위, 촉, 오 시대)
① 화림원 : 궁원으로 연못을 중심으로 간단한 정원, 자연수경을 감상하기 위해 여러 개의 대를 축조

6. 진
① 왕희지의 「난정기」 : 곡수연을 즐기기 위해 곡수거 조성이 기록, 원정에 유수를 돌리는 수법(유상곡수연)

② 도연명의 안빈낙도 철학(「귀원전거」, 「도화원기」, 「귀거래사」, 「오류선생전」)

7. 남북조시대
① 남조의 금원 : 오나라의 화림원(건장궁내) 계승

② 북조의 금원 : 위나라의 화림원(낙양성) 복원유지

8. 수
① 현인궁 : 2대 양제 때 조간에 조영, 해내(海內)의 기금이수 및 초목류를 모아 궁원 장식, 많은 궁전 및 수림과 연못 조성

9. 당
① 정원특징

    ㉠ 중국정원의 기본적 양식 확립, 인위적인 정원 중시하기 시작

    ㉡ 안정적 권력을 바탕으로 점차적으로 궁전 확장

    ㉢ 불교의 영향으로 온건하고 고상하며, 유정한 분위기 조성

② 궁원

    ㉠ 온천궁(화청궁) : 태종이 여산에 지은 이궁, 제왕의 청유를 위한 이궁, 장생전을 비롯해 많은 전각과 누각 축조

    ㉡ 취미궁 : 태화궁의 유적지에 축조, 산 전체를 궁원으로 삼음

    ㉢ 대명궁 : 함원전, 선성전, 자신전을 비롯 궁전과 누각 축조, 태액지를 중심으로 화려한 정원 조성

    ㉣ 장안의 금원(3원) : 서내원, 동내원, 대흥원

③ 당나라 조경 관련 서적 : 백거이의 「백모단」, 「동파종화」

④ 민간정원

    ㉠ 백거이 : 수지, 천축석, 수목, 화훼 배치하고 '학'을 키움

    ㉡ 이덕유의 평천산장 : 평천에 정원을 꾸미고 기석, 가수로 꾸밈

    ㉢ 왕유의 망천별업 : 산수화법 정원

〈 중세 〉
10. 송
① 송나라 조경특징
　㉠ 태호석 유행
　㉡ 산수화수법으로 아취가 넘침
　㉢ 국부경관 조성

② 금원
　㉠ 4대원 : 경림원, 금명지, 의춘원, 옥진원
　　휘종황제시기의 4대원으로 경림원과 금명지는 새로 개축, 의춘원과 옥진원은 전해 내려옴

③ 정원유적
　㉠ 취미전 : 화자강이라는 구릉을 만들어 상단에 취미전을 짓고 옆에 운기, 청수라는 정자 지음
　㉡ 만세산원(간산) : 휘종이 세자를 얻기 위해 경도에 쌓아 올린 가산으로 자연풍경을 묘사한 축경식 정원, 조정의 재정경제에 큰 악영향, 북송의 멸망원인이 됨

④ 조경 관련 문헌
　㉠ 이격비의 「낙양명원기」
　㉡ 구양수의 「화방제기」, 「취옹정기」

11. 남송(임안)
① 덕수궁 : 고종의 어원, 석가산을 쌓아 정상부를 비래봉과 흡사하게 만듦.
　송림, 죽총, 매림, 도림, 연지, 목단대 등 각종 초목을 곁들이는 수법
② 주밀의 「오흥원림기」 : 30여개의 명원 소개, 유자청의 정원이 유명
　- 유자청의 정원 묘사 : 석가산과 100여개의 기봉, 사이사이의 곡절한 계곡, 오색의 자갈에 맑은 물, 철쭉, 담쟁이
③ 소주지방의 정원: 남원, 석호구정, 약포, 창랑정

12. 금 : 화북지방에서 북경을 수도로 하여 궁전 조영
① 금원 창시 : 태액지를 만들어 경화도 축조, 원·명·청 3대 왕조의 궁원 역할

13. 원
① 원림 : 북경을 수도로 삼고 삼림이 우거진 정원을 만듦
② 금원개조 : 도처에 석가산과 동굴 조성, 경화도의 중앙의 산을 만수산이라 하고, 정상에 백색 라마탑 및 전각·정자 축조, 명·청대를 거쳐 현재는 북해공원으로 공개
③ 원나라 시대의 소주지방의 유명 정원- 예운림과 주덕윤 설계의 사자림정원

〈 근세 〉
14. 명

① 궁원
- ⊙ 어화원 : 자금성 내 신무문과 곤녕궁 사이에 위치한 금원, 석가산과 동굴 조성, 정원과 건축물이 좌우 대칭으로 배치
- ⓒ 경산 : 자금성 밖의 정북쪽에 위치, 5개의 봉우리 조성, 원나라 때는 '청산', 명나라 때는 '만세산'

② 민간정원
- ⊙ 졸정원 : 왕헌신이 절을 사들여 개인정원으로 개조, 소주에 조영된 중국의 대표적인 사가정원, 반 이상이 수경, 3개의 섬과 이를 연결하는 곡교 설치, 연못에 정자 배치, 교각과 정자가 물위에 돌출
- ⓒ 작원 : 미만종이 설계해 북경에 조영, 태호석과 수목을 곁들여 치장, 물을 이용해 못을 만들어 백련을 심고, 물가에 버드나무 식재
- ⓒ 유원 : 소주의 전형적인 명원, 변화 있는 공간처리와 유기적 건축배치 수법이 특징, 송나라 때 태호봉석 배치

③ 명나라 관련서적
- ⊙ 문진향의 「장물지」 : 화목의 배식에 관해 유일하게 기록된 책, 수경시설의 조성법 등 자세히 기록
- ⓒ 이계성의 「원야」 : 정원을 전문적으로 다룬 유일한 서적, 원내배치나 차경수법에 관해 설명
- ⓒ 왕세정의 「유금릉제원기」 : 남경의 36개 명원 소개, 육소형의 「경」 : 산거생활을 수필로 적음

④ 명시대 정원유적 : 서참의원, 소귀원, 졸정원, 서동경원, 유원

〈 근세후기 〉

15. 청

① 자금성의 금원
- ㉠ 어화원 : 자금성의 신무문과 곤녕궁 사이에 위치, 목단이나 태평화를 심은 화단 조성
- ㉡ 건융화원(영수화원) : 자금성 내의 영수궁 뒤쪽에 건륭제가 은거 후를 위해 꾸민 정원, 괴석과 건축물로 이루어진 입체적 공간
- ㉢ 경산 : 풍수설에 따라 쌓아올린 인조산, 3개의 봉우리, 각 봉우리에 정자 지어 조망 제공
- ㉣ 서원 : 황궁의 외원으로 금원으로 쓰였던 자리, 가늘고 긴 태액지가 북해, 중해, 남해의 세부분으로 구성

② 이궁
- ㉠ 이궁의 특징 : 조망이 매우 좋고 노송고백이 울창한 지역에 위치
- ㉡ 원명원 이궁 : 동양 최초의 서양식 정원, 풍경마다 독특한 주제 갖춘 40경은 서호 18경 포함
  앞뜰에 대분천을 중심으로 한 프랑스식 정원 조성으로 서양식 정원의 시초
- ㉢ 만수산 이궁(이화원) : 청조 말 목조건축 및 고전적 중국정원의 대표작, 신성사상을 배경으로 강남의 명승 재현, 원 내의 구조가 정교하고 아름다움, 경치환경이 뛰어남
- ㉣ 열하 피서산장 : 만리장성 밖 만주 승덕에 지어진 황제의 여름별장, 기복이 풍부한 산과 구릉수림총지, 소나무 위주로 배식, 원 내에 탑묘, 연못, 다리, 수림 등 조성

16. 지방에 따른 명원

① 양주의 명원
- ㉠ 강남 : 기온이 온화해 수목, 화훼 종류가 많고 기암괴석, 정원이 많아 경치의 중심지인 연못과 운하가 개발, 태호석이 배치됨
- ㉡ 호화별장, 「양주화방록」에 양주의 명원이 저술됨

② 소주의 명원
- ㉠ 태호석이용이 편하고, 자연경치가 뛰어남
- ㉡ 4대 정원 : 졸정원, 사자림, 유원, 창랑정
- ㉢ 건축(직선, 곡선대조)과 조경적(회랑, 창문모양, 기둥모양) 기술

17. 중국정원의 특징

① 원시 공원의 성격 : 수려한 경관에 누각과 정자를 지어 즐김
② 자연과 인공미를 겸비한 정원 : 심산유곡 느낌 조성, 물을 끌어 못 조성
③ 건물의 뒤나 좌우의 공지에 축조되는 정원 : 태호석으로 석가산 축조, 거석으로 주경관 설정
④ 주택건물 사이에 만들어지는 중정 : 전돌 포장(포지)
⑤ 무상한 변화와 대비 : 대비에 중점
⑥ Non Scale : 정원에 여러 비율로 조성
⑦ 상징적 사의주의
⑧ 선 = 직선 + 곡선

18. 중국 원림경관 조성 기법
① 억경(장경)
② 투경
③ 첨경
④ 협경
⑤ 대경
⑥ 격경(장경)
⑦ 광경
⑧ 누경
⑨ 차경

02. 일본의 조경

1. 일본 조경 개관

① 일본정원의 특징

　㉠ 자연재현 → 추상화 → 축경화의 과정으로 발달

　㉡ 세부적 수법, 다양하고 상징적인 수법

　㉢ 자연경관을 작은 공간에 줄여 축소

② 정원양식 기법과 내용

　㉠ 임천식 : 신선설에 기초를 둔 연못과 섬을 만든 정원

　　회유임천식 : 침전 건물을 중심으로 한 연못과 섬을 거닐며 정원을 즐김

　㉡ 침전식 : 가산 위, 지당주위, 물속 군데군데 자연석 놓는 수법

　㉢ 축산 고산수식 : 나무를 다듬어 산봉우리 표현, 바위 세워 폭포 연상, 왕모래로 냇물 흐르는 느낌 표현

　㉣ 평정고산수식 : 바다의 경치를 나타내는 수법의 정원, 일체 식물은 쓰지 않고, 석축과 모래로 자연을 극도의 상징화와 추상화로 표현

　㉤ 다정 양식 : 다실을 중심으로 소박한 멋을 풍기는 정원, 노지식이며 윤곽선 처리에 곡선을 많이 사용

　㉥ 지천임천식 정원(원주파 임천형) = 회유식 정원 : 임천양식 + 다정양식의 결합, 실용적인 면과 미적인 면을 겸해 복잡하고 화려

　㉦ 축경식 : 자연경관을 축소하여 좁은 공간 내에서 표현한 정원

2. 비조시대(아스카시대)

① 사상적 배경은 불교사상과 봉래사상

② 중국으로부터 온 연못의 뱃놀이나 곡수연 등 시행

③ 「일본서기」: 도대신이 뜰 가운데 못 파고 섬 쌓기(가산)

④ 백제 노자공 : 황궁 남쪽 뜰에 수미산과 오교를 만듦

3. 내량시대(나라시대)

① 평성궁 궁궐지 : 곡수자리, 호박돌 높은 못가의 선

② 「만연집」: 정원석에 관심. 일종의 가산 만듦

③ 마포산수도 : 돌·식물 생태에 관심, 규모 큰 정원을 그린 그림

4. 평안(헤이안)시대 전기

① 정원문화 : 신선사상이 조경에 영향

② 침전식 정원 : 흐르는 냇물 중심의 작은 규모의 정원양식 개발

③ 신선사상을 배경으로 한 정원 : 신천원, 차아원, 조우전 후원(귀족소유의 귀족정원)

④ 해안풍경을 본 딴 정원 : 하원원, 량전, 서궁, 육조원

⑤ 평전재풍의 정원 : 작은 샘 또는 계류에 작은 돌과 초목의 정원

⑥ 차경식 정원

5. 평안(헤이안)시대 후기
① 동삼조전(지천 침전조 양식)
② 불교적 정토신앙사상(정토정원)이 건축과 회화·조각 및 정원양식에 지대한 영향
③ 「작정기」: 일본 최초의 정원의장에 관한 지침서
④ 신선사상이 성행
　㉠ 조우이궁 : 신선도를 본떠 본격 정원의 시초
　㉡ 족리존의 정원 : 신선도를 본뜬 임천을 꾸밈

6. 겸창막부시대(가마꾸라시대)
① 선종사상 선종사원 : 초기에 규모를 축소해 주축선 위에 섬, 홍교, 평교 가설
② 정토사상 사찰정원 : 직선에 의한 양쪽 터 가르기
③ 침전조정원으로 전지형정원 조성(영무뢰전, 최승사천왕원, 구산전, 북산전)

7. 남북시대(축산임천식)
① 몽창국사 - 몽창소석
　㉠ 가마꾸라·무로마찌 시대의 대표적 조경가, 선종정원의 창시자
　㉡ 선종정원 : 서방사, 서천사, 천룡사, 임천사
　㉢ 정토정원 : 영보사
② 족리의만
　㉠ 금각사 정원 축조, 화려한 3층 누각, 사리전 중심
　㉡ 동영당 : 정토세계 신성사상

8. 실정시대(무로마찌 시대)
① 선사상이 정원 축조에 강한 영향을 미쳐 고산수 정원 탄생(추상적 구성과 표현의 특수한 정원)
② 정토정원(은각사) : 서방사와 공통되는 점이 많고 부지계획과 건축도 모방
③ 고산수식 정원
　㉠ 고산수식의 특징 : 물을 대신해 돌이나 모래로 바다나 계류를 나타냄, 다듬어 놓은 수목으로 먼 산을 상징
　㉡ 축산고산수식(선사상)의 대덕사 대선원 서원 : 폭포를 중심으로 심산유곡의 풍경을 조석과 흰 모래로 표현
　㉢ 평정고산수식 용안사의 석정 : 방장 앞 좁은 평탄지에 흙 담장으로 외부와 구획, 흰 왕모래를 깔고 안에 15개의 정원석을 배치(바다의 경치 표현)

9. 도산시대(모모야마시대)
① 신선정원
　㉠ 정원유적 : 삼보원정원, 이조성의 정원
　㉡ 특징 : 호화로운 조석, 강렬한 색채, 느낌, 과장된 표현(취락제, 복견성, 이조성, 삼보원 정원, 원성사 광경원)

② 다정양식(노지형)
　㉠ 다정의 배경 : 다도를 즐기는 다실을 중심으로 소박한 멋을 풍기는 양식
　㉡ 제한된 공간 속에 깊은 산골의 정서 묘사
　㉢ 다도정원 : 천리휴의 불심암 정원, 소굴정일의 고봉암 정원

10. 강호시대(에도시대)

① 원주파 임천식 : 임천양식과 다정양식의 혼합된 지천회유식
② 시대별 대표정원

[초기 정원]
　㉠ 계리궁(가쓰라이궁) : 자연과 인공의 조화, 지천회유식 정원, 산책과 뱃놀이를 통해 연못가를 따라 변화무쌍한 경치 감상
　㉡ 수학원 이궁 : 원주파임천식 정원, 산 밑으로부터 하·중·상에 다실을 배치해 자연을 살린 웅대한 정원, 사의적인 자연풍경식 정원의 극치
　㉢ 대덕사 : 방장동정(에도시대 대표적 사원평정), 남정(식재로는 산, 돌과 모래로 폭포와 물 표현), 서원의 정(근강팔경을 고산수로 묘사한 평정)

[중기 정원]
　㉠ 소석천후락원 : 중국정원 양식의 구성으로 큰 석가산을 배치한 임천회유식 정원
　㉡ 강산 후락원 : 일본의 3대 정원 중 가장 오래된 정원, 차경수법을 이용한 정원
　㉢ 겸육원 : 연지라 불린 정원, 향연이 자주 열린 임천회유식 정원, 곡수의 세류를 주로 한 정원을 증원
　㉣ 육의원 : 대표적 대명정원, 바다경치를 본 딴 큰 연못에 섬을 배치한 회유식 정원
　㉤ 율림공원 : 6개 연못, 13개 석가산, 대회유식 정원

[후기 정원]
　㉠ 자연축경식 정원 형성(원근, 색채, 명암의 조화 활용)
　㉡ 봉래, 방장, 영주의 삼신선도를 정원 연못에 만드는 수법 답습
　㉢ 묘심사 동해암 정원, 남선사 금지원

11. 명치시대 이후(축경식, 경화식 풍경원)

① 초기 서양식 정원(메이지 초기에는 프랑스식 정형원과 영국식 풍경원의 영향을 크게 받음)

　㉠ 신숙어원 : 앙리 마르티네 설계, 프랑스식의 식수대, 영국식의 넓은 잔디밭, 일본식의 지천회유식 정원

　㉡ 적판이궁원 : 평면기하학식, 프랑스 베르사유 형식

　㉢ 히비야 공원: 일본 최초 서양식 공원

② 중기 축경식 정원

　㉠ 특징 : 실용 본위로 꾸민 경화식 풍경원, 외부의 풍경을 정원경관의 일부로 받아들인 차경원도 발생

　㉡ 대표정원 : 무린암, 춘산장

　㉢ 차경원(차경수법 도입) : 의수원, 남대문

03. 한국의 조경

1. 한국조경사 개관

(1) 한국정원의 특성

① 신선사상 배경
② 음양오행사상, 풍수지리사상
③ 단조로움, 직선적 윤곽선
④ 유교사상, 불교사상
⑤ 주정원 = 후원
⑥ 은일사상

(2) 한국정원의 구성요소와 양식

① 지형과 입지 : 인공이 자연속에 동화되는 조영, 공간처리가 직선적, 정원 수법은 자연적
② 화목과 배식 : 실학사상의 영향으로 실용성에 비중
③ 조원 건축물 : 문(상징적 구조물), 대(첨성대, 경포대), 루(경회루, 광한루), 각(임류각), 정(정자)
④ 물의 이용과 지당(방지원도, 방지방도)
⑤ 괴석의 설치 : 평양 고구려 정릉사지 석가산 유적, 신라 안압지

2. 시대별 특징

① 원시시대(삼국시대) - 힘의 예술
② 고대(통일신라) - 꿈의 예술
③ 중세시대(고려시대) - 슬픔의 예술
④ 근세시대(조선시대) - 멋의 예술

3. 고조선

① 노을왕이 즉위하면서 유(囿)를 만들어 짐승을 키움(정원에 관한 최초의 기록 -「대동사강」
② 의양왕 원년 청류각을 후원에 세워 군신과 연회- 누각이 있는 후원 존재 -「대동사강」
③ 천노왕이 흘골산에 구선대를 문석으로 축조(산악신앙) -「삼국유사」
④ 수도왕이 패강 속에 신산을 쌓고 그 위에 누대를 만들어 장식(신선사상) -「삼국유사」

4. 고구려

: 자주성 가진 문화, 소수림왕이 태학 설치, 불교 공인되면서 백제와 신라에 영향, 음양오행사상이 유입, 고구려 말기에 도교가 들어와 불로장생과 신선사상 유행

① 국내성 : 방형의 평지성, 3면에 해자를 둔 천연지세 이용한 성
② 안학궁 궁원(장수왕)

　㉠ 안학궁 : 5개의 궁으로 구성, 동서에 해자, 토성벽 축조, 성벽과 해자에 순환보도(돌 포장)
　㉡ 안학궁내 정원 : 가산 축조, 자연석의 사용, 지당조성

③ 장안성(양원왕)

　㉠ 고구려 후기 최고서의 도성으로 포곡식, 대동강이 있어 해자 필요 없음
　㉡ 4개의 성 : 내성, 북성, 중성, 외성, 성곽 내외부에 해자 설치

④ 묘지경관 : 동명왕릉의 진주지(못 안에 신선사상의 4개의 섬, 한무제 태액지원의 영향)

5. 백제

: 중국문화의 수입과 전달로 신라와 일본의 문화 형성에 기여, 궁궐조영수법과 토목·건축기술과 조경기술이 발달해 신라와 일본에 전파

: 법류사, 노자공의 수미산과 오교

① 임류각 : 우리나라 정원 중 문헌상 최초의 정원, 동성왕 때 궁의 후원, 사각형의 못에 버드나무 식재, 섬 축조

② 왕흥사(미륵사) : 못에서 뱃놀이 했다는 기록(동사강목, 동국통감, 삼국유사에 기록)

③ 사비성내 궁남지「동사강목」: 왕흥사와 남쪽에 방상 연못 축조, 물가에 능수버들 식재, 섬에는 정자와 다리 가설

④ 석연지 : 부여의 왕궁지에 남아 있던 거대한 정원용 점경물

6. 신라

: 문화발전이 가장 늦음, 고구려·신라·중국 등의 요소를 종합해 독특한 신라문화 형성

① 경원 : 실성왕 신체림의 조성(원시적 산악신앙), 법흥왕이 불교를 국교로 정함(흥륜사, 영흥사),

② 당나라로부터 모란씨가 도입되고, 선덕왕 때부터 궁원에서 모란이 나타남 -「대동사강」

7. 통일신라

: 통일 후 고구려와 백제의 문화를 융합, 귀족문화발달로 사치스럽고 호화로우며 퇴폐적
 말기에는 중국에서 유행하던 풍수지리설이 전해졌고, 후에 도참사상과 결부

① 임해전과 안압지

　㉠ 문무왕이 궁 안에 못을 파고 석가산을 만들어 화초를 심고 진기한 새와 짐승 사육「삼국사기」

　㉡ 당나라 장안성의 금원을 모방, 연못과 무산십이봉을 본뜬 석가산 축조, 연못을 '안압지'라 지칭

　㉢ 임해전을 세워 군신과의 연회 및 외국사신의 영접에 사용

　㉣ 연못은 호안석을 쌓아서 조성

　㉤ 못 안에 3개의 섬 배치(삼신선도)

　㉥ 입수구(도수로)와 출수구(배수로) 설치

② 포석정

　㉠ 왕희지의 「난정기」에 있는 유상곡수연에서 유래

　㉡ 위락적 성격의 별궁

　㉢ 용도 : 왕과 신하들의 유희장소

③ 사절유택 -철따라 자리 바꾸며 놀이 즐기는 것(봄, 여름, 가을, 겨울), 별서정원의 효시

④ 홍류동 별서(최치원의 해인사 계류) : 당나라 유학 후 별당을 지어 즐기는 풍습 시작

8. 발해

① 도성과 경원 : 정전법에 의한 격자형 도로망 형성

9. 고려(중세)

① 풍수지리 : 도성위치 선정에 중요

② 금원(궁궐정원) : 만월대, 수창궁, 이궁

　㉠ 화원 : 관상목적의 화목, 화훼 중심 조성, 쌍학, 앵무새, 공작 등 다금기축

　㉡ 동지(귀령각 지원) : 궁궐 동쪽에 위치한 원지, 뱃놀이 감상, 호수의 자연경관 감상하는 장소

　㉢ 격구장 : 수창국 북원에 위치한 대규모 경기장, 대궐 내 종합적 운동공원

　㉣ 풍치조성 : 풍치림, 보완림 설치

　㉤ 휴식과 조망을 위한 정자

③ 이궁 : 중미정, 만춘정, 연복정, 장원정

④ 사원 경원 : 문수원 정원

　- 정원 구성 기법 : 첩석과 첩석성산, 남지, 중원·남원·동원·북원으로 조성

⑤ 객관정원 순천관 : 외국 사신이 왕래하는 길목이나 궁원 내 설치, 사신접대(화원, 향림정, 임원이 조성)

⑥ 사찰정원 : 불교 융성으로 도내 10대 사찰 조성

⑦ 개인저택정원 : 최충헌의 정원, 류정도, 내사동 저택, 남산리 별장

⑧ 내원서 : 정원을 맡아보는 관서 설치

⑨ 고려시대 정원식물

　㉠ 고려사 : 화려한 화훼식물 식재(작약, 석류화, 매화, 연화, 국화)

　㉡ 이규보의 동국이상국집(패랭이꽃, 원추리, 무궁화, 맨드라미, 목련, 배롱나무, 봉선화, 동백, 목백일홍, 측백나무, 복숭아나무, 창포)

10. 조선시대(근세)

(1) 개관

① 사상

　㉠ 풍수지리사상 : 택지선정의 제약으로 후원 발달

　㉡ 음양오행사상 : 연못의 형태가 방지원도

　㉢ 유교사상 : 유교의 기본원리(인, 의, 예, 지, 신)

② 조경특징

　㉠ 중국 영향에서 벗어나 한국적 색채가 발달

　㉡ 자연환경과의 조화, 융합의 원칙을 중시

(2) 궁원

① 경복궁

　㉠ 근정전을 중심으로 건물군은 좌우대칭의 배치, 경회루와 향원정은 비대칭적 구성

　㉡ 경회루원지 : 외국 사신의 영접, 연회, 과거시험 등의 장소, 못 속에 3개의 방도 설치(방지방도), 가장 큰 섬에 경회루 축조, 작은 섬 2개에 소나무 식재, 연못가에 느티나무, 회화나무 식재

　㉢ 교태전 후원(아미산) : 왕비의 침전, 가장 화려하게 치장, 계단식 화계로 만든 정원

　㉣ 향원정과 향원지 : 경복궁 후원의 중심을 이루는 연못, 마름모꼴의 방지에 둥근 섬 축조(방지원도), 섬 위에 육각형 2층 정자인 향원정 설치, 주위에 원림 조성

② 창덕궁

　㉠ 건물 : 풍수에 의한 별궁

　㉡ 창덕궁 후원 : 북동쪽 자연 구릉지에 휴식, 위락위한 원림, 부용정(정자), 주합루(루정건물), 어수문, 어수당과 애련정(주합루 언덕 너머 방지와 정자), 반월지(연못과 원림), 옥류천(곡수거 장소)

③ 창경궁 통명정원

　㉠ 배경 : 청덕궁에 속하다 성종 때 독립된 궁궐로 창건

　㉡ 조경요소 : 전후에 계단식 후원, 석란간의 정방형지(중도형 장방지), 환취정 정자

　㉢ 낙선재 후원 : 화강석 장대석으로 쌓은 계단식 후원

④ 덕수궁

　㉠ 석조전과 함께 정형식 정원 축조

　㉡ 한국 최초 중정식 정원, 마당 중앙에 분수, 사방 주위는 관목과 초화류 식재

⑤ 종묘와 이궁

　㉠ 종묘 : 경복궁 우측에 조성

　㉡ 이궁 : 태종이 계획, 세종조에 이루어진 3대 이궁(풍양궁, 연희궁, 낙천정), 후에 왕의 거처, 휴양지 역할

(3) 민간정원

1) 민간정원의 유형

① 주택정원

　㉠ 주택정원 공간구성 : 안마당, 사랑마당, 행랑마당, 별당마당, 바깥마당, 뒷마당

　㉡ 주거공간 세부조경기법 : 낙엽활엽수 위주의 화목과 과실수

장 소	수종
문 앞	회화나무, 대추나무, 버드나무
중정	화초류
정전	석류나무, 서향화
울타리 옆	홍벽도, 국화
집 주위	소나무와 대나무

② 별장·별서·별업 정원

　㉠ 별장정원 : 도시 근교 경치 좋은 곳에 집과 정원

　㉡ 별서정원 : 은둔사상, 유교적, 산속 공간으로 농사 + 정원 + 시골집

　㉢ 별업정원 : 별채중심의 정원

③ 루정원림 : 주거를 떠나 경관 수려한 곳에 정자 세우고 자연을 즐기기 위한 곳

2) 주택정원

*** 후원형식 정원**

① 김윤제 환벽당 정원 : 3단의 직선처리, 연못중심의 호단, 장방형의 대상지형, 정자, 식재

*** 사랑채 중심의 사랑정원**

② 유이주 운조루 정원 : 사랑채뜰에 내원과 대문 밖의 외원

③ 정영방의 임재정원 : 내원(주생활권, 독서, 사교, 영농관리), 외원(산책, 낚시, 영농, 환경보존)

④ 정영방의 경정지원 : 병자호란 후 은거목적의 장지중심 정원, 별당정원

⑤ 유운의 화운당 정원 : 화운당과 중도 방지

⑥ 다산 적양용의 초당 : 연못과 화개중심의 정원, 중도형 방지, 엽원기능

3) 별서정원

① 양산보 소쇄원 : 조선 민간정원 중 가장 으뜸, 안빈낙도, 유교사상, 신선사상을 포함

　㉠ 공간구성

　　- 전원 : 입구부분, 상·하 방지, 수대, 광장(애양단)

　　- 후원 : 계정, 자연계류 이용, 2개의 유수구, 계류, 암반, 광풍각, 수대, 석가산, 위교

　　- 내원 : 제월당·매대중심의 정원, 고암정사

② 고산 윤선도의 부용동 정원(고산 윤선도의 은둔지)

　㉠ 공간구성

　　- 낙서재 : 살림집, 정원의 중심지로 곡수당, 장방형지, 정자, 계천과 방지 속의 3개 괴석

　　- 동천석실 : 휴식과 독서, 자연암벽에 석실 축조, 지하석실, 방지

　　- 세연정 : 동리 입구, 두 개의 연못에 자연형 계담과 작은 인공의 방지

　　- 조경특징 : 자연 그 자체가 정원, 선과 관련된 신선정원

③ 우암 송시열의 남간정사 : 정사 앞에 자연형 연못 조성, 둥근섬 조성해 왕버들 1주 식재

④ 소한정, 석파정, 옥호정

⑤ 별업정원 : 윤계포의 조석루원(원림 경관의 중심으로 조성)

⑥ 별장정원 : 김조순의 옥호정원(ㅁ자형 주거 중심의 계단식 후원으로 직선적 공간처리와 화계)

4) 루정원림

① 광한루

　㉠ 지방장관이 신선사상 중심으로 인공 경관에 정자, 누각 세움

　㉡ 하천을 넓혀 평호를 만들고 연꽃 식재(연지), 은하의 까치 다리를 상징해 오작교 축조, 연못에 3개의 섬 조성, 못가에는 월궁을 상징하는 광한루 배치

② 활래정 : 강릉 선교장 앞에 활래정, 정방형의 방지, 정자, 원지, 4개의 석주를 못 안에 둠, 외부에서는 정자 감상, 내부에서는 경관 감상

(4) 조선시대 누·정 조경

항 목	누	정
조영자	고을의 수령	다양한 계층
이용형태	정치, 행사, 연회 등 감시기능의 공적 이용	유상(노닐며 구경), 정서생활 등 사적 이용 공간
건물 구조	마루가 높이 솟은 2층 구조로 난간이 있고, 3칸 이상의 규모로 조성	높은 곳에 세운 개방된 집으로 규모가 2칸 이하로 작은 것
건축적 특성	장방형의 형태에 방이 없고, 마루가 높으며 단청을 함	다양한 형태의 평면에 방이 있는 경우가 있고, 규모가 작고 단청이 없음

(5) 조선시대 서원조경

① 입지 : 산수가 수려한 곳에 연고지 중심으로 위치

② 공간구성 : 강학공간(중앙강당, 좌우의 동재와 서재), 제향공간(사당, 전사청), 고사 등

③ 경관구성 : 서원의 누정을 통해 자연경관으로 곡과 경이 설정

④ 대표서원

* 유네스코 한국서원 *

- 소수서원(영주)안향
- 필암서원(장성)김인후
- 남계서원(함양)정여창
- 도동서원(달성)김굉필
- 옥산서원(경주)이언적
- 병산서원(안동)류성룡
- 도산서원(안동)이황
- 돈암서원(논산)김장생
- 무성서원(정읍)최치원

(6) 조선시대 사찰조경

① 입지 : 성스러운 종교적 의미의 택지법에 의함(산악숭배사상, 풍수지리, 도선국사의 비보사상 등 영향)

② 공간구성 : 탑중심형 → 탑·금당병립형 → 금당중심형

③ 공간구성기법 : 자연환경과의 조화, 계층적 질서 추구, 공간 상호간 연계성 제고, 인간척도의 유지, 공간축 설정

④ 경관구성요소

㉠ 지형경관 요소 : 석단, 계단, 화계

㉡ 수경관 요소 : 계류와 다리, 연지, 영지, 석수조와 우물

㉢ 건축적 요소 : 문, 담, 굴뚝

㉣ 석조점경물 : 석부도, 석등, 당간지주

㉤ 누각진입형 : 용문사 해운루, 송광사 종고루, 부석사 안양루

⑤ 대표사찰

㉠ 통도사 : 산지중심형 사찰, 남북 일직선 주축과 부축, 탑중심형, 금강계단

㉡ 해인사 : 지형적 특성을 이용한 수직적 위계성의 공간, 홍류동 계곡 따라 절선축의 중심축

㉢ 송광사 : 선종에 바탕을 둔 공간구성, 의도적 지형 조정

(7) 조선시대 조경 관련 서적과 관련 부서
　① 조경 관련 문헌
　　㉠ 강희안 「양화소록」 : 조경식물에 관한 최초 문헌
　　㉡ 유박 「화암수록」 : 양화소록의 부록, 화목을 9등급으로 나눔, 원예 전문서
　　㉢ 식재 상징 : 유교적 배경(사절우), 태평성대 회구(대나무, 오동), 도연명의 안빈낙도(국화, 버드, 복숭아)
　　㉣ 홍만선 「산림경제」 : 주택의 선정과 건축, 작물 재배, 과수와 임목 등
　　㉤ 이중환의 「택리지」 : 우리나라 지리서, 지리·생리·산수·인심 등 집터 기술
　　㉥ 이수광의 「지봉유설」 : 한국 최초 백과사전적 저술서, 천주교와 서양문물을 소개해 실학발전의 선구적 역할
　　㉦ 서유구 「임원경제지」 : 농업 위주의 백과전서, 화목 65가지 특성과 재배법 기술
　　㉧ 신속의 「농가집성」 : 「농사직설」, 「금양잡록」, 「사시찬요초」, 「구황촬요」가 합편으로 들어간 종합 농업서적
　② 조경 관련 부서
　　㉠ 상림원과 장원서 : 조선시대 조경담당 부서
　　㉡ 동산바치 : 조선시대 조경 일을 하는 사람
　　㉢ 변천사

시 대		이 름
고려		내원서
조선	태조	상림원
	태종	산택사
	세조	장원서
	연산군	원유사
	중종	장원서 부활

(8) 조선시대 공공조경
　① 후자(태조) : 「목민심서」에 경복궁 앞을 원표기점으로 일정 거리마다 녹음수 식재
　② 환경개선(세조) : 짐승은 가두고, 옥사주위에 녹음식재
　③ 경승지 개발 : 산림공원, 자연공원의 시초

11. 최근세 조경 및 현대

① 독립문(독립궁) : 중국 사신 맞는 모화궁

② 덕수궁 석조전 : 브라운이 설계한 프랑스식 침상형 정형정원 → 후에 장충단공원

③ 파고다공원 : 탑골공원, 영국 브라운이 설계한 우리나라 최초의 공원

④ 공원법 : 1967년 3월 공원법

⑤ 1971년 도시계획법, 1980년 자연공원법과 도시공원법 분리, 1974년 서울 어린이 대공원, 1978년 자연보호헌장 발표

⑥ 1925년 종합경기장(동대문운동장), 1928년 효창공원, 1930년 남산공원 등

⑦ 자연경관지 지정

　㉠ 미국 : 1865년 요세미티 자연공원, 1872년 옐로우스톤 국립공원(국립공원법)

　㉡ 일본 : 1931년 국립공원법

　㉢ 우리나라 : 1967년 3월 공원법, 1967년 12월 지리산 최초 국립공원 지정

Chapter 02. 조경계획 및 설계

01. 조경계획 및 법규

01. 자연환경 조사 분석

1. 식생생태조사

① 조사방법

㉠ 전수조사 : 수목 개수 조사(좁은 면적)

㉡ 표본조사 : 표본만 선정해 조사

② 표본구의 설정

㉠ 조사대상이 단립성이고, 균질의 식물 집달일 때 표본추출(아닐 경우 균질한 지역으로 나누어 추출)

㉡ 층화된 경우 무작위추출법, 체계적 표출법 통해 표본추출

③ 각종 군락측도 : 군락의 여러 특질을 재는 척도

㉠ 빈도 : 전체 쿼드라트(방형구) 수에 대한 어떤 종이 출현한 쿼드라트 수의 백분율을 나타낸 것

* 빈도$(F) = \dfrac{\text{어떤 종의 출현 쿼드라트 수}}{\text{조사한 총 쿼드라트 수}} \times 100$

* 상대빈도$(RF) = \dfrac{\text{어떤 종의 빈도}}{\text{전동의 빈도의 총화}} \times 100$

(상대빈도 : 식물의 총 빈도에 대한 한 가지 종의 빈도 비율)

㉡ 밀도 : 단위 면적(단위부피, 공간)내의 개체수

* 밀도$(D) = \dfrac{\text{어떤 종의 개체수}}{\text{조사한 총 넓이}} = \dfrac{\text{어떤 종의 총 개체수}}{\text{조사한 총 쿼드라트 수}}$

* 평균밀도$(D) = \dfrac{\text{조사한 총 넓이}}{\text{어떤 종의 총 개체수}} = \dfrac{1}{D}$

㉢ 수도 : 일정면적 위에 나타나는 개체수

* 수도$(A) = \dfrac{\text{어떤 종의 총 개체수}}{\text{어떤 종의 출현한 쿼드라트 수}} = 100 \times \dfrac{D}{F}$

㉣ 피도 : 식물의 지상부의 지표면에 대한 피복비율

* 피도$(C) = \dfrac{\text{어떤 종의 투영면적}}{\text{조사한 총 넓이}} \times 100(\%)$

㉤ 우점도 : 종의 군락 내에서 우열의 비율을 종합적으로 나타낸 측도

④ 표본조사방법

㉠ 쿼드라트법 : 정방형 조사지역 설정해 식생조사

쿼드라트 최소넓이	
경지, 잡초군락	0.1~1 m²
방목, 초원군락	5~10 m²
산림 군락	200~500 m²

㉡ 접선법 : 군락 내 일정길이 선을 몇 개 긋고 그 선 안에 나타나는 식생 조사해 측정

㉢ 점에 의한 법 : 쿼드라트법에서 쿼드라트 넓이를 대단히 작게 한 것(초원, 습원 등 높이 낮은 군락에 적용)

㉣ 간격법 : 두 식물 개체간 거리, 임의점과 개체사이 거리 측정해 구성종, 군락전체 양적관계 측정법(교목, 아교목에 적용)

⑩ 각 조사법이 적용되는 군락

		고목군락	저목군락	초본군락	이끼, 바위옷 군락
쿼드라트법		○	○	○	○
접선법		△	△	○	○
포인트법		×	×	○	○
간격법	최단거리법	○	△	×	×
	인접개체법	○	△	×	×
	제외각법	○	△	×	×
	4분각법	○	△	×	×

2. 기후조사

① 대기와 온도

　㉠ 기후와 쾌적기후 : 온도 18~21℃, 상대습도 50~60%

　㉡ 동결심도(땅이 어는 깊이) : 서울 1m, 남부 0~50cm

② 강수량 : 우리나라 연간 강수량 600~1,400mm 6~8월 사이의 집중호우형

③ 일조, 일사

　㉠ 일사량 : 태양으로부터 복사되는 열량 측정 / 일사각 : 정오시의 태양각의 입사각

　㉡ 일조량 : 태양이 지구면에 비치는 시간 측정 / 일조시간 : 우리나라 최저 2시간 30분

④ 미기후 : 국부적인 장소에 나타나는 기후가 주변기후와 현저히 달리 나타나는 것(미기후현상)

　㉠ 미기후요소 : 서리, 안개, 시정, 자외선

　㉡ 미기후인자

　　- 지형(산, 계곡, 경사면의 방향)

　　- 수륙분포(해안, 하안, 호반)에 따른 안개의 발생

　　- 지상피복(산림, 전답, 초지, 시가지)

　㉢ 알베도(Albedo) : 표면에 닿은 복사열이 흡수되지 않고 반사되는 비율(지표면의 알베도가 낮을수록, 전도율이 높을수록 미기후는 온화하고 안정)

　㉣ 풍동현상 : 건물사이에 주위보다 바람이 세게 부는 현상

　㉤ 도시 미기후 : 포장면 방대와 구조물 밀집으로 열섬효과, 대기상승효과 발생

　　= 콘크리트 아스팔트 억제, 수경요소와 식재지 확대해야

3. 토양조사

* **토양도**
- 개략토양도 : 항공사진을 중심으로 현지조사에 의해 작성된 축척 1:50,000의 지도(개략토양조사의 결과)
- 정밀토양도 : 항공사진을 중심으로 현지조사에 의해 작성된 축척 1:25,000의 지도(정밀토양조사의 결과)

① 토양의 단면

| 토양 단면의 모형도 |

㉠ Ao층(유기물층) : 낙엽과 분해물질 등 대부분이 유기물로 되어 있는 토양고유의 층
㉡ A층(표층, 용탈층) : 광물토양의 최상층으로 외계와 접촉되어 직접적 영향을 받는 층
㉢ B층(집적층) : 외계의 영향을 간접적으로 받으며, 표층으로부터 용탈된 물질이 쌓이는 층
㉣ C층(모재층) : 외계로부터 토양생성작용을 받지 못하고 단지 광물질만이 풍화된 층
㉤ D층(R층) : 기암층 또는 암반층

② 토양의 구조

㉠ 입단상 : 단립이 미생물 검(gum), 점토 등에 의해 몇 개씩 뭉쳐져서 입단을 이룬 구조
㉡ 단립상 : 토양입자가 단독으로 배열된 구조

③ 토양의 광물질 입자의 단경구분.

자갈	2.0 mm 이상
조사	2.0~0.2 mm
세사	0.2~0.02 mm
미사	0.02~0.002 mm
점토	0.002 mm이하

④ 토성의 구분

사토	85% 이상 모래
사질양토	점토 25~45%, 모래 55% 이상
양토	점토 2/3, 모래 1/3
식토	대부분 점토

⑤ 토양의 산도

㉠ 산성토 : pH 6.5이하. 양분이 없고 빨간흙(철이 많음), 주로 침엽수, 소나무자생
㉡ 알칼리토 : pH 7.5이상. 건조지역의 양분 많음. 낙엽수 위주의 수종
㉢ 중성 : pH 6.5~7.5

⑥ 토양수분
   ㉠ 화합수(결합수, pF7이상) : 화학적으로 결합되어 있는 물, 가열해도 제거되지 않고 식물이 직접적으로 이용할 수 없는 물
   ㉡ 흡습수(pF4.5~7) : 토양입자 표면에 피막처럼 물리적으로 흡착되어있는 물, 가열하면 제거되나 식물이 직접적으로 이용할 수 없는 물
   ㉢ 모관수(유효수분, pF2.5~4.5) : 흡습수의 둘레를 싸고 있고 물, 표면장력에 의해 공극 내에 존재, 식물에 유용한 물
   ㉣ 중력수(pF2.5이하) : 중력에 의해 토양입자로부터 유리되어 자유롭게 이동하거나 지하로 침투되는 물, 지하수원이 되는 물
⑦ 토양조사방법
   ㉠ 입지환경조사 : 표고, 방위, 지형, 경사, 퇴적양식, 토양침식, 암석노출도, 풍노출도, 지표형태, 모암 등 정밀조사
   ㉡ 토양단면조사 : 토양의 수직적 구성 및 형태 분석
⑧ 토양생성인자에 의한 주요 토양생성작용
   ㉠ 포드졸화작용(podzolization) : 박테리아의 활동에 지장이 있을 정도의 저온이나 수분이 충분한 기후에서 진행되는 토양생성작용(서안해안성기후, 온난대륙성기후, 고산지역에서 나타남)
   ㉡ 라테라이트화작용(laterization) : 열대우림기후, 사바나기후, 아열대습윤기후 등 고온다습한 기후에서 진행
   ㉢ 석회화작용(calcification) : 수분의 증발량이 강수량보다 많은 반건조지역, 스텝기후지역에서 진행
   ㉣ 글레이화작용(gleization) : 냉량, 한랭습윤기후지역 중 지하수위가 높은 저습지나 배수불량한 곳에서 진행 (툰드라 기후나 습윤 대륙성기후 지역)
   ㉤ 염류화작용(salinization) : 건조지역에서 가용성 염류가 토양의 표면에 집적되는 과정

4. 수문조사

① 자연배수 : 물이 흐르거나 고여 있는 상태
② 지하수 : 용수 측면에서 중요. 지표에 떨어진 물의 약 10%
③ 표면수 : 비가 올 때 표면에서 빠져나가는 물
④ 우수유출량

$$Q = C \cdot I \cdot A$$
C : 유출량계수, I : 우수강도, A : 배수지 면적

5. 지질조사

① 주요 암석과 특징
   ㉠ 화성암류 : 화산에서 분출된 용암이 굳어서 생긴 것 (화강암, 화성암)
   ㉡ 변성암류 : 암석이 압력, 높은 온도, 화학성분 등에 의해 변한 것 (편마암)
   ㉢ 퇴적암류 : 지표의 암석이 표면에서 풍화작용, 침식작용을 받아 암석분해, 물에 용해되어 기암에서 분리된 것(석회암)

② 지질조사방법

　㉠ 보링조사(boring)

　　- 토층보링 : 기계·오거보링에 의해 흙의 굳기정도를 조사하고, 시료를 채취해 시험을 통해 흙의 성질도 파악

　　- 암반보링 : 기계보링으로 구멍을 뚫고 전진속도와 코어의 채취율 및 채취한 코어의 관찰을 통해 암질 판단

　㉡ 사운딩(sounding) : 깊이 방향으로 연속적인 지반의 저항 측정

6. 지형조사

① 지형의 거시적 파악 : 계획대상지와 주변지역의 물리적·생태적 현상의 조사·분석

　(자연지역보전계획, 지역휴양개발계획, 관광정비계획 등에 사용)

② 지형의 미시적 파악 : 지형의 미세한 변화를 조사·분석하여 계획에 반영하는 것

　㉠ 지형도자료 : 1:50,000, 1:25,000, 1:5,000

　㉡ 분석내용 : 계획구역의 도면표시, 산정과 계곡의 능선 흐름조사, 등고선의 간격 검토, 유수패턴조사, 동선체계, 등산로, 경사방향 확인)

③ 고도분석 : 지형의 높낮이를 한눈에 볼 수 있게 분석하는 것

　㉠ 선 사용 시 : 고도가 높을수록 좁은 간격의 선

　㉡ 색 사용 시 : 고도가 높을수록 짙은 색 사용

　㉢ 정밀한 계획 : 등고선을 1m 간격으로 분석

　㉣ 개발 대상지 낮고 평탄한 지대: 5~10m 간격, 높아짐에 따라 10~25m

④ 경사도 분석 : 경사도에 따라 이용형태가 구분되므로 중요

　㉠ 등고선 간격에 의한 법

　　: G=D/L×100 (G: 경사도, L: 등고선에 직각인 두 등고선 간의 평면거리, D: 등고선 간격)

　㉡ 방안법 : 지형도에 메쉬(mesh)를 긋고 그리드(grid) 안에 들어 있는 등고선의 수를 세어 경사각을 구하는 법

　㉢ 경사도에 따른 토지분석

경사도	토지이용
2~5%	평탄, 운동장
4~10%	도로, 산책로
6%	높은 밀도 주택
10%	도로 최대 허용경사
10% 이상	자유롭게 놀기
15%	차량 최대경사
25%	변경 사용. 잔디 식재 상한선
25% 이상	침식으로 흙 파괴
50~60% 이상	경관적 효과

7. 경관조사

① 경관의 형식

자연경관	산림경관	
	평야경관	
	해양경관	
문화경관	도시경관	가로경관
		택지경관
		교외경관
	농촌경관	취락경관
		경작지경관

② 기호화 방법

 ㉠ Kevin Lynch의 도시이미지 기호화: 도시의 이미지성이 도시의 질을 좌우한다는 전제하에 5개의 물리적 요소를 기호화하여 분석도면 작성(도로-통로, 경계-모서리, 결절점-집중점, 지역, 랜드마크-경계표)

 ㉡ 웨스케트(Worskett) : 경관을 조망하는 시점에서 그 특성과 형태를 기호화하여 분석

③ 심미적 요소의 계량화 방법 : 경관의 질적 요소를 계량화 하는 방법으로 경관평가의 객관화 시도

 ㉠ Leopold의 상대적 척도로서의 계량화 : 스코틀랜드 계곡경관을 평가하기 위해 특이성 값을 계산하여 경관 가치를 상대적 척도로 계량화/ 물리적 인자, 생태적 인자, 인간이용과 흥미적 인자 등으로 구분하여 46개 항목으로 나누어 특이성비를 산출

④ 시각회랑에 의한 방법

 ㉠ Litton의 산림경관 기본유형 : 전경관(파노라믹경관), 지형경관, 위요경관, 초점경관

 ㉡ Litton의 산림경관 보조적 유형 : 관개경관, 세부경관, 일시경관

 ㉢ 경관의 우세요소 : 선, 형태, 색채, 질감

  경관의 우세원칙 : 대조, 연속성, 축, 집중, 상대성, 조형

  경관의 변화요인 : 운동, 빛, 기후조건, 계절, 거리, 관찰위치, 규모, 시간

⑤ 사진에 의한 분석 : 항공사진, 일반사진

 쉐이퍼(Shafer) 및 미츠(Mietz): 8×10인치 크기의 흑백사진으로 자연경관에 대한 시각적 선호의 계량적 모델 연구

8. 원격탐사에 의한 환경조사: 항공기, 기구, 인공위성 등을 이용해 땅위를 탐사

① 장점 : 단기간에 광범위한 지역 정보 수집, 기록들의 재현가능

② 단점 : 표면, 표층정보는 직접 얻지만, 내면 심토층 정보는 간접적으로 얻는다. 많은 경비소요

③ 해석 : 검정색(탄광지대, 물, 침엽수림, 활엽수림), 회백색(도로), 백색(모래사장)

02. 인문, 사회환경 조사 분석

1. 인구 및 역사 유물조사
① 인구조사 : 계획 부지 포함한 주변인구 조사 및 이용자수 분석을 위한 광범위 인구현황 조사
  (남녀, 연령, 학력, 직업, 종교, 취미 등)
② 역사적 유물조사: 무형(각 지방 전통 행사, 공예기술, 예능), 유형(사적지, 미술, 문화재, 고정원, 각종산업시설)

2. 토지이용 조사
① 토지의 이용형태별 조사(전, 답, 대지, 임야 등), 소유별(국유, 공유, 사유), 행정관할 구역 조사, 법률적 제한
  (국토이용관리법, 도시계획법, 산림법, 농지법 등)

3. 교통 조사
① 계획부지 내의 계통체계 조사 및 접근 교통수단 및 동선조사

4. 시설물 조사
① 건축물 현황조사(종류, 형태, 구조, 수량 등), 구조물 현황조사(전력선, 가스관, 상하수도, 교량, 옹벽, 펜스 등)

5. 행태의 유형
① 실제 이용자를 대상으로 하거나 유사한 계층의 사람을 조사. 단순관찰, 면담·질문 등의 접촉관찰, 설문지 조사 등

6. 공간의 수요량 산정
① 시계열 모델: 예측년도(기준년도에서 경과년도) 단기간인 경우 적용
② 중력 모델: 관광지와의 거리 및 인구를 고려해 대단지에 단기적으로 예측하는데 사용
③ 요인분석모델: 연간수요량에 영향을 미친다고 생각되는 사항(관광지 규모, 관광자원의 매력, 관광시설의 양 등)을 요인으로 취하여 분석
④ 계획 계량에 필요한 자료
  ㉠ 일일 이용자 수

계절형	1계절형	2계절형	3계절형	4계절형
최대일률	1/30	1/40	1/60	1/100

  ㉡ 회전율 : 1일 중에 가장 많은 이용자수, 그날의 총 이용자수에 대한 비율
  ㉢ 동시수용력

$$M = Y \cdot C \cdot S \cdot R$$
M : 동시수용력, Y : 연간 관광객수, C : 최대일률, R : 회전율, S : 서비스율

  ㉣ 최대일 이용자수 = 연간이용자 수 × 최대일률
  ㉤ 최대시 이용자수 = 최대일이용자 수 × 회전율

03. 경관분석

1. 경관분석의 분류

(1) 자연경관분석

① 자연경관의 형식적 유형(산림경관의 기본유형)

㉠ 파노라믹 경관(전경관): 시야가 멀리까지 트인 경관

㉡ 지형경관 : 지형지물이 강한 인상을 주는 경관

㉢ 위요경관 : 울타리처럼 둘러싸여 있는 경관

㉣ 초점경관

- 초점경관 : 시선이 한 점으로 유도되는 구성의 경관

- 비스타 경관 : 시선이 좌우로 제한되고, 중앙의 한 점으로 시선이 모이게 구성된 경관.
  (산림경관의 보조적 유형)

㉤ 관개경관 : 교목의 수관 아래에 형성되는 경관

㉥ 세부경관 : 시야가 제한되어 세부적 사항까지 지각되는 경관

㉦ 일시적 경관 : 대기권의 상황변화에 따라 경관의 모습이 달라지는 경우

② 레오폴드의 하천을 낀 계곡의 경관가치 평가

㉠ 상대적 경관가치를 절대적 척도, 상대적 척도로 나타냄

㉡ 특이성 계산(물리적 인자, 생태적 인자, 인간 이용 및 흥미적 인자 등 계산)

㉢ 계곡 폭, 구릉 높이, 하천깊이(인자의 특이성 계산)

③ 세이퍼 모델

㉠ 자연경관을 근경, 중경, 원경으로 나누고, 각 지역을 식생, 비식생으로 10개 지역으로 세분

㉡ 시각적 선호에 관한 계량적 예측 모델 연구

(2) 도시경관분석

① 케빈 린치의 도시경관분석

㉠ 도시 이미지 형성의 5가지 물리적 요소

- 통로(도로) : 운전자에게 보여지는 경관, 이동의 경로(가로, 수송로, 운하, 철도 등)

- 모서리(경계) : 보행자에게 보여지는 경관)해안, 철도, 모서리, 벽, 강, 숲, 고가도로, 건물 등)

- 지역 : 주거지역, 상업지역의 개념(인식 가능한 독자적 특징 지닌 영역)

- 결절점(집합점, 집중점) : 중심지구(도시의 핵, 통로의 교차점, 광장, 로터리, 도심부 등)

- 랜드마크(경계표) : 인상에 강한 건물, 지형물(서울타워, 에펠탑 등), 시각적으로 쉽게 구별되는 경관
  속 요소

② 경관의 우세요소 : 경관을 구성하는 지배적 요소(선, 형태, 색채, 질감 등)

경관의 우세원칙 : 경관의 우세요소를 미학적으로 부각시키고 다른 대상과 비교될 수 있는 것

(대조, 연속성, 축, 집중, 상대성, 조형 등)

경관의 변화요인 : 일시경관, 세부경관처럼 경관을 변화시키는 요인

(운동, 빛, 기후조건, 계절, 거리, 관찰위치, 규모, 시간 등)

③ 피터슨 모델
　㉠ 도시경관에 대한 시각적 선호 예측모델
　㉡ 9개의 독립변수 : 푸르름, 오픈 스페이스, 건설 후 경과연수, 값비쌈, 안전성, 프라이버시,
　　아름다움, 자연으로서의 근접성, 사진의 질
④ 도시광장의 척도(D/H)
　㉠ 린치 : D/H = 2,3 정도가 적당, 24m가 인간척도
　　- 폐쇄감 상실 : 높이 4배 거리, 앙각 14°(D/H = 4)
　㉡ 메르텐스와 린치의 연구 종합

앙각(°)	D/H비	특 징	건물식별 정도
40	1	전방을 볼 때	건물 세부와 부분 식별. 상당한 폐쇄감
27	2	높이의 2배	건물 전체 식별. 적당한 폐쇄감
18	3	높이의 3배	건물 포함, 건물군 보기. 최소한 폐쇄감
14	4	높이의 4배	장소식별 불가능.

⑤ 거리에 따른 지각

아시하라의 분류		스프라이레겐	
거리(m)	지각정도	거리(m)	지각정도
2~3	개개의 건물 인식	1	접촉 가능 거리
30~100	건물 인식	1~3	대화 거리
100~600	건물의 스카이라인 식별	3~12	얼굴 표정 식별
600~1,200	건물군 인식	12~24	외부공간에서 인간척도 한계
1,200이상	도시경관으로 인식	24~135	동작 구분
		135~1,200	사람 인식

2. 경관분석방법 및 유형

(1) 방법의 선택(4가지 고려사항)

① 분석자 : 누가 분석할 것인가에 대한 고려(심층 인터뷰 방법-전문가와 일반인이 공동으로 참여)

② 분석의 측면 : 미적, 문화적, 생태적, 경제적 측면 등 어느 측면에서 분석할 것인가에 대한 고려

③ 시뮬레이션 기법 : 사진, 슬라이드, 스케치, 비디오 등

④ 분석결과 : 효율적인 방법을 선택

(2) 방법의 일반적 조건

① 신뢰성 : 신뢰성이 높아야 한다.

② 타당성 : 제대로 분석 했는가.

③ 예민성 : 경관의 속성 차이 구별

④ 실용성 : 적은 시간과 적은 비용으로 결과 얻는 것

⑤ 비교 가능성 : 다른 측면에서도 비교 가능할 것

(3) 방법의 분류

① 아서 등의 분류

㉠ 목록 작성 : 경관 구성요소 특성 목록을 통해 결과 도출

㉡ 대중 선호 모델 : 설문지 등 대중 선호 가치 알아내 경관분석

㉢ 경제적 분석 : 경관 속성을 금전적 가치로 환산해 분석

② 쥬비 등의 분류

㉠ 전문가적 판단에 의지

㉡ 정신물리학적 방법

㉢ 인지적 방법

㉣ 개인적 경험에 의지

③ 대니얼과 바이닝의 분류

㉠ 생태학적 접근

㉡ 형식미학적 접근

㉢ 정신물리학적 접근

㉣ 심리학적 접근

㉤ 현상학적 접근

3. 경관분석의 접근방식

(1) 생태학적 접근

① 정의 : 자연형성과정 이해하여 경관을 분석하는 방법

② 맥하그의 생태적 결정론: 생태적 형성과정이 자연경관을 결정한다.

③ 분석방법

㉠ 맥하그의 분석방법 : 자연형성과정의 생태적 목록 조사해 종합하는 도면 결합법

㉡ 레오폴드 분석방법 : 12개 대상지역을 상대적 경관가치로 계량화해 특이성 정도 산출

㉢ 녹지자연도에 의한 방법 : 지표상태, 식생타입에 따라 등급으로 나누어 분석

등급	0	1	2	3	4	5	6	7	8	9	10
명칭	수역	시가지 조성지	농경지	과수원	이차 초원 A	이차 초원 B	조림지	이차림 A	이차림 B	자연림	고산자 연초원
개요	물 있는 지역	식생 거의 없음			키 낮은 식생	키 큰 식생		수령 20년 까지	수령 20~ 50년	다층 극상림	

(2) 형식미학적 접근

① 형식미의 원리

㉠ 르 꼬르뷔지에의 황금비례(1 : 1.618)

㉡ 형태 심리학

- 도형과 배경 : 관점에 따라 도형과 배경이 바뀌어지는 현상

- 도형조직의 원리 : 접근성, 유사성, 연결성, 방향성, 완결성, 대칭성

㉢ 미적구성원리 : 통일성, 다양성

② 경관의 형식적 유형 : 파노라믹, 지형, 위요, 초점, 관개, 세부, 일시적

③ 분석방법

㉠ 리튼의 시각적 훼손가능성: 시각적 훼손에 관한 연구(도로나 벌목 등)

㉡ 제이콥스와 웨이의 시각적 흡수능력

- 시각적 투과성

- 시각적 복잡성

- 시각적 투과성이 높으면, 시각적 복잡성이 낮아, 시각적 흡수력도 낮아진다.

㉢ 경관회랑, 경관구성, 경관통제점 분석

- 경관회랑 : 주요 통행로 따라 가시권 설정

- 경관구역 : 이질적 패턴도 하나의 경관구역이 될 수 있다.

- 경관단위 : 동질적 질감을 지닌 경관 구분

- 경관통제점 : 좋은 조망지점

ⓔ 고속도로, 송전선의 시각적 영향

　　　ⓜ 스카이라인 분석

　　　　- 스카이라인 형태 : 리듬, 자연 적응, 하늘 균형, 악센트, 추상적, 중첩, 프레임

　　　ⓑ 연속적 경험

　　　　- 틸의 공간형태 표시법 : 기호로 장소 중심적 인간의 움직임 표시

　　　　- 할프린의 움직임 표시법 : 모테이션 심벌로 시간, 진행 중심적 움직임 해석

　　　　- 아버나티와 노우의 속도변화 고려 : 다른 속도에 따른 공간 분석(자동차, 보행)

(3) 정신물리학적 접근

　① 정의 : 감지와 자극 사이의 계량적 관계를 연구

　② 형식미학과의 비교

　　㉠ 형식미학적 접근 : 전문가적 판단에 의한 것

　　㉡ 정신물리학적 접근 : 일반인에 대한 실험에 의한 것

　③ 분석모델

　　㉠ 선형 - 비선형 모델 : 경관의 물리적 속성과 반응에 관한 1차식(선형), 2차 지수함수(비선형)

　　㉡ 자연경관, 도시경관 모델

　　㉢ 직접 - 간접모델 : 물리적 속성의 직접 측정 or 피험자에게 조사

　④ 분석방법

　　㉠ 세이퍼 모델 : 자연환경에서의 시각적 선호에 관한 계량적 예측 모델

　　㉡ 피터슨 모델 : 주거지역 주변의 경관에 대한 시각적 선호 예측 모델

　　㉢ 칼스 모델 : 옥외 레크리에이션 지역 경관의 시각적 선호 예측 모델

　　㉣ 중정 모델 : 도시환경의 중정의 비례 이용해 시각적 선호 예측 모델

　　㉤ 경관도 작성 : 격자로 나누어 유형별 경관으로 분류

(4) 심리학적 접근

　① 정의 : 인간의 느낌, 감정, 이미지에 대한 관점에서의 접근

　② 심리학적 접근의 유형 : 개인차, 경관의 느낌, 경관의 이미지

　③ 분석방법

　　㉠ 시각적 복잡성

　　　- 시각적 복잡성과 선호도의 관계

　　㉡ 인간적 척도

　　　- 인간적 척도 유형

　　　- 척도 기준

　　　　* 보통 인간척도 : 70~80 ft　　　　* 얼굴표정 식별 거리 : 48 ft

　　　　* 인간존재 유무확인거리 : 4000 ft　　* 초인간척도 : 웅장한 크기

ⓒ 경관의 이미지
- 인지도 : 린치의 인지에서 주요 요소 추출해 설계에 응용
- 이미지 : 린치의 5가지 도시 이미지(통로, 모서리, 지역, 결절점, 랜드마크)
- 인공물과 자연물

(5) 기호학적 접근
① 정의 : 환경의미의 기호들을 파악하는 분석
② 기호의 유형 : 도상, 지표, 상징
③ 분석방법(기호체계, 상징성, 종합적)

(6) 현상학적 접근
① 정의 : 개인적, 체험적, 현상학적 입장에서 분석
② 장소성
　㉠ 경관(물리적 구성)과 장소(행동중심적)
　㉡ 내부성과 외부성(4가지 유형)
- 간접적 내부성 : 간접적으로 장소 경험
- 행동적 내부성 : 한 장소의 경계에 둘러싸여 느끼는 것
- 감정적 내부성 : 장소의 본질적 요소를 감상하는 것
- 존재적 내부성 : 장소에 대한 풍부한 의미를 느끼는 것
③ 현상학적 접근의 유형
　㉠ 지리학적 접근 : 역사성, 지리적 상황, 물리적 환경에 관한 지식
　㉡ 장소의 무용 : 인간의 공간행태는 현상학적
　㉢ 실존적 접근 노베르그슐츠의 4가지 경관유형 : 낭만적, 우주적, 고전적, 복합적
　㉣ 풍수지리설
④ 분석방법
　㉠ 전문가의 경험적 고찰
　㉡ 개방적 인터뷰
　㉢ 분류법 : 여러 기준에 따라 분류해 다차원적 분석기법 활용

(7) 경제학적 접근
① 정의 : 경관의 추상적 가치를 화폐가치로 나타내는 분석
② 유형
　㉠ 편익계산 : 레크리에이션의 편익을 화폐가치로 계산하여 상호 비교
　㉡ 교환게임 : 경관을 직접적으로 비교할 수 없는 가치들과 교환하여 선호도 파악해 비교 평가

③ 분석방법
  ㉠ 지불용이성을 이용한 방법
  ㉡ 기회비용을 이용한 방법
  ㉢ 지출비용을 이용한 방법
  ㉣ 국민총생산, 부동산 가격을 이용한 방법
  ㉤ 윌슨의 교환게임 : 근린주구 시설의 종류와 서비스 수분 결정
  ㉥ 호인빌의 교환게임 : 우선순위 평가판을 도입해 순위를 나누어서 분석
  ㉦ USC 교환게임 : 11개 기회인자로 나누어 분석
  ㉧ 채프만과 리츠도프의 교환게임 : 각 인자별 5단계 척도로 나누어 분석
④ 산림의 가치 : 대기정화능력, 홍수방지능력
⑤ 경관이 주는 이익 : 택지가격의 상승, 관광수입증대, 정신적·신체적 건강의 향상을 화폐로 환산

4. 경관평가 수행기법

(1) 경관의 물리적 속성

   ① 경관의 규모

      ㉠ 점적경관 : 한 장의 사진, 한 번의 현장 평가로 가능

      ㉡ 면적경관 : 지역, 구역 등 각 분석방법이 다름

   ② 경관의 특성 : 경관의 주요 변수를 파악해 평가기준을 설정

   ③ 계절에 따른 변화 : 4계절에 걸쳐 표본사진을 선정해 평가

(2) 시뮬레이션 기법

   ① 사진 및 슬라이드를 이용한 평가

   ② 사진 및 슬라이드 표본 선정

   ③ 시뮬레이션 순서

   ④ 관찰

   ⑤ 계획된 경관의 시뮬레이션

(3) 평가자 선정

   ① 전문가와 이용자

      ㉠ 전문가 평가 : 작업이 단순, 빨리, 일반인이 모르는 사항도 파악 가능/이용자 선호와 달라 주관에 치우침

      ㉡ 일반인 평가 : 대중 선호를 잘 반영, 공공성이 높음/수행비용과 시간이 많이 소요

   ② 집단의 선호 패턴 : 일정집단 안의 선호도 패턴이 유사함.

   ③ 친근감 : 평가 대상의 경관 익숙도에 따라 선호도가 달라짐.

(4) 미적반응측정

   ① 척도의 유형

      ㉠ 명목척 : 사물의 특성에 고유번호 부여

      ㉡ 순서척 : 크고 작음을 크기 순서로 숫자 부여

      ㉢ 등간척 : 상대적 비교와 동시에 상대적 크기도 비교

      ㉣ 비례척 : 등간척에서 불가능한 비례계산

   ② 측정방법

      ㉠ 형용사목록법 : 형용사들로 경관의 특성 파악

      ㉡ 카드분류법 : 경관 기술 문장을 카드에 적어 보여주어 분류

      ㉢ 어의구별척 : 양극으로 표현되는 형용사 목록을 7단계로 나누어 정도 표시

      ㉣ 순위조사(등간척) : 경관의 상대적 비교로 선호도에 따라 번호를 매기도록 하는 방법

      ㉤ 리커드 척도 : 일정상황에 대한 정도를 5개 구간으로 나누어 등간척으로 답하는 방식

5. 조경미학

(1) 디자인 요소

1) 점

① 위치 표시

② 특징

㉠ 구심점이 되어 주의력 집중

㉡ 밝은 점은 크고 / 어두운 점은 작게 보임

㉢ 두 점 사이에 선이 생겨 잡아당기는 힘이 생김

㉣ 점의 크기에 따라 동적감각, 정적감각으로 나뉨

2) 선

① 직선 : 선의 기본, 균형과 중립적 성질

② 곡선

㉠ 편안함, 여성적

㉡ 약간 휘어진 곡선: 신축성, 유동적, 여성적, 부드러움

㉢ 급하게 휘어진 곡선: 방향의 급전, 능동성, 강력성

③ 방향성 : 모든 선은 방향을 가짐

㉠ 수평방향 : 중력과 조화, 휴식, 수동적, 안정감

㉡ 수직방향 : 평형, 균형, 위엄, 굳건함

㉢ 사선(대각선)방향 : 변화적, 역동적, 동적방향

④ 인공적인 선과 자연적인 선

㉠ 인공적인 선 : 단순, 인공적, 수학적 선

㉡ 자연적인 선 : 자유곡선, 다양함

⑤ 사선 : 특정방향과 움직임 있는 선

3) 형태

① 원과 구 : 중심점을 가져 방사하는 움직임, 집중하는 움직임을 가짐

㉠ 정원형 : 동등한 방사성, 주위와 잘 융화

㉡ 타원형 : 중심 위치에 의해 방향성 생김

② 사각형

㉠ 정방형 : 중립의 성질

㉡ 사다리꼴 : 사선 성질, 변화

㉢ 장방형(거형) : 조경에 이용하기 쉬운 형태(황금비)

③ 형의 감정

㉠ 원 : 상쾌함, 따뜻함, 부드러움, 조용함

㉡ 반원 : 따뜻함, 조용함, 둔함

ⓒ 부채꼴 : 날카로움, 시원함, 가벼움, 화려함

ⓔ 정삼각형 : 시원함, 예민함, 딱딱함, 강함, 가벼움

ⓜ 마름모꼴 : 시원함, 메마름, 예민, 강함

ⓗ 사다리꼴 : 무거움, 딱딱함, 기름짐

ⓢ 정방형 : 딱딱, 강함, 무거움

ⓞ 장방형 : 시원함, 메마름, 딱딱, 강함

④ 형상의 성격(메츠거의 심리학적 형태 법칙)

ⓐ 둘러싸는 법칙   ⓑ 가까움의 법칙

ⓒ 안쪽의 법칙   ⓓ 군화 또는 통합의 법칙

ⓔ 대칭의 법칙   ⓕ 동일폭의 법칙

ⓖ 통과하는 곡선의 법칙

ⓗ 분명의 법칙, 바탕에 대한 최대 통일성의 법칙

4) 공간

① 3차원적이며 길이, 폭, 깊이가 있다.

② 가공적 깊이 암시, 빛의 방향과 세기에 따라 입체감 형성

③ 색과 빛에 의한 상대적 효과

5) 질감

① 재질감, 촉감 등의 느낌

② 질감 조화의 방법

ⓐ 동일조화 : 같은 질감이나 재료의 사용으로 조화

ⓑ 유사조화 : 유사 재질이나 시공방법을 사용한 조화

ⓒ 대비조화 : 다른 재질의 재료로 조화

6) 스파늉 : 점, 선, 면 등의 구성요소가 2개 이상 작용할 때 상호 관련된 방향감을 갖는 성질

(2) 색채이론

1) 빛과 색

① 빛의 성질

ⓐ 물리적 성질 : 광도, 반사도, 광원색

ⓑ 심리적 성질 : 분위기 연출 요소

② 빛의 종류

ⓐ 자연조명 : 태양에 의한 조명

ⓑ 인공조명 : 인공 광원의 조명

③ 인공조명의 특성

종류	백열전구	할로겐램프	형광등	수은등	나트륨등
용량	2~1,000 W	500~1,500 W	6~110 W	40~1,000 W	20~400 W
효율	7~22 lm/W	20~22 lm/W	48~80 lm/W	30~55 lm/W	80~150 lm/W
수명	1,000~1,500 h	2,000~3,000 h	7,500 h	10,000 h	6,000 h
전등 부속장치	불필요	불필요	안정기 등 부속장치 필요	안정기 필요	안정기 등 부속장치 필요
용도	좁은 장소 전반조명, 액센트 조명 / 대형-천장, 투광조명	장관형 : 높은 천장, 경기장, 광장 등 투광조명 / 단관형: 영사기용	옥내외, 전반조명, 국부조명 / 간접조명의 무드조명	1등 당 큰 광속, 긴 수명, 높은 천장, 투광조명, 도로조명	도로조명, 터널조명
광색 광질	적색, 고휘도	적색, 고휘도	백색(조절) 저휘도	청백색, 고휘도	등황색(저압) 황백색(고압)

④ 색의 3속성

  ㉠ 색상: 색의 구별, 색의 이름

  ㉡ 명도: 빛의 밝기 정도

  ㉢ 채도: 색의 선명한 정도

⑤ 색 용어

  ㉠ 순색 : 채도가 가장 높은 색

  ㉡ 청색 : 채도가 높은 색/ 탁색: 채도와 명도가 같이 낮은 색

  ㉢ 색조 : 다른 색상도 명도와 채도가 유사시 같은 인상을 주는 상태

  ㉣ 보색 : 반대되는 색

  ㉤ 색명법 : 색의 이름을 표현하는 방법

2) 색채지각과 지각적 특성 및 감정효과

  ① 명암순응

    ㉠ 전체순응 : 전체 평균 밝기에 순응

    ㉡ 명순응 : 밝은 곳에서 눈이 익숙해지는 것

    ㉢ 암순응 : 어두운 곳에서 눈이 익숙해지는 것

  ② 색의 항상작용 : 물체 고유색을 조명광과 구별해내는 것

  ③ 푸르키니에 현상 : 빛의 파장이 긴 색은 어둡게, 파장이 짧은 색은 밝게 보이는 현상

  ④ 잔상 : 눈의 회복이 늦어져 잠시동안 색이나 명암이 반대되는 색이 보이는 현상

  ⑤ 리브만 효과

    ㉠ 도형과 바탕의 명도가 비슷하면 도형의 윤곽이 사라져 보이는 형상

    ㉡ 가시도가 높은 배색 : 황색 - 흑색, 흰색 - 흑색

ⓒ 가시도가 낮은 배색 : 황색 - 흑색, 적색 - 녹색

⑥ 진출색과 후퇴색

　㉠ 진출색 : 가까워 보이는 색(온색)

　㉡ 후퇴색 : 멀어 보이는 색(한색)

⑦ 색의 상징

　㉠ 적색(정열, 위험)　　　　　㉡ 황색(명예의 상징)

　㉢ 녹색(자연, 생장, 평화, 안전)　㉣ 청색(행복, 희망)

　㉤ 자색(고귀함, 장중함)　　　　㉥ 백색(순수, 신성함)

⑧ 색 형상의 움직임(간딘스키)

　원심력(황색)/구심적(청색)/안정적(적색)

⑨ 색의 현상(간딘스키) : 청색은 둔각, 적색은 직각, 황색은 예각 느낌

⑩ 안전색채와 안전색광

　㉠ 안전색채 : 빨, 노, 주, 녹, 자, 청, 흰, 검 8색상

　㉡ 안전색광 : 빨, 노, 녹, 자, 흰 5색광

3) 색의 혼합(뉴턴 연구)

① 색광의 혼합(가법론색) : 색광의 혼합은 성분이 증가할수록 밝아짐

② 물감색의 혼합(감법론색) : 물체색은 혼합할수록 색이 어두워진다.

4) 색의 체계 및 조화, 대비

① 표색계

　㉠ 종류 - 먼셀표색계 : 한국공업규격에서 채택, 보편적 사용
　　　　- 오스트발트표색계 : 순색과 흑, 백의 적당한 혼합

　㉡ 먼셀표색계 - 5가지 주된 색상 + 중간 5색상 = 기본 10색상 = 10색상으로 세분하여 100색상으로 이룸.
　　　　- 실용적으로 10순색을 40단계로 나누어 활용
　　　　- 무채색 명도 1~9, 유채색 2~8 단계
　　　　- 먼셀 기본 10색(R, YR, Y, GY, G, BG, B, PB, P, RP)

② 색의 조화

　㉠ 색상조화 : 단색조화, 2색 조화, 3색 조화, 다색조화

　㉡ 명도조화 : 동일, 중간, 대비조화로 명도에 따른 조화

　㉢ 채도조화 : 동일, 중간, 대비조화로 채도에 따른 조화

③ 색채대비 : 명도대비 / 색상대비 / 채도대비 / 보색대비 / 한난대비 / 면적대비

④ 식물의 색소

　㉠ 엽록소 : 녹색. 잎과 줄기

　㉡ 키산토필 : 황색. 가을 낙엽

　㉢ 카로티노이드 : 황색, 등색, 적색. 과일과 꽃

　㉣ 안토시안 : 적색, 청색, 자색. 꽃이나 잎. 가장 화려

(3) 디자인원리 및 형태구성

   1) 조화

      ① 정의 : 조형요소 사이에서 융합해 새로운 아름다움을 창출할 때 조화롭다고 함.

      ② 종류

        - 유사조화 : 통일과 유사. 안정감, 편안함 조성

        - 대비조화 : 다른 두 요소로 미적 효과 창출. 대조, 대립과 유사

   2) 통일과 변화

      ① 통일 : 정리된 형태로 조화. 단순함, 지루함.

      ② 변화 : 유기적 관계 속 조화.

   3) 균형

      ① 정의 : 전체적으로 균등하게 분배된 구성

      ② 균형을 결정짓는 인자 : 무게와 방향

      ③ 균형의 종류 : 대칭균형, 비대칭균형, 방사상 균형

   4) 율동(리듬)

      ① 정의 : 균형 잡힌 뒤 나타나는 변화원리

      ② 종류 : 반복, 점진, 교채, 대조

   5) 강조

      ① 강조 이루는 방법 : 주종의 부분 구별, 집중을 위한 대상의 외관을 단순화하여 생략

      ② 강조의 정도 : 강조, 우세, 보조, 종속으로 나눔

   6) 기타

      ① 축 : 부지 내 공간을 통일하는 요소. 주축과 부축

      ② 비례 : 한 부분과 전체에 대한 척도조화

          ㉠ 황금분할(1 : 1.618)

          ㉡ 동서양의 비(4 : 6, 3 : 7)

      ③ 통경선(비스타) : 원경 조망시에 원근감 조성하는 방법으로 시선의 집중을 이룸

      ④ 아이스톱 : 넓은 공간에 랜드마크나 비스타 조망대상이 되는 것

      ⑤ 구획 : 공간을 만들기 위해 한정하는 것

      ⑥ 눈가림 : 눈가림식재, 변화와 거리감을 강조

      ⑦ 단순미 : 독립수, 낙화의 아름다움 등 명쾌한 느낌

(4) 환경미학

　1) 시각의 척도와 시지각의 특성

　　① 도형과 그림 : 배경과 도형으로 구분하여 보려는 성질

　　② 도형조직의 원리 : 근접성 / 유사성 / 연속성 / 방향성 / 완결성 / 대칭성

　　③ 시각과 착시 : 각도, 방향에 대한 착시 / 분할에 대한 착시 / 대비의 착시 / 수평, 수직에 관한 착시 / 면적에 대한 착시

　2) 경관의 우세원칙과 시각요소의 가변인자

　　① 경관의 우세원칙 : 대비, 연속, 축, 집중, 대등, 구성

　　② 시각요소의 가변인자

　　　㉠ 거리(근경, 중경, 원경)　　　㉡ 관찰점(상, 중, 하, 좌우)

　　　㉢ 명도(광도)　　　　　　　　㉣ 형태(공간비율)

　　　㉤ 규모(대, 중, 소)　　　　　 ㉥ 시간변화(1일 변화, 계절변화)

　　　㉦ 운동(이동에 따른 변화)　　 ㉧ 장소(지리적 특수성)

　　③ 경관의 우세요소 : 선, 형태, 색채, 질감

　3) 공간

　　① 공간을 한정짓는 경계와 영역

　　　㉠ 경계 : 영역 구분의 윤곽선

　　　㉡ 영역 : 둘러쌓인 부분. 하나의 영역에는 윤곽선 존재.

　　② 공간의 거리감

　　　㉠ 색채 : 한색은 멀어 보이며, 난색은 가까워 보임.

　　　㉡ 질감 : 고운질감 → 중간질감 → 거친질감 조성 시 가까워 보임.

　　③ 공간의 개방감과 폐쇄감

　　　㉠ 산울타리

　　　　- 높이 30cm : 이미지 상으로 공간 구분

　　　　- 높이 60cm : 시각적 연속성 가짐

　　　　- 높이 120cm : 공간구분, 위요정도

　　　　- 높이 150cm : 폐쇄성. 몸이 가려지는 높이

　　　　- 높이 180cm : 완전한 가로막이

　　④ 타우효과

　　　㉠ 헬슨과 킹이 거리지각이 시간경과에 영향이 있음에 관한 연구

　　　㉡ 시간간격이 공간 간격의 지각에 영향을 미쳐 착각을 일으키는 현상

04. 형태 환경 심리기능의 조사 분석

1. 물리·생태적 접근

① 물리·생태적 접근

  ㉠ 생태적 형성과정을 고려한 접근: 생태적 질서 및 환경의 역사적 형성과정 파악(기상, 지질, 수문, 수질, 토양, 식생, 야생동물, 토지이용 등)

② 생태계의 법칙

  ㉠ 에너지 순환 : 환경에 내재하는 모든 물질은 끊임없이 변화하며 모든 변화는 에너지의 전이 수반. 효율적인 계획 및 설계를 통해 낮은 엔트로피 추구

  ㉡ 제한인자 : 개체의 크기나 개체군 수의 증가를 제한하는 인자

  * 물리적 인자(홍수, 가뭄, 온도, 빛, 양분의 결핍 등)
  * 생물학적 인자(경쟁관계, 포식자-먹이관계, 기생관계 등)

  ㉢ 생태적 결정론(맥하그 제안) : 자연과 인간, 자연과학과 인간환경의 관계를 생태적 결정론으로 연결

  * 도면결합법(overlay method) 제시 : 생태적 인자들에 관한 여러 도면을 겹쳐놓고 일정지역의 생태적 특성을 종합적으로 평가하는 방법

  ㉣ 생태적 종합분석

  * 상호관련성분석(자연형성과정을 지배하는 제반요소의 상호관계 검토)
  * 4대권 작용분석(계획구역 내에서 이루어지는 침식, 홍수, 식생천이 등의 현상과 4대권(암석권, 수권, 생물권, 대기권) 각 권역과의 관계성 검토)
  * 인간활동의 영향분석(인간의 활동이 자연형성과정에 미치는 영향 분석)
  * 변화추세의 예측(계획구역내의 주요지형 및 식생을 구분하여 형성원인 및 과정을 검토하여 변화추세 예측)

2. 시각 미학적 접근

① 시각적 분석과정

  ㉠ 물리적 환경의 시각적 특성에 대한 분석 : 시각요소(전망, 급경사, 랜드마크 등) 및 경관단위(숲, 호수, 농경지 등)에 관한 시각적요소의 파악 및 객관적 기술

  ㉡ 물리적 환경에 대한 이용자들의 반응분석 : 이용자의 이미지, 선호도, 연속적 경험 등 이용자들의 주관적 느낌을 객관적으로 정리

  ㉢ 물리적 특성과 이용자 반응을 종합해 문제점 발견과 검토

  ㉣ 이용자에게 쾌적한 시각적 환경이 될 수 있는 해결방안 모색

② 시각적 구성의 기본 요소

  ㉠ 전망(view)

  ㉡ 통경선(vista)

  ㉢ 축

  ㉣ 구성

  ㉤ 대칭, 비대칭

③ 미적반응과정
　　㉠ 버라인(Berlyne)의 4단계 : 자극탐구 → 자극선택 → 자극해석 → 반응
　　㉡ 지각(감각기관의 생리적 자극을 통해 외부의 환경적 자극을 받아들이는 과정, 행위)인지(과거 및 현재의 외부적 환경과 현재 및 미래의 인간행태를 연결지어주는 앎이나 지식을 얻는 수단)

④ 시각적 효과분석
　　㉠ 연속적 경험
　　　- 틸 : 환경디자인 도구로 연속적 경험의 표시법 제안
　　　- 할프린 : 모테이션 심볼이라는 인간행동의 움직임의 표시법 고안
　　　- 아버나티와 노우 : 도시 내에서 연속적 경험을 살린 설계기법 연구

틸(Thiel)	공간형태변화 기록	장소 중심적(도심지)
할프린(Halprin)	상대적 위치를 주로 기록	진행 중심적(교외, 캠퍼스)

　　㉡ 이미지
　　　- 린치 : 인간환경 전체적인 패턴의 이해 및 식별성을 높이는 개념 전개
　　　- 스타이니츠 : 린치의 이미지 개념을 더욱 발전시킴

린치(Lynch)	물리적 형태의 시각적 이미지 중시
스타이니츠(Steinitz)	물리적 형태와 그 형태가 지닌 행위적 의미의 상호관련성 중시

　　㉢ 시각적 복잡성 : 시각적 환경의 질을 표현하는 특성(조화성, 기대성, 새로움, 친근성, 놀램, 단순성, 복잡성)
　　㉣ 시각적 영향 : 개발에 따른 시각적 영향을 분석하고 부정적 요소를 최소화시킴(주거지 개발, 송전선 설치 등)
　　㉤ 경관가치평가 : 레오폴드(하천을 낀 계곡의 가치평가, 12개의 대상지역 선정 후 상대적 척도로 경관가치 계량화)
　　㉥ 시각적 선호 : 미적 반응의 일종으로 4가지 변수가 관계
　　　- 물리적 변수 : 식생, 물, 지형 등
　　　- 추상적 변수(매개변수) : 복잡성, 조화성, 새로움 등
　　　- 상징적 변수 : 일정 환경에 함축된 상징적 의미
　　　- 개인적 변수 : 개인의 연령, 성별, 학력, 성격, 심리적 상태 등(가장 어렵고 중요한 변수)

3. 사회, 행태적 접근

① 환경심리학 : '환경-행태'의 관계성을 종합된 하나의 단위로 연구, '환경-행태' 상호간에 영향을 주고받는 상호작용 연구

② 개인적 공간 : 방어기능 및 정보교환 기능

　㉠ 홀(Hall)의 대인거리 분류

친밀한 거리	0 ~ 1.5ft	가까운 사람들의 거리
개인적 거리	1.5 ~ 4ft	일상적 대화 유지거리
사회적 거리	4 ~ 12ft	업무상 대화 유지거리
공적 거리	12ft 이상	공적거리

③ 영역성

　㉠ 알트만(Altman)의 인간영역 구분

1차 영역	일상생활 중심	가정, 사무실
2차 영역	사회적 특정 그룹	교회, 기숙사, 교실
공적 영역	대중 이용 가능 공간	광장, 해변

　㉡ 뉴먼(Newman) : 영역의 개념을 옥외설계에 응용, 주택단지계획에서 환경심리학적 연구를 응용하여 범죄 발생을 줄이고자 범죄예방공간 주장

④ 설계자와 행태과학자의 비교-Altman

설계자	행태과학자
* 장소 지향적, 일정단위장소에 초점	* 행태 지향적, 일정한 사회적 행태에 초점
* 단위 내에서 일어나는 사회적 행태 및 경제적·정치적·기술적 문제 종합	* 일정한 행태가 어떻게 일어나는가를 연구, 과학적 설명
* 목표를 정하고 이를 효율적으로 성취하는데 노력	* 인간과 환경의 관계성 규명에 노력
* 문제중심적	* 현장 중심적

05. 분석의 종합 및 평가

1. 기능분석
① 설비기능 : 교통기능, 급수, 배수, 전기, 가스
② 이용기능 : 기구와 시설, 조명
③ 경관기능 : 조망이나 차폐
④ 토지이용기능 : 지형, 경사도, 토지형상, 토지소유권
⑤ 재해방지기능 : 방풍, 방화, 방음, 침식방지

2. 규모분석
① 공간량 분석 : 적정이용밀도, 수용량, 이동량, 이용량, 단위면적당 이용량, 단위이용량 당 소요면적, 시설소요 면적
② 시간적 분석 : 도달시간 거리, 체제시간, 회전율, 이용시간 등
③ 예산규모 분석 : 단위 면적당 경비, 예산분배, 장기적 단기적 예산규모
④ 토목적인 분석 : 유수량, 토사이용량 등
　㉠ 건축적인 분석

$$* \text{건폐율} = \frac{1\text{층 바닥 면적}}{\text{대지 면적}}$$

$$* \text{용적율} = \text{건폐율} \times \text{건물층수} = \frac{\text{건물연면적}}{\text{대지면적}}$$

3. 구조분석
① 공간 및 경관구조 : 설비, 시설의 구조, 지형, 식생, 기상, 토양, 물 등
② 이용구조 : 정적 이용, 동적 이용, 고밀도 이용, 집단적 이용, 개인적 이용, 연령층별 이용 등

4. 형태분석
① 토지이용의 형태, 지표면 형태, 수면형태, 수목이나 식재의 형태 등 종합분석

5. 상위계획의 수용
① 상위계획 : 국토종합개발계획, 지역계획, 도시계획, 관광지개발계획 등
② 계획부지를 포함한 상위계획을 파악, 수용

6. 종합
① 계획 설계의 목표에 맞도록 필요한 자료들을 상호관련지어 분석하는 것. 각 자료의 상대적 중요성을 검토하여 기본구상의 기초가 되는 자료를 제공하는 것

06. 대안의 작성

1. 계획의 접근방법
① 물리·생태적 접근, 시각·미학적 접근, 사회행태적 접근

2. 기본구상 및 대안작성
① 기본구상 : 제반자료의 분석·종합을 기초로, 프로그램에서 제시된 계획방향에 의거 구체적 계획안의 개념 정립
② 대안작성 : 기본개념을 가지고 바람직하다고 생각되는 몇 개의 안을 작성/ 토지이용, 동선 등 부문별 분석 및 계획 선행 후 관련사항 표현/ 여러 대안을 상호 비교 및 평가하여 하나의 대안 선택 후 최종안 만들어냄

07. 기본계획

1. 프로그램 작성
① 프로그램 : 문자로 표현된 계획의 방향, 내용
② 내용 : 프로젝트의 목적, 시설물 종류와 규모, 토지이용, 예산 등 문자화된 내용

2. 토지이용계획
① 순서 : 토지이용분류 → 적지분석 → 종합배분

3. 교통 동선계획
① 교통, 동선체계 : 토지이용에 따른 보행 및 차량의 발생에 따라 교통량 배분과 통행로 선정
(통행량 발생 → 통행량 배분 → 통행로 선정 → 교통·동선체계)
 ㉠ 격자형 패턴 : 도심지, 고밀도의 토지이용
 ㉡ 위계형 : 주거지, 공원, 어린이 놀이터 등 체계적 활동이 있는 곳
 ㉢ 단순체계 : 박람회장, 종합놀이터 등 시설물, 행위의 종류가 많고 복잡한 곳

4. 공간 및 시설물 배치계획
① 시설물: 주거, 상업, 오락, 교육용 관계되는 모든 건물, 구조물, 옥외시설물 / 유사한 기능의 구조물 모아서 배치 (휴게시설, 놀이시설, 운동 및 체육시설 등)
② 관광지의 집단시설지구 설정: 무질서한 분산을 억제해 환경적 영향 최소화 목적

5. 식재계획
① 수종선택 : 계획 지역의 환경적 여건에 맞는 자생종, 지역수종 선택
② 배식 : 공간의 기능, 분위기에 따라 정형식, 비정형식 등 식재
③ 녹지체계 : 녹지가 독립적으로 떨어져 산재하지 않고 하나의 체계가 되도록 연결

6. 하부구조계획
① 전기, 전화, 상하수도, 가스 등 공급처리 시설에 관한 계획

7. 집행계획
① 투자계획, 법규검사, 유지관리안 작성 등 실행하기 위한 계획

08. 환경영향평가(EIA)와 이용 후 평가(POE)

1. 환경영향평가(EIA)법

① 환경영향평가법 용어

　㉠ 전략환경영향평가 : 환경에 영향을 미치는 상위계획을 수립할 때 환경보전계획과의 부합여부 확인 및 대안의 설정·분석 등을 통해 환경적 측면에서 해당 계획의 적정성 및 입지의 타당성 등 검토

　㉡ 환경영향평가 : 환경에 영향을 미치는 실시계획·시행계획 등의 허가·인가·승인·면허 또는 결정 등을 할 때에 해당 사업이 환경에 미치는 영향을 미리 조사·예측·평가

　㉢ 소규모 환경영향평가 : 환경보전이 필요한 지역이나 난개발이 우려되어 계획적 개발이 필요한 지역에서 개발사업을 시행할 때에 환경보전방안을 마련하는 것

　㉣ 환경영향평가등 : 전략환경영향평가, 환경영향평가 및 소규모 환경영향평가

　㉤ 협의기준 : 사업의 시행으로 영향을 받게 되는 지역에서 해당하는 기준(환경부장관과 협의한 기준)

② 환경영향평가등의 기본원칙

　㉠ 보전과 개발이 조화와 균형을 이루는 지속가능한 발전이 되어야 한다.

　㉡ 환경보전방안 및 그 대안은 경제적·기술적으로 실행할 수 있는 범위에서 마련되어야 한다.

　㉢ 환경영향평가등의 대상이 되는 계획 또는 사업에 대해 충분한 정보 제공 등을 하여 그 과정에 주민 등이 원활하게 참여하도록 노력해야 한다.

③ 전략환경영향평가의 대상

　㉠ 도시 개발 계획

　㉡ 산업입지 및 산업단지의 조성 계획

　㉢ 에너지 개발·항만건설·도로건설·수자원 개발 계획

　㉣ 하천의 이용 및 개발 계획

　㉤ 관광단지의 개발 계획

　㉥ 산지·특정 지역의 개발 계획

　㉦ 환경에 영향을 미치는 시설로 대통령령으로 정하는 시설의 설치 관련 계획

④ 평가 항목·범위 등의 결정

　㉠ 전략환경영향평가 대상지역

　㉡ 토지이용구상안

　㉢ 대안

　㉣ 평가 항목·범위·방법 등

2. 환경영향평가 문제점

① 일정행위로 초래되는 장·단기 환경적 영향에 대한 과학적 자료 미흡

② 환경파괴에 대한 지표설정 어려움

③ 추상적 가치의 정량적 분석 어려움

④ 허가기준에 대한 명확한 경계 규정(허가, 불허가)하기 어려움

3. 이용 후 평가(POE)-환경설계 평가

① 환경설계평가의 목표 : 프리드만(Friedmann)
  ㉠ 기존환경의 개선 및 새로운 환경의 창조를 위한 의사결정에 평가자료 반영
  ㉡ 인간과 인공 환경의 관계성을 연구하여 인간행태에 대한 이해증진

② 건물의 평가 : 라비노위츠(Rabinowitz)
  ㉠ 기술적 평가 : 건물의 구조 및 설비 등 공학적 측면 분석
  ㉡ 기능적 평가 : 공간의 합리적 배치 분석
  ㉢ 행태적 평가 : 이용자들의 환경에 대한 반응에 초점

③ 옥외공간 평가 : 프리드만(Friedmann)의 4가지 고려사항
  ㉠ 물리, 사회적 환경 : 조직의 목표 및 필요성, 공간 및 설계안, 환경적 질, 상징적 가치요소
  ㉡ 이용자 : 이용자들의 기호, 태도, 행위패턴, 사회적 행태, 시간적·공간적 행태변화
  ㉢ 주변 환경 : 주변 환경의 질, 토지이용, 지원시설
  ㉣ 설계과정 : 설계 참여자들의 역할 및 의사결정, 이용자 행태 및 환경에 대한 가치관, 예산 및 법령

4. 환경영향평가법(환경부)

(1) 환경영향평가

대기환경 분야	기상, 대기질, 악취, 온실가스
수환경 분야	수질(지표·지하), 수리·수문, 해양환경
토지환경 분야	토지이용, 토양, 지형·지질
자연생태환경 분야	동·식물상, 자연환경자산
생활환경 분야	친환경적 자원 순환, 소음·진동, 위락·경관, 위생·공중보건, 전파장해, 일조장해
사회·경제 분야	인구, 주거, 산업

(2) 소규모 환경영향평가

사업개요 및 지역 환경현황	사업개요, 지역개황, 자연생태환경, 생활환경, 사회·경제환경
환경에 미치는 영향 예측·평가 및 환경보전방안	자연생태환경(동·식물상 등) 대기질, 악취 수질(지표, 지하), 해양환경 토지이용, 토양, 지형·지질 친환경적 자원순환, 소음·진동 경관 전파장해, 일조장해 인구, 주거, 산업

(3) 전략환경영향평가 대상사업
　①정책계획

구분	계획의 종류
도시의 개발	유통산업발전기본계획, 유통산업발전시행계획
도로의 건설	도로건설관리계획
수자원의 개발	댐건설장기계획
철도의 건설	국가철도망구축계획
관광단지의 개발	관광개발기본계획, 권역별관광개발계획, 온천발전종합계획
산지의 개발	사방사업기본계획, 산림기본계획, 산림문화 휴양기본계획, 산촌진흥기본계획, 전국임도기본계획
특정지역의 개발	농어촌정비종합계획, 농업생산기반 정비기본계획

　②개발기본계획

구분	계획의 종류
도시의 개발	500억원 이상 건설공사계획, 혁신도시개발예정지구, 도시·군 관리계획, 도시개발구역 지정 및 개발계획(25만m² 이상), 재정비촉진지구의 지정((도시지역 외), 재정비촉진계획(도시지역 외), 도시정비계획수립 및 정비구역 지정(30만m² 이상), 물류단지개발계획 및 지정, 공공주택지구의 지정, 민간투지시설사업기본계획, 역세권개발구역의 지정 및 사업계획, 유통산업발전 지역별시행계획, 공동집배송센터 개발촉진지구의 지정, 택지개발지구의 지정 및 택지개발계획, 기업형 임대주택 공급 촉진지구의 지정
산업입지 및 산업단지조성	공장건축가능지역의 지정, 문화산업진흥지구의 지정, 국가산업단지의 지정, 일반산업단지의 지정, 도시첨단상업단지의 지정, 농공단지의 지정, 재생사업지구의 지정을 위한 재생계획, 산업유치지역의 지정, 외국인투자지역의 지정, 중소기업협동화 실천계획
항만의 건설	신항만건설기본계획, 신항만건설예정지역의 지정, 어항의 지정, 어항시설기본계획, 항만기본계획, 항만재개발기본계획, 항만재개발사업계획, 마리나항만조성사업계획
도로의 건설	농어촌도로 기본계획, 도로건설공사계획(고속국도제외)
하천의 개발	소하천정비종합계획, 하천기본계획
관광단지 개발	관광지등의 지정, 온천공보호구역의 지정, 온천개발계획, 도립공원계획의 결정, 국립공원계획의 결정
산지의 개발	임업진흥계획, 산촌개발사업계획, 묘지 등의 수급 중장기계획
특정지역의 개발	경제자유구역 계획 및 경제자유구역의 지정, 농업생산기반 정비사업기본계획, 농어촌생활환경정비계획, 한계농지 등 정비지구의 지정, 마을정비구역의 지정, 연구개발특구의 지정, 연구특구육성종합계획, 연구특구관리계획, 개발대상도서의 지정 및 사업계획, 탄광지역진흥지역 지정 및 사업계획, 지역개발계획, 지역개발사업구역의 지정, 행복도시개발계획, 국제화계획지구의 지정, 지역특화 특구의 지정 및 특구계획, 제주광역시설계획, 기업도시개발지구의 지정 및 기업도시개발계획, 연구특구개발 계획
체육시설의 설치	청소년 수련지구의 지정, 체육시설 사업계획(25만m² 미만)

(4) 환경영향평가 대상사업

사업구분	사업의 종류 및 범위
도시의 개발 사업	25만m² 이상의 도시개발사업, 30만m² 이상인 도시정비사업(주거환경개선 제외), 도시·군 계획시설사업(운하, 20만m² 이상 유통업무설비, 20만m² 이상 주차장시설, 15만m² 이상 시장), 30만m² 이상 주택건설 또는 대지조성사업, 30만m² 이상 택지개발사업 또는 보금자리주택지구조성사업, 20만m² 이상 공동집배송센터 조성사업, 20만m² 이상 여객터미널 설치공사, 20만m² 이상의 물류터미널개발사업 또는 물류단지개발사업, 30만m² 이상의 학교시설 설치공사, 하수처리시설 10만m²/일, 20만m² 이상의 마을정비구역조성 사업, 25만m² 이상의 혁신도시개발사업, 25만m² 이상의 역세권개발사업
산업입지 및 산업단지의 조성사업	산업단지개발사업, 중소기업단지조성사업, 자유무역지정, 공장설립, 공업용지조성사업, 산업기술단지조성사업, 연구개발특구 조성사업 → 모두 15만m² 이상
도로의 건설사업	도로건설사업(4km 신설, 2차로 이상 10km 확장, 신설과 확장 → 도시지역 폭 25m 이상, 고속국도, 지하도로, 자동차전용은 무관, 도시/비도시지역)
하천의 이용 및 개발사업	하천구역, 홍수관리구역에서의 하천공사 중 공사구간이 하천중심 길이로 10km 이상
개간·공유 수면 매립사업	무역항·신항만·자연환경보전지역 매립 3만m² 이상, 그 외 지역 30만m² 이상, 간척사업 또는 개간사업 중 100만m² 이상
관광단지의 개발사업	관광사업 30만m² 이상, 관광지 및 관광단지조성 30만m² 이상, 온천개발 30만m² 이상, 공원사업 10만m² 이상, 유원지 시설설치 10만m² 이상, 공원시설 면적 합계가 10만m² 이상
산지의 개발사업	산지에서 시행되는 사업(묘지 등 25만m² 이상, 초지조성 30만m² 이상, 산지전용 허가 20만m² 이상), 임도설치(8km 이상, 생태자연도 1등급 권역에서 임도 설치)
특정지역의 개발사업	지역개발 및 지원에 관한 법류에 따른 사업, 지역개발사업 20만m² 이상, 주한미군시설사업, 평택 국제화계획지구 개발사업, 평택시개발사업, 행정중심복합도시건설사업, 경제자유구역개발사업, 기업도시개발사업, 신공항건설사업, 친수구역조성사업
체육시설의 설치사업	체육시설설치공사 25만m² 이상, 경륜 또는 경정 시설 25만m² 이상, 청소년수련시설 30만m² 이상, 청소년수련지구조성 30만m² 이상, 경마장 설치 25만m² 이상
토석·모래·자갈·광물 등의 채취사업	하천·홍수관리구역 내 채취사업(상수원보호구역 2만m² 이상, 상수원보호구역 5km 이내 5만m² 이상), 산지에서 토석·광물채취 10만m² 이상, 채석단지 지정, 해안(육지 쪽 1km 이내, 바다쪽 10km 이내)에서 광물채취사업(단위구역 당 광물채취면적 강원·경북 2만m² 이상, 그 외 지역 3만m² 이상), 골재채취예정지 25만m² 이상이거나 채취량 50만m² 이상, 해안 골재채취 25만m² 이상이거나 채취량 50만m² 이상, 골재채취단지의 지정

(5) 소규모 환경영향평가 대상사업

사업구분	사업의 종류 및 범위
국토의 계획 및 이용에 관한 법률 적용지역	관리지역(보전관리지역 5,000m^2 이상, 생산관리지역 7,500m^2 이상, 계획관리지역 1만m^2 이상), 농림지역 7,500m^2 이상, 자연환경보전지역 5,000m^2 이상
개발제한구역의 지정 및 관리에 관한 특별조치법	개발제한구역 5,000m^2 이상
자연환경보전법 및 야생생물보호 및 관리에 관한 법률 적용지역	생태경관보전지역(핵심보전구역 5,000m^2 이상, 완충보전구역 7,500m^2 이상, 전이보전구역 1만m^2 이상), 자연유보지역 5,000m^2 이상의 야생생물특별보호구역 및 야생생물보호구역
산지관리법 적용지역	공익용 산지 1만m^2 이상, 그 밖의 산지 3만m^2 이상
자연공원법 적용지역	공원자연보존지구 5,000m^2 이상, 공원자연환경지구·공원문화유산지구 7,500m^2 이상
습지보전법 적용지역	습지보호지역 5,000m^2 이상, 습지주변관리지역 7,500m^2 이상, 습지개선지역 7,500m^2 이상
수도법, 하천법, 소하천정비법 및 지하수법 적용지역	광역상수도 호소 상류 1km 이내, 7,500m^2 이상(공동주택은 5,000m^2 이상), 하천구역 1만m^2 이상, 소하천구역 7,500m^2 이상, 지하수보전구역 5,000m^2 이상
초지법 적용지역	초지조성허가 신청 사업계획 면적 3만m^2 이상
그 밖의 개발사업	최소 평가대상 면적의 60% 이상인 개발사업 중 환경오염 등으로 지역균형발전과 생활환경이 파괴될 우려가 있는 사업으로, 조례로 정한 사업/관계행정기관장이 환경보전자문위원의 의견을 들어 평가가 필요하다 인정한 사업

(6) 환경영향평가 항목

① 세부 평가항목

구분		세부 평가 항목
전략 환경 영향 평가	정책 계획	1. 환경보전계획과의 부합성 : ① 국가환경정책 ② 국제환경 동향협약 규범 2. 계획의 연계성·일관성 : ① 상위·관련계획 및 관련계획과의 연계성 ② 계획목표와 내용과의 일관성 3. 계획의 적정성·지속성 : ① 공간계획의 적정성 ② 수요공급 규모의 적정성 ③ 환경용량의 지속성

	개발
	기본
	계획
		1. 계획 적정성 : ① 상위계획 및 관련계획과의 연계성 ② 대안설정·분석의 적정성
		2. 입지의 타당성
		   가. 자연환경의 보전 : ① 생물다양성서식지보전 ② 지형 및 생태축의 보전
		                           ③ 주변 자연경관에 미치는 영향 ④ 수환경 보전
		   나. 생활환경의 안정성 : ① 환경기준 부합성 ② 환경기초시설의 적정성
		                          ③ 자원에너지 순환의 효율성
		   다. 사회·경제 환경과의 조화성 : 환경친화적 토지이용

환경 영향 평가		1. 자연생태환경 분야 : ① 동·식물상 ② 자연환경자산 2. 대기환경 분야 : ① 기상 ② 대기질 ③ 악취 ④ 온실가스 3. 수환경 분야 : ① 수질(지표·지하) ② 수리·수문 ③ 해양환경 4. 토지환경 분야 : ① 토지이용 ② 토양 ③ 지형·지질 5. 생활환경 분야 : ① 친환경적 자원순환 ② 소음진동 ③ 위락·경관 ④ 위생·공중보건 ⑤ 전파장해 ⑥ 일조장해 6. 사회환경·경제환경 분야 : ① 인구 ② 주거(이주포함) ③ 산업

② 환경영향평가 항목별 주요 평가내용

평가항목		주요 평가 항목
공 통		토지이용계획, 시설배치계획, 법면처리대책, 멸종위기종, 천연기념물, 철새 등 보호대책
대기	기상	기온, 증발량, 일조시간, 안개일수, 수림대제거, 열 방출 등 기상변화 예측 및 대책
	대기질	배출원별 오염물질의 특성 분석 및 저감방안, 연료사용계획, 비산먼지로 인한 영향 예측 및 대책
	악취	악취발생원, 악취영향범위, 농도 및 저감대책
	온실가스	온실가스 발생에 대한 영향예측 및 저감대책
수환경	수질	오폐수처리대책, 용수공급계획, 하천 및 지하수 오염방지대책
	수리·수문	수자원 이용현황 및 수급계획, 유출계수, 유지용수량 예측
	해양환경	해양수질, 부유물질 확산, 농도예측 및 저감대책, 해저지형
토지	토지이용	주변토지이용상황을 고려한 입지분석, 완충녹지 설치계획
	토양	기름, 독극물, 슬러지, 대기오염물질, 오·폐수의 토양에 대한 영향 및 대책
	지형/지질	표토·비옥토 유실방지, 지형·지질조사, 지형변화, 특이지형 훼손대책, 법면처리계획
자연생태	동식물상	동식물상의 변화, 종의 분포상황 및 다양도, 이동로·서식지 차단 또는 훼손여부, 생태자연도 1등급지역 보전대책
	자연환경자산	생태경관보전지역, 습지보전지역, 야생동식물보호지역, 자연환경자산, 역사적·경관적·학술적 가치가 큰 지역 보전대책
생활환경	친환경자원순환	폐기물 발생량 예측 및 처리대책, 처리시설 입지의 대한검토 및 확보계획
	소음진동	소음원 조사, 변화량 예측 및 대책
	위락경관	지역경관을 고려한 계획, 조망경관 변화 영향 및 대책
	위생공중보건	질병유발요인 및 보건위생대책, 공중위생시설의 배치 관리
	전파장해	전파장해요인, 전파장해정도와 대책
	일조장해	일조의 영향을 고려한 건물, 시설물 등의 배치계획
사회경제	인구	인구밀집의 유발 정도 및 인구밀집에 따른 영향 및 대책
	주거	주거지역 도로망 연결계획, 주거지역에 미치는 영향 및 대책
	산업	산업구조변화, 어업권, 양식장, 농작물 등에 대한 피해예측

09. 조경계획 관련법규 사항

1. 국토의 계획 및 이용에 관한 법률의 관련규정

(1) 제2조 정의 : 용어의 정의

① 광역도시 계획 : 지정된 광역계획권의 장기발전방향을 제시하는 계획

② 도시·군 계획 : 특별시·광역시·시 또는 군의 관할구역에 대한 계획(도시기본계획, 도시관리계획으로 구분)

③ 도시·군 기본계획 : 특별시·광역시·시 또는 군의 관할구역에 대한 종합계획(도시관리계획수립의 지침 계획)

④ 도시·군관리 계획 : 용도지역·지구의 지정 또는 변경 계획, 개발제한구역·도시자연공원구역·수산자원보호구역의 지정 또는 변경 계획, 기반시설 설치·정비 계획, 도시개발사업 또는 정비사업 계획, 지구단위계획구역의 지정 또는 변경 계획

⑤ 지구단위 계획 : 도시계획 수립대상 지역안의 토지이용을 합리화하고 기능을 증진시켜 당해 지역을 체계적·계획적으로 관리하기 위해 수립하는 도시관리 계획

⑥ 기반시설 : 대통령령이 정하는 시설

  ㉠ 교통시설(도로, 철도, 항만, 공항, 주차장 등): 자동차 및 건설기계검사시설, 자동차 및 건설기계운전학원

  ㉡ 공간시설(광장, 공원, 녹지 등): 유원지, 공공공지

  ㉢ 공공·문화체육시설(학교, 운동장, 공공청사, 문화시설, 체육시설 등): 도서관, 연구시설, 사회복지시설, 공공직업 훈련시설, 청소년수련시설

  ㉣ 방재시설(하천, 유수지, 방화설비 등): 방풍설비, 방수설비, 사방설비, 방조설비

⑦ 도시·군 계획시설 : 기반시설 중 도시·군관리계획으로 결정된 시설

⑧ 도시·군 계획시설사업 : 도시·군계획시설을 설치·정비 또는 개량하는 사업

⑨ 도시·군 계획사업 : 도시·군관리계획을 시행하기 위한 사업(도시계획시설사업, 도시개발사업, 도시재개발사업)

(2) 제6조 국토의 용도구분

① 도시지역 : 인구와 산업이 밀집되어 체계적 개발·정비·관리·보전 등이 필요한 지역

② 관리지역 : 도시지역의 인구와 산업을 수용하기 위해 체계적으로 관리가 필요한 지역

③ 농림지역 : 농업진흥지역 또는 보전산지 등으로 농림업의 진흥과 산림의 보전을 위해 필요한 지역

④ 자연환경보전지역 : 자연환경·수자원·해안·생태계·상수원 및 문화재의 보전과 수자원의 보호·육성 등을 위해 필요한 지역

(3) 제36조 용도지역의 지정

① 도시지역(빨간색)

  ㉠ 주거지역(노란색) : 전용주거·일반주거·준주거지역

  ㉡ 상업지역(분홍색) : 중심상업·일반상업·근린상업·유통상업지역

  ㉢ 공업지역(보라색) : 전용공업·일반공업·준공업지역

  ㉣ 녹지지역(연두색) : 보전녹지·생산녹지·자연녹지지역

② 관리지역(무색)

  ㉠ 보전관리지역(연두색)

  ㉡ 생산관리지역(연두색)

  ㉢ 계획관리지역(무색)

③ 농림지역(연두색)

④ 자연환경보전지역(연한파란색)

(4) 제37조 용도지구의 지정

① 경관지구 : 경관을 보호·형성하기 위해 필요한 지구(자연, 수변, 시가지)
② 미관지구 : 미관을 유지하기 위해 필요한 지구(중심지, 역사문화, 일반미관)
③ 고도지구 : 쾌적한 환경 조성 및 토지의 효율적 이용을 위해 건축물 높이의 최저한도 또는 최고한도를 규제
④ 방화지구 : 화재위험을 예방하기 위해 필요한 지구
⑤ 방재지구 : 풍수해, 산사태, 지반의 붕괴, 재해를 예방하기 위해 필요한 지구
⑥ 보존지구 : 문화자원, 중요 시설물 및 문화적·생태적으로 보존가치가 큰 지역의 보호와 보존을 위해 필요한 지구
⑦ 시설보호지구 : 학교시설, 공용시설, 항만 또는 공항의 보호, 항공기의 안전운항 등을 위해 필요한 지구
⑧ 취락지구 : 녹지지역, 관리지역, 농림지역, 자연환경보전지역, 개발제한구역 등 취락을 정비하기 위한 지구
⑨ 개발진흥지구 : 주거기능, 상업기능, 공업기능, 유통물류기능, 관광기능, 휴양기능 등을 집중적으로 개발·정비할 필요가 있는 지구

(5) 제38조 개발제한구역의 지정

국토교통부장관은 도시의 무질서한 확산을 방지하고 도시주변의 자연환경을 보전하여 도시민의 건전한 생활환경을 확보하기 위해 도시의 개발을 제한할 필요가 있거나 국방부장관의 요청이 있어 보안상 도시의 개발을 제한할 필요가 있다고 인정되면 개발제한구역의 지정 또는 변경을 도시·군관리계획으로 결정할 수 있다.

(6) 제38조의 2 도시자연공원구역의 지정

시·도지사 또는 시장은 도시의 자연환경 및 경관을 보호하고 도시민에게 건전한 여가와 휴식공간을 제공하기 위해 도시지역 안에서 식생이 양호한 산지의 개발을 제한할 필요가 있다고 인정하면 도시자연공원구역의 지정 또는 변경을 도시·군 관리계획으로 결정할 수 있다.

(7) 용도지역 안에서의 건폐율과 용적률

지역구분		건폐율	용적률
도시지역	주거지역	70% 이하	500% 이하
	상업지역	90% 이하	1,500% 이하
	공업지역	70% 이하	400% 이하
	녹지지역	20% 이하	100% 이하
관리지역	보전관리지역	20% 이하	80% 이하
	생산관리지역	20% 이하	80% 이하
	계획관리지역	40% 이하	100% 이하
농림지역		20% 이하	80% 이하
자연환경보전지역		20% 이하	80% 이하

(8) 시행령 제2조 기반시설
   ① 대통령령이 정하는 시설
      ⊙ 교통시설 : 도로, 철도, 항만, 공항, 주차장
      ⓒ 공간시설 : 광장, 공원, 녹지, 유원지, 공공공지
      ⓒ 유통·공급시설 : 유통업무설비, 수도·전기·가스·열공급설비, 방송·통신시설
      ② 공공·문화체육시설 : 학교, 운동장, 문화시설, 체육시설, 청소년수련시설
      ⓜ 방재시설 : 하천, 유수지, 저수지, 방화설비, 방풍설비, 방수설비, 사방설비, 방조설비
      ⓗ 보건위생시설 : 화장장, 공동묘지, 장례식장, 납골시설, 종합의료시설
      ⓐ 환경기초시설 : 하수도, 폐기물처리시설, 수질오염방지시설
   ② 기반시설 세분
      ⊙ 도로 : 일반도로, 자동차전용도로, 보행자전용도로, 자전거전용도로, 고가도로, 지하도로
      ⓒ 자동차정류장 : 여객자동차터미널, 화물터미널, 공영차고지, 공동차고지
      ⓒ 광장 : 교통광장, 일반광장, 경관광장, 지하광장, 건축물부설광장

(9) 시행령 제30조 용도지역의 세분
   ① 주거지역
      ⊙ 전용주거지역 : 양호한 주거환경 보호
         - 제1종 : 단독주택 중심
         - 제2종 : 공동주택 중심
      ⓒ 일반주거지역 : 편리한 주거환경 조성
         - 제1종 : 저층주택 중심
         - 제2종 : 중층주택 중심
         - 제3종 : 중고층주택 중심
      ⓒ 준주거지역 : 주거기능을 위주로 이를 지원하는 일부 상업기능 및 업무기능을 보완
   ② 상업지역
      ⊙ 중심상업지역 : 도심·부도심의 상업기능 및 업무기능의 확충
      ⓒ 일반상업지역 : 일반적 상업기능 및 업무기능을 담당
      ⓒ 근린상업지역 : 근린지역에서의 서비스 공급
      ② 유통상업지역 : 도시 내 및 지역간 유통기능의 증진
   ③ 공업지역
      ⊙ 전용공업지역 : 중화학공업, 공해성 공업 등을 수용
      ⓒ 일반공업지역 : 환경을 저해하지 않는 공업의 배치
      ⓒ 준공업지역 : 경공업 수용, 주거기능·상업기능 및 업무기능의 보완
   ④ 녹지지역
      ⊙ 보전녹지지역 : 도시의 자연환경·경관·산림 및 녹지공간을 보전
      ⓒ 생산녹지지역 : 주로 농업적 생산을 위해 개발을 유보
      ⓒ 자연녹지지역 : 도시의 녹지공간의 확보, 도시확산의 방지, 장래 도시용지의 공급, 제한적인 개발이 허용

(10) 시행령 제31조 용도지구의 지정

    ① 경관지구

        ㉠ 자연경관지구 : 자연경관의 보호 또는 도시의 자연풍치를 유지

        ㉡ 수변경관지구 : 지역 내 주요 수계의 수변 자연경관을 보호·유지

        ㉢ 시가지경관지구 : 주거지역의 양호한 환경조성과 시가지의 도시경관을 보호

    ② 미관지구

        ㉠ 중심지미관지구 : 토지의 이용도가 높은 지역의 미관을 유지·관리

        ㉡ 역사문화미관지구 : 문화재와 문화적으로 보존가치가 큰 건축물 등의 미관을 유지·관리

        ㉢ 일반미관지구 : 중심지미관지구 및 역사문화미관지구외의 지역으로서 미관을 유지·관리

    ③ 고도지구

        ㉠ 최고고도지구 : 환경과 경관을 보호하고 과밀방지를 위해 건축물높이의 최고한도를 지정

        ㉡ 최저고도지구 : 토지이용을 고도화하고 경관을 보호하기 위해 건축물높이의 최저한도를 지정

    ④ 방재지구

        ㉠ 시가지방재지구 : 시설 개선 등을 통해 재해 예방

        ㉡ 자연방재지구 : 토지의 이용도가 낮은 해안변, 하천변, 급경사지 주변 등 건축 제한 등을 통해 재해 예방

    ⑤ 보존지구

        ㉠ 문화자원보존지구 : 문화재·전통사찰 등 역사·문화적으로 보존가치가 큰 시설 및 지역의 보호와 보존

        ㉡ 중요시설물보존지구 : 국방상 중요한 시설물의 보호와 보존

        ㉢ 생태계보존지구 : 야생동식물서식처 등 생태적으로 보존가치가 큰 지역의 보호와 보존

    ⑥ 시설보호지구

        ㉠ 학교시설보호지구 : 학교의 교육환경 보호·유지

        ㉡ 공용시설보호지구 : 공용시설 보호, 공공업무기능 효율화

        ㉢ 항만시설보호지구 : 항만기능 효율화, 항만시설 관리·운영

        ㉣ 공항시설보호지구 : 공항시설의 보호와 항공기의 안전운항

    ⑦ 취락지구

        ㉠ 자연취락지구 : 녹지지역·관리지역·농림지역 또는 자연환경보전지역안의 취락 정비

        ㉡ 집단취락지구 : 개발제한구역안의 취락 정비

    ⑧ 개발진흥지구

        ㉠ 주거개발진흥지구 : 주거기능을 중심으로 개발·정비

        ㉡ 산업·유통개발진흥지구 : 공업기능 및 유통·물류기능을 중심으로 개발·정비

        ㉢ 관광·휴양개발진흥지구 : 관광·휴양기능을 중심으로 개발·정비

        ㉣ 복합개발진흥지구 : 2가지 이상의 기능을 중심으로 개발·정비(주거기능, 공업기능, 유통·물류기능 및 관광·휴양기능 중)

        ㉤ 특정개발진흥지구 : 일반기능 외의 기능을 중심으로 특정한 목적을 위해 개발·정비

2. 자연공원법상의 관련규정

(1) 제2조 정의

① 자연공원 : 국립공원·도립공원 및 군립공원

② 국립공원 : 우리나라를 대표할 만한 지역으로 지정된 공원

③ 도립공원 : 특별시·광역시·도 및 특별자치도를 대표할 지역으로 지정된 공원

④ 군립공원 : 시·군 및 자치구의 자연생태계나 경관을 대표할 지역으로 지정된 공원

⑤ 공원구역 : 자연공원으로 지정된 구역

⑥ 공원 기본계획 : 자연공원을 보전·이용·관리하기 위해 장기적인 발전방향을 제시하는 종합계획, 공원계획과 공원별 보전·관리계획의 지침이 되는 계획

⑦ 공원 계획 : 자연공원을 보전·관리하고 알맞게 이용하도록 하기 위한 계획(용도지구의 결정, 공원시설의 설치, 행위 제한 및 토지이용 관련)

⑧ 공원별 보전·관리 계획 : 공원계획 외의 자연공원을 보전·관리하기 위한 계획(동식물 보호, 훼손지 복원, 탐방객 안전관리 및 환경오염 예방)

⑨ 공원사업 : 공원계획과 공원별 보전·관리계획에 따라 시행하는 사업

⑩ 공원시설 : 자연공원을 보전·관리하기 위해 자연공원에 설치하는 시설로 대통령령으로 정하는 시설

(2) 제4조2 국립공원 지정 절차 : 환경부장관이 필요 서류를 작성해 진행

① 주민설명회 및 공청회 개최

② 관할 시·도지사 및 군수 의견 청취

③ 관계 중앙행정기관의 장과 협의

④ 국립공원위원회 심의

㉠ 도립공원의 지정 : 시·도지사

㉡ 군립공원의 지정 : 군수

(3) 자연공원 지정기준 : 자연생태계, 경관 등 고려해 대통령령으로 정한다.

(4) 제12조 국립공원계획의 결정 절차 : 국립공원 공원계획은 환경부장관이 결정

① 관할 시·도지사의 의견 청취

② 관계 중앙행정기관의 장과 협의

③ 국립공원위원회 심의

(5) 제18조 자연공원 용도지구
   ① 공원자연보존지구 : 생물다양성이 특히 풍부한 곳, 자연생태계가 원시성을 지니고 있는 곳, 특별히 보호할 가치가 높은 야생 동식물이 살고 있는 곳, 경관이 특히 아름다운 곳
   ② 공원자연환경지구 : 공원자연보존지구의 완충공간으로 보전할 필요가 있는 지역
   ③ 공원마을지구 : 취락의 밀집도가 비교적 낮은 지역으로서 주민이 취락생활을 유지하는데 필요한 지역
   ④ 공원문화유산지구 : 지정문화재를 보유한 사찰과 전통사찰의 경내지 중 문화재의 보전에 필요하거나 불사에 필요한 시설을 설치하고자 하는 지역

(6) 시행령 제2조 공원시설의 종류
   ① 공공시설 : 공원관리사무소, 탐방안내소, 매표소, 우체국, 파출소, 마을회관, 도서관, 환경기초시설
   ② 안전시설 : 공원자원(사방·호안·방화·방책·조경시설 등)을 보호하고, 탐방자의 안전을 도모
   ③ 체육시설과 휴양 및 편익시설 : 어린이놀이터, 광장, 야영장, 청소년수련시설, 휴게소, 전망대, 대피소, 공중화장실
   ④ 문화시설 : 식물원, 동물원, 수족관, 박물관, 전시장, 공연장, 자연학습장
   ⑤ 교통·운수시설 : 도로, 주차장, 교량, 소규모 공항, 수상경비행장
   ⑥ 상업시설 : 기념품판매점, 약국, 식품업소, 미용업소, 목욕장
   ⑦ 숙박시설 : 호텔, 여관

(7) 시행령 제3조 자연공원의 지정기준

구분	기준
자연생태계	자연생태계의 보전상태 양호 (멸종위기 야생동식물·천연기념물·보호 야생식물 등 서식)
자연경관	자연경관의 보전상태 양호(훼손이나 오염이 적으며 경관 수려)
문화경관	문화재 또는 역사적 유물(자연경관과 조화되어 보존가치가 있을 것)
지형보존	각종 산업개발로 경관이 파괴될 우려가 없어야
위치 및 이용편의	균형적인 자연공원의 배치(국토의 보전·이용·관리측면)

(8) 시행령 제14조2 공원자연보존지구에서 허용되는 최소한의 공원시설 및 공원사업

구분		기준
공공시설	관리사무소	부지면적 2,000m² 이하
	매표소	부지면적 100m² 이하
	탐방안내소	부지면적 4,000m² 이하
안전시설		별도의 제한규모 없음
조경시설		부지면적 4,000m² 이하
휴양 및 편익시설	야영장	부지면적 6,000m² 이하
	휴게소	부지면적 1,000m² 이하
	전망대	부지면적 200m² 이하
	야생동물 관찰대	부지면적 200m² 이하
	대피소	부지면적 2,000m² 이하
	공중화장실	부지면적 500m² 이하
교통·운송시설	도로	2차로 이하, 폭12m 이하
	탐방로	2차로 이하, 폭12m 이하
	교량	폭 3m 이하
	궤도	2km 이하
	삭도	5km 이하
	선착장	부지면적 300m² 이하
	헬기장	부지면적 400m² 이하
공원사업		공원구역에서 기존시설의 이전, 철거, 개수

(9) 시행규칙 제3조 공원지정 등의 고시
① 자연공원의 명칭 및 종류
② 자연공원의 위치, 범위
③ 공원구역의 면적
④ 공원지정의 목적 및 근거법령
⑤ 공원구역안의 주요자원 명칭, 위치
⑥ 공원구역안의 토지 소유구분
⑦ 공원관리청
⑧ 지정연월일

3. 도시공원 및 녹지 등에 관한 법률의 관련규정

(1) 제1조 목적 : 도시에 있어서 공원녹지에 관해 필요한 사항을 규정함으로써 쾌적한 도시환경을 형성하여 건전하고 문화적인 도시생활의 확보와 공공의 복리증진에 기여함을 목적으로 한다.

(2) 제2조 정의
   ① 공원녹지 : 쾌적한 도시환경 조성, 시민의 휴식과 정서함양(도시공원, 녹지, 유원지, 공공공지 및 저수지, 도시 자연공원구역, 식생 공간, 국토교통부령으로 정하는 공간이나 시설)
   ② 도시녹화 : 자연친화적 환경이 부족한 도시지역에 식생 조성
   ③ 도시공원 : 공원으로서 도시지역 안에서 도시자연경관의 보호와 시민의 건강·휴양 및 정서생활을 향상시키기 위해 설치, 지정(도시자연공원구역, 도시·군 관리계획으로 결정된 공원)
   ④ 공원시설의 분류 : 도로·광장, 조경시설(화단, 분수, 조각), 휴양시설(휴게소, 벤치), 유희시설(그네, 미끄럼틀), 운동시설(테니스장, 수영장), 교양시설(식물원, 동물원, 수족관, 박물관, 야외음악당), 편익시설(주차장, 매점, 화장실), 공원관리시설(관리사무소, 출입문, 울타리, 담장), 도시농업시설(실습장, 체험장, 학습장, 농자재 창고)
   ⑤ 녹지 : 도시지역에서 자연환경을 보전·개선하고, 공해나 재해를 방지하여 도시경관의 향상을 도모하기 위해 도시·군 관리계획으로 결정된 것

(3) 공원녹지기본계획
   ① 공원녹지기본계획의 수립권자(특별시장, 광역시장, 특별자치시장, 특별자치도지사, 대통령령 정하는 시장) 수립권자는 10년 단위로 공원녹지기본계획 수립해야
   ② 공원녹지기본계획 수립 제외 경우
      - 도시기본계획에 포함되어 별도 공원녹지기본계획 수립 필요 없는 경우
      - 훼손지 복구계획 → 도시 공원 설치하는 경우
      - 10만m² 이하 규모의 도시공원 새로 조성

(4) 제6조 공원녹지기본계획의 내용 : 수립기준은 대통령령이 정하는 바에 따라 국토교통부장관이 정한다.
   ① 지역적 특성 및 계획의 방향·목표에 관한 사항
   ② 변화에 따른 공원녹지의 여건변화에 관한 사항
   ③ 공원녹지의 종합적 배치에 관한 사항
   ④ 공원녹지의 축과 망에 관한 사항
   ⑤ 공원녹지의 수요 및 공급에 관한 사항
   ⑥ 공원녹지의 보전·관리·이용에 관한 사항
   ⑦ 도시녹화에 관한 사항

(5) 제15조 도시공원의 세분 및 규모
   ① 생활권공원 : 소공원, 어린이공원, 근린공원
   ② 주제공원 : 역사공원, 문화공원, 수변공원, 묘지공원, 체육공원, 도시농업공원

(6) 제35조 녹지의 세분

① 완충녹지 : 공해와 각종 사고나 자연재해 등의 방지를 위해 설치하는 녹지(대기오염, 소음, 진동, 악취)

② 경관녹지 : 도시경관을 향상시키기 위해 설치하는 녹지(자연적 환경보전·개선, 훼손된 자연지역 복원·개선)

③ 연결녹지 : 도시 안의 공원·하천·산지 등을 유기적으로 연결, 도시민에게 여가·휴식을 제공하는 선형 녹지

(7) 시행규칙 제4조 면적기준 : 도시지역(1인당/6m² 이상), 녹지지역제외(1인당/3m²이상)

(8) 시행규칙 제6조 도시공원의 설치 및 규모의 기준

공원구분	유치거리	규모
1. 생활권 공원		
소공원	제한 없음	제한 없음
어린이 공원	250m 이하	1,500m² 이상
근린공원		
근린생활권근린공원	500m 이하	10,000m² 이상
도보권 근린공원	1,000m 이하	30,000m² 이상
도시지역권 근린공원	제한 없음	100,000m² 이상
광역권 근린공원	제한 없음	1,000,000m² 이상
2. 주제공원		
역사·문화공원	제한 없음	제한 없음
수변공원	제한 없음	제한 없음
묘지공원	제한 없음	100,000m² 이상
체육공원	제한 없음	10,000m² 이상
도시농업공원	제한 없음	10,000m² 이상

(9) 도시녹화 및 도시공원·녹지의 확충

① 녹지활용계약

- 도시민이 이용 할 수 있는 공원녹지 확충 위해
- 도시지역의 식생·임상 양호 토지 → 도시민에게 제공 조건 → 계약 체결
- 계약 체결 후 녹지활용계약 안내표지 설치

② 녹화계약

- 도시녹화를 위해 도시지역 토지소유자·거주자와 조건을 두고 묘목 제공 등 계약 체결

> - 수림대 등의 보호
> - 해당 지역의 면적 대비 식생 비율의 증가
> - 해당지역을 대표하는 식생의 증대

∴ 공통점 - 체결에 필요사항은 대통령령 정하는 바에 따라 특별시·광역시·특별자치시·도·시 또는 군의 조례로 정한다.

(10) 도시공원의 설치 및 관리

① 도시공원의 세분 및 규모

- 국가도시공원 : 도시공원 중 국가 지정 공원

구분	지정요건
도시공원 부지	- 도시공원 부지 면적 300만m² 이상일 것 - 지방자치단체가 해당도시공원 부지 전체의 소유권 확보 하였을 것
운영 및 관리	- 공원관리청이 직접 도시공원 관리, 해당 도시공원 관리 전담 조직 구성 되어야 - 방문객 안내·교육 담당 1명 이상 전문인력 포함해 8명 이상 전담인력 배치
공원시설	- 도로·광장, 조경·휴양·편익·공원관리시설 포함해 도시공원의 기능 유지에 필요한 공원시설 적절 규모로 설치 - 교통약자(장애인, 노약자, 임산부)위해 편의시설 설치

② 도시공원 결정의 실효

- 도시공원 설치 관한 도시관리계획결정은 고시일 부터 10년 되는 날까지 공원조성계획 고시 없는 경우 10년이 되는 날 다음날에 그 효력 상실
- 특별시장·광역시장·도지사는 도시관리계획결정의 효력 상실된 때 대통령령이 정하는 바에 의해 사실 고지해야 함

③ 도시공원의 점용허가

- 도시공원에서 다음 행위 하려는 자는 대통령령으로 정하는 바에 따라 점용허가를 받아야(산림의 솎아베기 등 대통령령으로 정하는 경미한 행위는 제외)

- 공원시설 외의 시설·건축물 또는 공작물 설치 행위
- 토지의 형질변경
- 죽목을 베거나 심는 행위
- 흙과 돌 채취
- 물건 쌓아놓는 행위

(11) 도시자연공원구역

① 도시자연공원구역에서 행위제한

- 행위제한 : 건축물 건축 및 용도변경, 공작물 설치, 토지 형질변경, 흙과 돌 채취, 토지분할, 죽목 벌채, 물건 적치, 도시계획사업 시행
- 허가 : 건축물의 건축·공작물 설치 → 토지 형질변경

- 공공용 시설(도로, 철도)
- 임시 건축물·임시 공작물
- 도시민 여가활용시설(휴양림, 수목원)
- 체력단련시설(등산로, 철봉)
- 공익시설(전기, 가스 관련시설)
	- 주택·근린 생활시설
	- 노인복지시설 중 입지 필요성 큰 시설
	  (자연환경 훼손하지 않는 시설)
	- 어린이집 중 입지 필요성 큰 시설
	  (자연환경 훼손하지 않는 시설)

(12) 보칙

① 도시공원 등에서의 금지행위

- 공원시설 훼손 행위
- 나무 훼손·이물질 주입·나무 고사시키는 행위
- 타인에게 혐오감 주는 행위(심한 소음, 악취)
- 애완동물(반려동물) 배설물(의자 위의 소변) 방치
- 도시농업 위한 시설을 도시농업 외의 목적으로 이용하는 행위(농산물 가공·유통·판매)

② 조례로 정하는 금지행위

- 행상·노점 → 상행위
- 애완동물(반려동물) 목줄 미착용

4. 도시공원 및 녹지 등에 관한 법률 시행령

1. 도시녹화 및 도시공원·녹지의 확충

    ① 녹지활용계약의 체결기준

    - 종합적 고려사항

    - 300m² 이상 면적인 단일토지(조례에 의한 지역 여건에 맞게 300m² 미만 토지 또는 비단일토지도 녹지활용계약 대상으로 정할 수 있다.)
    - 녹지가 부족한 도시지역 안에 임상이 양호한 토지 및 녹지 보존 필요성 높으나 훼손 우려 큰 토지 등 녹지활용계약 체결 효과 높은 토지 중심으로 선정된 토지
    - 사용 또는 수익 목적 권리 설정 되지 않은 토지

    - 녹지활용계약기간 : 5년 이상
    - 녹지활용계약 체결시 필요사항 정함

    - 녹지활용계약 대상 되는 토지의 구역(주소, 소유자, 면적 및 지목 등 포함)
    - 녹지 이용하는 도시민 편리함 위한 필요시설 설치·정비 관한 사항
    - 녹지 보전에 필요 시설 설치·정비 관련 사항
    - 녹지관리의 방법 관한 사항
    - 녹지활용계약의 변경·해지 관한 사항
    - 녹지활용계약 위반한 경우 조치 관련 사항
    - 계약시 재산세 감면, 시설 설치·유지·관리에 필요비용 일부 보조 등 지원방안 관련 사항
    - 도시계획시설 중 도시공원 및 녹지로 결정된 토지에 녹지활용계약 10년 이상 지속할 경우 당해 토지 매수 관련 사항

② 녹화계약 체결기준
- 녹화계약기간 : 5년 이상
- 녹화계약 체결 시 필요사항 정함

> - 심어 가꾸는 수목 등의 종류·수 및 장소 관한 사항
> - 심어 가꾸는 수목 등의 관리 관한 사항
> - 도시녹화의 관리기간 관한 사항
> - 녹화계약 변경 또는 해지 관한 사항
> - 녹화계약에 위반 경우 조치 등 관한 사항
> - 묘목 등 도시녹화재료 제공 및 행정·재정적 지원 등 도시녹화에 필요 지원 관한 사항
> - 녹화계약지역 경계표시 등 관한 사항
> - 묘목 등 도시녹화재료의 소유권 및 권리 관한 사항

③ 도시공원 또는 녹지의 확보계획을 포함해야 하는 개발계획

> - 1만m² 이상의 도시개발사업
> - 1,000세대 이상의 주택건설사업
> - 10m² 이상의 대지조성사업
> - 5만m² 이상의 주택재개발사업·주택재건축사업 및 도시환경정비사업
> - 산업단지개발부지 중 주거용도계획 면적이 1만m² 이상인 사업
> - 10만m² 이상의 택지개발사업
> - 공동집배송센터사업 중 주거용도계획면적이 10만m² 이상인 사업
> - 지역종합개발사업 중 주거용도계획면적이 10만m² 이상인 사업
> - 개발사업부지 중 주거용도계획면적이 1만m² 이상인 사업

2. 도시공원의 설치 및 관리
  ① 공원조성계획의 정비를 요청할 수 있는 주민의 요건

소공원 및 어린이 공원	공원구역 경계로부터 250m 이내에 거주 주민 500명 이상의 요청
소공원 및 어린이 공원 외의 공원	공원구역 경계로부터 500m 이내에 거주 주민 2,000명 이상의 요청

5. 도시공원 및 녹지 등에 관한 법률 시행규칙

(1) 공원녹지의 분류

① 녹지 조성 공간·시설(광장, 보행자 전용도로, 하천)

② 녹화가 이루어진 공간·시설(옥상녹화, 벽면녹화 등 특수공간 식생조성)

③ 쾌적한 도시환경 조성, 시민의 휴식과 정서함양에 기여하는 공간·시설

(2) 공원시설의 종류

① 조경시설 - 공원경관을 아름답게 꾸미기 위한 시설(식수대, 잔디밭, 산울타리, 퍼걸러, 수경시설 등)

② 휴양시설 - 야유회장, 야영장 → 휴식공간 제공 시설
- 경로당·노인복지관
- 수목원

③ 유희시설 - 시소, 정글짐, 조합놀이대, 사다리 등 놀이시설물
- 유원시설
- 발물놀이터(도섭지), 뱃놀이터, 낚시터
- 도시민 여가전용 놀이시설

④ 운동시설 - 운동종목의 운동시설(제외 : 무도학원, 무도장, 자동차경주장), 사격장(실내사격장), 골프장(6홀 이하 규모), 자연체험장

⑤ 교양시설 - 도시민의 교양함양시설
- 도서관, 온실, 야외극장, 문화예술회관, 미술관, 과학관, 장애인복지관, 청소년수련시설, 어린이집, 공연장, 생태학습원(유아 숲 체험원, 산림교육센터)

⑥ 편익시설 - 우체통, 공중화장실, 휴게음식점, 유스호스텔, 대형마트, 쇼핑센터

⑦ 도시농업시설 - 도시텃밭, 도시농업용 온실

(3) 공원시설 설치·관리기준

① 필수시설 및 관리시설

- 필수시설 : 도로·광장 및 공원관리시설
- 공원관리시설 : 어린이공원(근린생활권 단위별 1개 공원관리시설 설치 → 통합관리), 소공원·어린이공원 → 설치 X

(4) 저류시설 설치 및 관리기준

① 저류시설 : 빗물 일시적 보관 → 바깥 수위 낮아진 후 방류 위해 설치하는 유입시설, 저류지, 방류시설 등 일체의 시설

② 설치 제외 장소

- 붕괴위험지역 및 경사 심한 지역
- 지표면 아래로 빗물 침투될 경우 지반붕괴우려, 자연환경훼손이 심하게 예상되는 지역
- 오수 유입이 우려되는 지역

③ 도시공원 안의 저류시설부지 면적비율 → 해당도시공원 전체면적의 50% 이하

④ 저류시설부지 안에 설치하는 녹지 면적

- 상시저류시설 → 60% 이상
- 일시저류시설 → 40% 이상

⑤ 저류시설부지 → 다목적공간으로 조성(잔디밭, 자연학습원, 산책로, 운동시설, 광장)

⑥ 지상부 공원시설물 유지관리 → 공원관리자

　저류시설의 안전관리 등 시설물 유지관리 → 방재책임자

(5) 녹지의 설치기준

① 완충녹지

- 전용주거지, 재해발생시 피난지, 보안을 위한 완충녹지

> - 전용주거지역, 교육·연구시설 : 녹지는 교목 식재, 녹화면적률 50% 이상
> - 재해발생시 피난지 : 관목·잔디·지피류 식재, 녹화면적률 70% 이상
> - 보안대책, 사람·말의 접근억제 : 나무·잔디 등 지피식물 식재, 녹화면적률 80% 이상
> - 완충녹지 폭 : 원인시설 접합부분부터 10m 이상

- 교통시설(철도·고속도로), 사고발생시 피난지대 기능의 완충녹지

> - 차광·명암순응·시선유도·지표제공 등 식재
> - 녹화면적률 80% 이상
> - 완충녹지 폭은 원인시설 접합부분부터 10m 이상

② 연결녹지

- 폭 : 녹지기능 고려해 최소 10m 이상
- 하천 따라 조성 구간은 녹지 단절 피하기 위해 도시공원위원회 심의 거쳐 10m 미만으로 할 수 있다.
- 녹지율 70% 이상

③ 경관녹지

- 자연환경의 보전에 필요한 면적과 폭 이내로 할 것

6. 건축법상 관련규정

(1) 대지의 조경

① 면적이 200m² 이상인 대지에 조경을 해야 한다.

② 국토교통부장관은 조경에 필요한 사항을 정해 고시할 수 있다.(식재기준, 시설물 종류 및 설치방법, 옥상 조경 방법 등)

③ 조경 등의 조치 기준

㉠ 공장 및 물류시설 : 연면적 합계 2,000m² 이상(대지면적의 10% 이상), 연면적 합계 1,500m² 이상 2,000m² 미만(대지면적의 5% 이상)

㉡ 공항시설 : 대지면적의 10% 이상

㉢ 철도 중 역 시설 : 대지면적의 10% 이상

④ 옥상조경 : 조경면적의 3분의 2에 해당하는 면적을 대지 안의 조경면적으로 산정

(조경면적으로 산정한 면적은 100분의 50을 초과할 수 없다.)

⑤ 조경 등의 조치 제외 경우

- 녹지지역 건축 → 건축물
- 면적 5,000m² 미만 대지 → 건축 공장
- 연면적합계 1,500m² 미만 공장
- 산업단지 공장
- 대지에 염분 함유 또는 조경 등 조치 곤란·불합리한 경우
- 축사
- 가설건축물
- 연면적 합계 1,500m² 미만 물류시설(주거·상업지역 제외)로 국토교통부령으로 정함
- 자연환경보전지역 · 농림지역·관리지역의 건축물

(2) 조경기준

① 조경면적의 산정: 식재면적은 조경면적의 100분의 50 이상, 하나의 식재면적은 길이가 1m 이상으로 1m² 이상, 하나의 조경시설공간의 면적은 10m² 이상

② 조경면적의 배치

㉠ 대지면적중 조경의무면적의 10%이상은 자연 지반이어야 하며, 토양이나 식재된 토양 또는 투수성 포장구조로 한다.

㉡ 대지의 인근에 보행자전용도로·광장·공원 등의 시설이 있는 경우 조경면적을 시설과 연계되도록 배치한다.

㉢ 너비 20m 이상의 도로에 접하고 2,000m² 이상인 대지 안의 조경은 조경의무면적의 20% 이상을 가로변에 연접하게 설치한다.

③ 식재수량 및 규격

　㉠ 조경면적 1m² 마다 교목 및 관목의 수량은 기준에 적합하게 식재한다.

상업지역	교목 0.1주 이상, 관목 1.0주 이상
공업지역	교목 0.3주 이상, 관목 1.0주 이상
주거지역	교목 0.2주 이상, 관목 1.0주 이상
녹지지역	교목 0.2주 이상, 관목 1.0주 이상

　㉡ 교목 : 흉고직경 5cm 이상, 근원직경 6cm 이상 또는 수관폭 0.8m 이상으로 수고 1.5m 이상
　㉢ 수목 수량의 가중 산정

교목2주 식재 산정	낙엽교목으로 수고 4m 이상, 흉고직경 12cm 또는 근원직경 15cm 이상, 상록교목으로 수고 4m 이상, 수관폭 2m 이상인 수목 1주
교목4주 식재 산정	낙엽교목으로 수고5m 이상, 흉고직경 18cm 또는 근원직경 20cm 이상, 상록교목으로 수고 5m 이상, 수관폭 3m 이상인 수목 1주
교목8주 식재 산정	낙엽교목으로 흉고직경 25cm 이상 또는 근원직경 30cm 이상, 상록교목으로 수관폭 5m 이상 수목 1주

④ 식재수종

　㉠ 상록수 식재비율 : 교목 및 관목 중 규정 수량의 20% 이상
　㉡ 지역에 따른 특성수종 식재비율 : 규정 식재수량 중 교목의 10% 이상
　㉢ 식재 수종은 지역의 향토종을 우선 사용, 자연조건에 적합한 수종 선택

⑤ 혐오시설 등의 차폐 : 쓰레기 보관함 등 환경저해 혐오시설에 대해 차폐식재
⑥ 휴게공간의 바닥포장 : 그늘식재 또는 차양시설 설치로 직사광선을 차단하며, 복사열이 적은 재료로 사용, 투수성 포장구조로 한다.
⑦ 보행로포장 : 보행자용 통행로의 바닥은 투수성 포장구조로 한다.
⑧ 옥상조경 및 인공지반 조경

　㉠ 옥상조경의 면적산정 : 지표면에서 2m 이상 건축물이나 구조물의 옥상에 식재 및 조경시설을 설치한 부분의 면적. 지표면에서 2m 이상 건축물이나 구조물의 벽면을 식물로 피복한 경우, 피복면적의 2분의 1에 해당하는 면적. 옥상에 교목이 식재된 경우 식재된 교목 수량의 1.5배를 식재한 것으로 산정한다.
　㉡ 식재토심

초화류 및 지피식물	15cm 이상(인공토양 사용 시 10cm 이상)
소관목	30cm 이상(인공토양 사용 시 20cm 이상)
대관목	45cm 이상(인공토양 사용 시 30cm 이상)
교목	70cm 이상(인공토양 사용 시 60cm 이상)

ⓒ 유지관리
- 높이 1.2m 이상의 난간 등의 안전구조물 설치
- 수목은 지지대를 설치
- 안전시설은 정기적으로 점검, 유지관리
- 식재된 수목은 가지치기·비료주기 및 물주기 등의 유지관리

(3) 도시농업의 육성 및 지원 관한 법률
① 도시농업의 유형(세부 분류 → 농림축산식품부령으로 정함)

주택활용형 도시농업	건축물 내·외부, 옥상 활용/건축물 인접 토지 활용
근린생활권 도시농업	주변 근린생활권 위치한 토지 활용
도심형 도시농업	도심 고층 건물 내·외부, 옥상 활용/고층 건물 인접 토지 활용
농장형·공원형 도시농업	공영도시농업농장, 민영도시농업농장, 도시농업활용
학교교육형 도시농업	학습·체험 목적→학교 토지·건축물 활용

(4) 수목원·정원 조성 및 진흥 관련 법률
① 수목원 시설
- 수목유전자원의 증식 및 재배시설
- 수목유전자원 관리시설
- 화목원·자생식물원 → 수목유전자원 전시시설(농림축산식품부령으로 정함)
- 수목원 관리·운영 필요시설
② 정원 : 지속적 관리(전시, 배치, 재배, 가꾸기) 이루어지는 공간
　　　　(제외: 문화재, 자연공원, 도시공원→대통령령으로 정하는 공간)
③ 구분

구분		조성 및 운영주체
수목원	국립수목원	산림청장 조성·운영 수목원
	공립수목원	지방자체단체 조성·운영 수목원
	사립수목원	법인·단체, 개인 조성·운영 수목원
	학교수목원	교육기관이 교육지원시설로 조성·운영 수목원
정원	국가정원	국가 조성·운영 수목원
	지방정원	지방자치단체 조성·운영 수목원
	민간정원	법인·단체, 개인 조성·운영 수목원
	공동체정원	국가, 지방자치단체와 법인, 마을·공동주택, 일정지역 주민 결성 단체 등 공동 조성·운영 정원

④ 정원지정요건

- 국가정원 지정요건

구분	국가정원 지정 요건
면적 및 구성	정원 총면적 30만m² 이상(30만m² 미만 지정 가능 : 산림청장 인정) 정원 총면적 중 녹지면적 40% 이상 차지(원형보전지, 조성녹지, 호수·하천 등) 주제별 정원 5종 이상(전통, 문화, 식물 등)
조직 및 인력	정원 관리 전담 조직 구성 방문객 안내·교육 담당 1명 이상 전문인력 포함 정원관리 전담 인력 8명 이상 정원 총면적 기준 10만m²당 1명 이상 정원 전문관리인
편의시설	주차장, 공중화장실 및 교통약자(장애인, 노인, 임산부) 위한 편의시설 체험시설(방문객) 관리실, 안내실
운영실적	지방정원 등록 후 3년 이상 운영 실적 최근 3년 내에 정원 품질 및 운영·관리 평가 결과 70점 이상

- 지방정원 지정요건

구분	지방정원 지정 요건
면적 및 구성	정원 총면적 10만m² 이상(10만m² 미만 지정 가능 : 지방자치단체장 인정) 정원 총면적 중 녹지면적 40% 이상 차지(원형보전지, 조성녹지, 호수·하천 등)
조직 및 인력	정원 관리 전담 조직 구성 정원 총면적 기준 10만m²당 1명 이상 정원 전문관리인 지방정원 운영·관리 등 관련 사항 → 조례로 정해 관리
편의시설	주차장, 공중화장실 및 교통약자(장애인, 노인, 임산부) 위한 편의시설 체험시설(방문객) 관리실, 안내실(간이시설 포함)

- 민간정원 지정요건

구분	민간정원 지정 요건
면적 및 구성	정원 총면적 중 녹지면적 40% 이상 차지(원형보전지, 조성녹지, 호수·하천 등)
조직 및 인력	정원 전문관리인(정원 총면적 10만m² 이상 해당)
편의시설	주차장, 공중화장실 등 편의시설

⑤ 수목원시설 설치기준

구분	국·공립수목원	사립·학교수목원
증식 및 재배시설	300m² 이상 묘포장(관수시설 설치) 100m² 이상 증식온실	100m² 이상 묘포장(관수시설 설치)
관리시설	전산시스템(국가식물정보망네트웍 구축에 필요) 설치된 50m² 이상 관리사	전산시스템(국가식물정보망네트웍 구축에 필요) 설치된 20m² 이상 관리사
전시시설	수목해설판이 설치된 300m² 이상 교목전시원·관목전시원 및 초본식물전시원 자연학습 위한 생태관찰로 100m² 이상 전시온실	
편익시설	산림청장이 수목원 운영에 필요 인정 시설(주차장·휴게실·화장실·임산물판매장·매점 또는 휴게음식점)	

* 수목원 조성면적 : 국·공립수목원 10ha이상, 사립·학교수목원 2ha이상

(5) 산림문화·휴양 관련 법률

① 자연휴양림

- 지정권자 : 산림청장
- 자연휴양림 지정 위한 타당성 실시 평가 기준

구분	기준
경관	표고차, 임목 수령, 식물 다양성 및 생육 상태 등 적정
위치	접근도로 현황 및 인접도시와 거리 등 접근성 용이
면적	국가 및 지방자치단체 조성 경우 30만m² 이상 그 외 조성 경우 20만m² 이상 산림 도서지역 경우 10만m² 이상 산림
수계	계류 길이, 폭, 수질 및 유수기간 등 적정
휴양요소	역사적·문화적 유산, 산림문화자산 및 특산물 등 다양
개발여건	개발비용, 토지이용 제한요인 및 재해빈도 등 적정

- 자연휴양림 내에 설치 시설 규모
* 설치에 따른 산림 형질변경 면적 → 10만m² 이하
* 건축물 차지 총 바닥면적 → 1만m² 이하
* 개별 건축물 연면적 → 900m² 이하(휴게·일반음식점 연면적 200m² 이하)
* 건축물 층수 → 3층 이하
- 자연휴양림 휴식년제
* 산림청장, 지방자치단체장
* 자연휴양림 보호·이용자 안전
* 일정기간 일반인 출입제한, 금지 → 휴식년제 실시

② 산림욕장

- 치유의 숲 조성 가능 산림

국가 및 지방자체단체가 조성할 경우	50만m² 이상인 산림
국가 및 지방자체단체 외의 자가 조성할 경우	30만m² 이상인 산림

- 치유의 숲 내에 설치 시설 규모
* 산림형질변경 면적 → 전체 면적의 10% 이하
* 건축물 총 바닥면적 → 전체면적의 2% 이하
* 건축물 층수 → 2층 이하

③ 숲길 종류
- 등산로, 트레킹길, 레저스포츠길, 탐방로, 휴양·치유숲길

(6) 가로수 조성 및 관리규정(산림자원 조성 및 관리 관한 법률)

① 식재위치
- 보차도 경계선부터 가로수 수간 중심까지 거리 : 1m 이상 확보
- 보도 없는 도로 → 교목식재 → 갓길 끝부터 2m 이상 이격 식재(수평거리)
- 절토 비탈면 → 식재 X (녹화·차폐 등 특별 목적 → 가로수 식재 가능)
- 보행자 전용도로·자전거 전용도로 식재 가능
- 중앙분리대, 가로수관리청 인정 위치 → 식재 가능

② 식재 기준
- 교목
* 식재간격 : 8m 기준(식재간격 조정)
* 식재유형 → 열식(특정목적 → 군식·혼식)
* 보도 한쪽 기준 → 1열 식재, 보도 폭 넓은 경우 2열 이상
* 도로 동일 노선, 도로 양측 → 동일 수종 식재
  (도로 방향 바뀜, 동일 노선 도로 신설·확장 → 다른 수종 식재)
- 관목
* 식재간격 제한 X
* 식재유형 → 동일수종 군식(중요경관지역 → 혼식)
* 여유식재공간 → 다층구조 식재(교목, 관목, 초본류)

③ 식재시기 : 봄, 가을

④ 도로표지 전방의 가로수 식재 제한지역

구분	방향 표지	기타 표지
도시지역	40m	40m
기타지역	70m	40m

- 도로표지 전방 가로수 식재
* 갓길 끝에서 2m 이상 이격 위치
* 최대수고 4m 이하 소교목·관목류
* 가지치기 등 구체적 가로수 관리 방안 대책 마련

(7) 수목장림

① 사설 수목장림 설치기준

- 개인·가족수목장림
* 1개소 조성, 면적 100m² 미만
* 표지 → 수목 1주당 1개 설치(표지면적 150cm² 이하)
- 종중·문중수목장림
* 종중·문중별 1개소 조성, 면적 2,000m² 이하
* 표지 → 수목 1주당 1개 설치(표지면적 150cm² 이하)
- 종교단체 수목장림
* 1개소 조성, 면적 3만m² 이하
* 표지 → 수목 1주당 1개 설치(표지면적 150cm² 이하)
* 수목장림 내에 보행로, 안내표지판 설치

7. 경관법상의 관련규정

(1) 경관 : 일단의 지역 환경적 특징을 나타내는 것

(2) 경관정책기본계획의 수립(5년마다 수립·시행 한다.)
   ① 국토경관의 현황 및 여건 변화 전망에 관한 사항
   ② 경관정책의 기본목표와 국토경관의 미래상 정립에 관한 사항
   ③ 국토경관의 종합적·체계적 관리에 관한 사항
   ④ 사회기반시설의 통합적 경관관리에 관한 사항
   ⑤ 우수한 경관의 보전 및 그 지원에 관한 사항

(3) 경관사업 대상
   ① 가로환경의 정비 및 개선
   ② 지역의 녹화
   ③ 야간경관의 형성 및 정비
   ④ 지역의 역사·문화적 특성을 지닌 경관
   ⑤ 농산어촌의 자연경관 및 생활환경 개선

(4) 경관계획의 수립 또는 변경을 위한 기초조사 대상
   ① 자연적 여건(지형, 지세, 수계 및 식생)
   ② 인문·사회적 여건(인구, 토지이용, 산업, 교통 및 문화)
   ③ 경관과 관련된 다른 계획 및 사업 내용
   ④ 그 밖에 경관계획의 수립 또는 변경에 필요한 사항

8. 자연환경보전법 관련규정

(1) 제2조 정의

① 자연환경 : 지하·지표 및 지상의 모든 생물과 이를 둘러싸고 있는 비생물적인 것을 포함한 자연의 상태

② 자연환경보전 : 자연환경을 체계적으로 보존·보호(복원)하고 생물다양성을 높이기 위해 자연을 조성·관리

③ 자연환경의 지속가능한 이용 : 현재와 장래 세대가 동등한 기회를 가지고 자연환경을 이용하거나 혜택을 누릴 수 있게 하는 것

④ 자연생태 : 자연 상태에서 이루어진 지리적 조건에서 생물이 생활하고 있는 일체의 현상

⑤ 생태계 : 일정 지역의 생물공동체와 이를 유지하고 있는 무기적 환경이 결합된 물질계·기능계

⑥ 소생태계 : 생물다양성을 높이고 생태계의 연속성을 높이거나 특정 생물종의 서식조건을 개선하기 위해 조성하는 생물서식 공간

⑦ 생물다양성 : 육상생태계 및 수생생태계와 이들의 복합생태계를 포함하는 모든 생물체의 다양성

⑧ 생태축 : 생태적으로 중요한 지역 또는 생태적 기능의 유지가 필요한 지역을 연결하는 생태적 서식 공간

⑨ 생태통로 : 야생동·식물의 서식지가 단절되거나 훼손(파괴)되는 것을 방지하고 야생동·식물의 이동 등 생태계의 연속성 유지를 위해 설치하는 인공 구조물·식생 등 생태적 공간

⑩ 대체자연 : 기존의 자연환경과 유사한 기능을 수행하거나 보완적 기능을 수행하도록 하기 위해 조성

⑪ 생태·경관보전지역 : 생태적으로 중요하거나 자연경관이 수려해 특별히 보전할 가치가 큰 지역으로 환경부장관이 지정·고시하는 지역

⑫ 자연유보지역 : 사람의 접근이 불가능해 생태계의 훼손이 방지되고 있는 지역으로 특별한 용도로 사용되지 않는 무인도(대통령령이 정하는 지역과 관할권이 대한민국에 속하는 날부터 2년간의 비무장지대)

⑬ 생태·자연도 : 자연환경을 생태적 가치, 자연성, 경관적 가치 등에 따라 등급화 하여 작성된 지도

⑭ 생물자원 : 사람을 위한 가치, 실제적·잠재적 용도가 있는 유전자원, 생물체, 생물체의 부분, 개체군 또는 생물의 구성요소

⑮ 생태마을 : 생태적 기능과 수려한 자연경관을 보유하고 이를 지속가능하게 보전·이용할 수 있는 역량을 가진 마을 (환경부장관 또는 지방자치단체가 지정한 마을)

(2) 제12조 생태·경관보전지역(환경부장관 지정)

① 지정기준

㉠ 자연 상태가 원시성을 유지하고 있거나 생물다양성이 풍부해 보전 및 학술적 연구가치가 큰 지역

㉡ 지형 또는 지질이 특이해 학술적 연구 또는 자연경관의 유지를 위해 보전이 필요한 지역

㉢ 다양한 생태계를 대표할 수 있는 지역 또는 생태계의 표본지역

㉣ 자연경관이 수려해 특별히 보전할 필요가 있는 지역

② 지역구분

㉠ 생태·경관핵심보전구역(핵심구역) : 생태계의 구조와 기능의 훼손방지를 위해 특별히 보호가 필요하거나 자연 경관이 수려해 특별히 보호하고자 하는 지역

㉡ 생태·경관완충보전구역(완충구역) : 핵심구역의 연접지역으로 핵심구역의 보호를 위해 필요한 지역

㉢ 생태·경관전이보전구역(전이구역) : 핵심구역 또는 완충구역에 둘러싸인 취락지역으로 지속가능한 보전과 이용을 위해 필요한 지역

(3) 생태관광의 육성 : 환경부장관은 생태적으로 건전하고 자연친화적인 관광을 육성하기 위해 문화체육관광부장관과 협의해 지방자치단체·관광사업자 및 자연환경의 보전을 위한 민간단체에 대해 지원할 수 있다.

(4) 생태마을의 지정(환경부장관 또는 지방자치단체의 장이 지정)
  ① 생태·경관 보전지역 안의 마을
  ② 생태·경관 보전지역 밖의 지역으로 생태적 기능과 수려한 자연경관을 보유하고 있는 마을.

(5) 우선보호대상 생태계의 복원(환경부장관이 보호·복원 대책 마련해 추진)
  ① 종의 존속이 위협을 받고 있는 경우(멸종위기야생동·식물의 주된 서식지 또는 도래지로서 파괴·훼손 또는 단절)
  ② 그 일부가 파괴·훼손되거나 교란되어 있는 경우(자연성이 특히 높거나 취약한 생태계)
  ③ 생물다양성이 특히 높거나 특이한 자연환경으로서 훼손되어 있는 경우

Chapter 02. 조경계획 및 설계

02. 조경설계

01. 선

1. 선의 종류와 용도

① 실선 : 연속된 선(외형선, 보조선, 치수선, 지시선 등)

    ㉠ 태선(굵은선) : 도면 외곽선, 건물 외곽선, 단면선, 식생

    ㉡ 중선(중간선) : 단면선, 내부 단면선

    ㉢ 세선(가는선) : 문자보조선, 치수선, 인출선

② 파선 : 일정한 간격으로 짧은 선의 요소가 규칙적으로 되풀이 되는 선(숨은선, 등고선)

③ 일점쇄선 : 장·단 2종류 길이의 선의 요소가 번갈아 가며 되풀이 되는 선(중심선, 물체 대칭축, 절단선)

④ 이점쇄선 : 장·단 2종류 길이의 선의 요소가 장·단·단·장·단·단의 순으로 되풀이 되는 선(가상선, 경계선)

2. 선 그리기

① 방향 : 왼쪽 → 오른쪽, 아래 → 위로 긋는다.

② 일관성과 통일성으로 선의 굵기와 진하기는 같게 한다.

02. 치수선의 사용

1. 치수선 표기 방법
① 치수단위 : mm를 원칙으로 한다.
② 도형 밖에 치수보조선을 그어 인출한다.
③ 치수기입은 치수선에 평행하게 왼쪽 → 오른쪽, 아래 → 위로 읽을 수 있게 기입.
④ 치수선과 치수보조선은 직각이 되도록 한다.

2. 치수선의 용도와 종류: 길이나 각도의 치수표기
① 치수선 : 치수를 기입하기 위해 길이, 각도를 측정하는 방향에 평행으로 그은 선
② 치수보조선 : 치수선을 기입하기 위해 도형 밖으로 인출한 선

3. 인출선(지시선)
① 정의 : 기술·기호 등을 나타내기 위해 그어낸 선
② 용도 : 조경 수목 기입하기 위해 사용
③ 방법 : 세선으로 명료한 마무리 처리, 방향 기울기는 통일, 교차를 피하고 동일한 굵기로 표기

03. 제도 사항

1. 제도 척도

① 정의 : 실물에 대한 도면의 크기의 비, 도면의 치수를 실제의 치수로 나눈 값.

　㉠ 실척(현척) : 실물 크기와 동일한 크기의 척도(1/1)

　㉡ 축척 : 실물 크기보다 작게 나타낸 척도(1/50, 1/100, 1/300)

② 조경도면의 관용축척

도면종류	축척
배치도	1/200~1/600
평면도	1/100~1/300
입면도	1/100~1/300
단면도	1/100~1/300
상세도	1/40 이상

2. 제도용구

① 제도판 : 특대판(120cm×90cm), 대판(105cm×75cm)

② 제도대 : 제도판을 올려놓는 대로 높이와 경사 조절

③ 제도용자

　㉠ T자 : 평행선 긋는 자

　㉡ 삼각자 : 수직방향의 직선과 30도, 45도, 60도의 각도 긋는 데 사용

　㉢ 곡선용자 : 불규칙한 곡선, 다양한 원호 등을 그리는 데 사용

　㉣ 삼각스케일 : 축척에 맞추어 길이를 재는 것, 축척에 맞추어 사용

④ 제도용지 : 켄트지, 도화지 등 바탕용지(원도용지)/ 트레이싱페이퍼(제도용, 투과성이 좋음)

⑤ 제도 도구 : 제도용 샤프

3. 도면의 크기와 윤곽

① 도면 표제란 : 공사명, 축척, 방위, 수량표 등 기입

② 윤곽선 : 상, 하, 좌, 우는 1cm 간격 두며, 왼쪽은 도면의 철을 위해 2.5cm 여유를 두고 윤곽선을 그림

04. 기본설계와 세부설계

1. 설계도의 종류
① 평면도 : 공중에서 수직적으로 내려다본 도면, 식재평면도, 시설물 평면도 등(건물 형태, 위치, 면적표시 및 수목의 배식계획 표현 등 기초적이고 중요한 도면)
② 입면도 : 옆에서 수평으로 보아 수직적 공간구성을 나타내는 설계도
③ 단면도: : 공간을 수직으로 자른 단면을 보여주는 것
④ 상세도 : 축척을 크게 적용해 중요 부분을 그린 도면, 확대되어 보여짐
⑤ 투시도 : 실제 완성된 모습을 가상하여 그린 도면, 눈에 보이는 형상 그대로 그리는 그림
⑥ 스케치 : 눈높이나 그보다 조금 높은 위치에서 보이는 공간을 표현한 그림

2. 기본설계
① 시설의 배치계획, 공사별 개략설계 작성
② 소축척 스케일로 작성(배치계획, 도로설계, 정지설계, 배수설계, 공원녹지설계 등)

3. 실시설계
① 공사비를 적산하고 공사시공자가 공사 내역 명세서를 작성할 수 있게 하는 설계
② 세부적인 도면으로 구성(식재설계, 토공설계, 기초설계, 옹벽설계 등)
③ 상세도, 단면도, 조감도 등을 많이 사용

05. 설계 설명서

1. 시방서
① 정의 : 도면에 표시하기 어려운 사항을 자세히 기술한 문서
② 종류
  ㉠ 일반시방서 : 표준적이고 일반적 기준을 표시한 것(공사 명칭, 종류, 규모, 구조 등)
  ㉡ 전문시방서 : 발주기관에서 종합적인 시공기준을 정해 제시한 것
  ㉢ 특별시방서 : 발주기관에서 세부적이고 전문적인 일반시방서 내용의 삭제·추가·보완하는 내용(재료의 종류, 시공 방법, 마감방법 등 세부적 내용)

2. 설계서 작성
① 작성순서 : 표지 → 목차 → 설계설명서 → 일반시방서 → 특별시방서 → 예정공정표 → 인원계획표 → 내역서 → 일위대가표 → 자재표 → 중기사용료, 잡비계산서 → 수량계산서 → 설계도면 → 설계지침서 → 산출기초
② 유의점 : 설계서 변경 시 원 설계는 적색, 변경설계서는 청색 또는 흑색 사용
③ 설계도서 규격
  ㉠ 기본계획도 : A2(420mm×594mm)
  ㉡ 실시설계도 : A0(841mm×1,189mm), A1(594mm×841mm)
  ㉢ 각종 서류 : A4(210mm×297mm), A3(297mm×420mm)

06. 조경시설물 설계

1. 운동시설 설계

(1) 각 운동시설별 설계기준

① 육상경기장 : 트랙과 필드의 장축은 북-남 방향으로 배치, 관람자의 메인스탠드는 서쪽 배치/ 트랙 코스의 표준 폭: 1.25m, 필드 중심에서 주변을 향해 균등한 기울기 주고, 필드와 트랙사이에 배수로 설계, 심토층 배수관은 트랙의 양측면을 따라 배치(트랙은 횡단하지 않게 함)

② 축구장 : 경기장의 장축을 남-북으로 배치, 표면은 잔디로 하고 배수시설 기준은 육상경기장에 준함

③ 테니스장 : 코트의 장축을 정남-북을 기준으로 동서 5~15° 편차내의 범위로 배치, 표면배수 기울기는 0.2~1.0% 범위로 하고, 빗물을 측구에 모아 배수. 심토층 배수관은 라인의 안쪽에 설치하지 않는 것이 바람직

④ 배구장 : 코트의 장축을 남-북으로 배치, 옥외의 경우 포장은 흙으로 하며 배수 기울기는 0.5%까지 부여

⑤ 농구장 : 코트의 방위는 남-북 축을 기준, 코트 주위에 울타리 치고 수목 식재하여 방풍 역할 부여, 포장은 아스팔트계나 합성수지계 등 포장

⑥ 야구장 : 홈플레이트를 동쪽과 북서쪽 사이에 배치(내·외야수가 오후의 태양을 등지고 경기할 수 있게)

2. 놀이시설물 설계

(1) 놀이시설물 설계 고려사항

① 어린이놀이터와 유아놀이터로 구분, 인접시설물과의 사이에 폭 2m이상의 녹지공간 배치

② 공동주택단지의 어린이 놀이터는 건축물 외벽으로부터 5m이상 이격

③ 놀이터는 보행동선체계에 어울리도록 계획

④ 입구는 2개소 이상 배치

⑤ 보호자 관찰을 위해 휴게시설·관리시설 배치

(2) 단위놀이시설

① 미끄럼대 : 미끄럼판은 북향, 동향으로 배치, 미끄럼판 높이 1.2(유아)~2.2m(어린이), 미끄럼판 기울기 30~35°, 1인용 미끄럼판 폭 40~45cm, 미끄럼판 높이 1.2m 이상인 경우 15cm이상의 날개벽 설치

② 그네 : 북향 또는 동향으로 배치, 안장과 모래밭과의 높이는 35~45cm(유아용 25cm), 맹암거 등 배수시설을 안장 아래 부위에 배치

③ 시소 : 2연식 표준규격 길이 3.6m, 폭 1.8m

④ 정글짐 : 길이 1.8m, 폭 1.2~1.8m, 높이 2.0m

⑤ 철봉 : 높이 다른 철봉 3개, 각 높이 1.2m, 1.7m, 2.1m, 철봉 한 개의 길이 1.2m

⑥ 모래사장 : 너비 4×5m, 30~50m^2, 하루 5~6시간 햇볕이 드는 곳

⑦ 사다리 등 기어오르는 기구 : 기울기 65~70°, 너비 40~60cm, 디딤판은 사다리보다 높게

⑧ 놀이벽 : 두께 20~40cm, 평균높이 0.6~1.2m 주변바닥 완충재료 설치

⑨ 계단 : 기울기는 수평면에서 35°를 기준, 폭은 최소 50cm이상, 디딤판 깊이 15cm이상, 길이 1.2m이상 계단 양 옆에 연속된 난간설치

⑩ 도섭지(발물놀이터) : 수심 30cm 전후

3. 휴게시설물, 안내표지시설, 조명시설물 설계

(1) 휴게 시설물별 설계 고려사항

① 퍼고라(그늘시렁) : 높이 220~260cm를 기준으로 300cm까지 가능, 해가림 덮개의 투영밀폐도는 70%를 기준, 식재(등나무, 으름덩굴, 수세미, 포도나무 등)

② 벤치 : 폭 2.5m 이하 산책로변에 1.5~2m 정도 포켓공간 조성 후 설치, 등받이 각도는 수평면을 기준으로 95~110°를 기준, 앉음판 높이 34~46cm(어린이 의자는 낮게 설계), 의자 길이는 1인당 45cm 기준, 전체높이는 75~85cm 기준 설계

③ 앉음벽 : 높이 34~46cm, 녹지보다 5cm 높게 마감, 녹지와 포장부위의 경계부에 배치

④ 야외테이블 : 너비는 64~80cm, 앉음판 높이 34~41cm 기준, 폭은 26~30cm 기준으로 설계

⑤ 음수대 : 높이 성인용(60~70cm) 어린이용(40~50cm), 장애자 휠체어용(76cm), 발판높이 10~15cm, 폭 30~40cm, 받침접시 경사도 2%

⑥ 휴지통 : 투입구 높이 60~75cm, 벤치 2~4개소마다 1개, 원로 20~60m마다 1개 설치

⑦ 화장실 : 면적 약 25m^2 소요, 중앙공원 150~200m마다 1개소 설치

⑧ 안내표지시설 : 재료, 형태, 색의 통일과 식별성이 높고 명확한 글과 간단한 지도 포함/ 종류(유도표지시설, 해설 표지시설, 종합안내표지시설, 도로 표지시설)

⑨ 울타리 : 경계구분, 통행제한, 위험방지, 방향표시 등/ 단순 경계표시(0.5m이상), 소극적 출입통제기능(0.8~1.2m), 적극적 침입방지기능(1.5~2.1m)

(2) 조명 시설물 설계

① 조명효과

㉠ 상향식 조명 : 식생이나 조경적 특색 강조

㉡ 하향식 조명 : 광선을 직접 비춰, 지면의 질감상태 표현

㉢ 산포식 조명 : 빛을 넓은 지역에 부드럽게 펼쳐지게 표현

㉣ 간접 조명 : 빛을 필요한 지역에 재산포시키는 방법

② 공간별 조명

㉠ 보행등 : 보행의 안전을 위해 계단이나 턱이 있는 곳에 배치, 보행로 경계에서 50cm 거리에 배치

㉡ 정원등 : 등주높이 2m이하로 고압 수은형광등 사용

㉢ 수목등, 잔디등 : 수목을 강조하기 위해 산포식, 상향식 조명 사용, 잔디등 높이 1m 이하

㉣ 공원등 : 중요장소 5~30lx, 기타장소 1~10lx, 휴게공간 6lx 이상

4. 포장설계 및 시설물 설계

(1) 포장설계

① 재료 선정 : 생산량 많고, 시공이 쉬우며, 내구성 및 내마모성이 클 것

② 포장재 종류

㉠ 아스팔트, 콘크리트 : 차도, 도로

㉡ 벽돌, 시멘트 블록 : 인도, 광장, 공원

㉢ 마사토, 자갈 : 공원내 원로, 주차장

㉣ 친환경 흙 블록 : 중간에 식물이 자랄 수 있게 고려

(2) 조경석

① 경관석 놓기 : 중심석과 보조석 등으로 구분해 설치, 경관석 높이의 1/3 이상 지표선 아래로 묻히게 한다.

② 디딤돌(징검돌) 놓기 : 지면과 수평으로 배치, 징검돌 상단은 수면보다 15cm 높게 배치, 한 면의 길이가 30~60cm 정도, 배치 간격은 40~70cm, 돌과 돌 사이 간격 8~10cm 정도로 배치, 디딤돌은 지표면보다 3~6cm 높게 배치

③ 자연석 쌓기 : 쌓기 높이는 1~3m 정도, 맨 밑에 놓는 기초석은 지면으로부터 20~30cm 깊이를 묻히게 한다.

④ 호박돌 쌓기 : 찰쌓기 원칙으로하고 바른층 쌓기로 통줄눈이 생기지 않게 한다.

⑤ 계단돌 쌓기(자연석 층계) : 계단의 최고 기울기 30~35°, 한 단의 높이 15~18cm, 단의 폭 25~30cm, 계단 폭 1인용 90~110cm, 2인용 130cm

(3) 생태못 조성

: 다른 소생물권과 연계되게 한다. 호안은 곡선 처리, 바닥에 적정한 기울기 설계, 못 안과 못 가에 수생식물 배식

① 오수정화 못 : 오수정화시설의 유출부에 설치, 물고기 도입, 수질정화 식물 배식(부들, 갈대, 부레옥잠, 미나리, 줄)

② 수서곤충 못 : 여러 곤충류와 어류가 공존할 수 있는 소생물권 조성, 도입, 곤충의 생활 특성 고려해 서식 공간 설계

(4) 자연탐방로

① 노선 : 지형에 순응해 등고선 따라 설치, 인공요소의 흔적 감추고 직선코스 설치는 피한다.

② 노폭 : 적정노폭 1.2m, 최소 60cm, 급경사지는 2.4~3.2m, 소방로 겸하는 경우 2.4m이상

③ 포장 : 노선의 기울기가 30% 미만일 경우 비포장, 그 이상의 경사로는 자연석이나 통나무의 계단식 보도 설치

(5) 청소년 수련 시설

① 코스 : 산악 및 구릉지에 설치

② 단위 시설 : 연쇄적으로 이용되게 배치, 10~20개 단위 시설 설치, 단위시설 사이 간격 20~30m 정도

③ 시설별 면적기준

㉠ 단위시설 : 1개소당 100~200m^2

㉡ 실내집회장 : 150인 까지 150m^2, 초과 1인당 0.8m^2

㉢ 야외집회장 : 150인 까지 200m^2, 초과 1인당 0.7m^2

㉣ 강의실 : 1실당 50m^2 이상

㉤ 야영지 : 1인당 20m^2 이상

Chapter 02. 조경계획 및 설계

03. 부분별 조경계획 및 설계

01. 주거공간의 조경계획

1. 단독주거 공간

(1) 정원의 변천

① 원시시대 : 실용적 측면, 자기보호, 생활근거

② 봉건시대 : 왕족, 귀족의 전유물, 외국산수종 수집

③ 근대시대 : 정원의 대중화, 휴식, 보건, 미관

④ 현대 : 식물생태학적 관점, 공공정원

(2) 에크보(G. Eckbo)의 정원 공간구분(주택정원의 기능분할)

① 전정 : 대문과 현관 사이 공간, 공적 분위기에서 사적 분위기로 오는 전이 공간

② 주정 : 가족의 휴식과 단란의 공간, 가족의 구성, 개개인의 성격과 요구에 관여(테라스, 파티오, 연못, 잔디밭 등)

③ 후정 : 휴양공간과 연결되어 조용한 분위기의 공간, 시각적·기능적 차단을 하여 프라이버시 최대한 보장 (차폐식재)

④ 측정(작업정) : 장독대, 빨래터, 건조장 등 외부공간, 전정·후정과는 시각적으로 차단, 동선은 연결

(3) 에크보(G. Eckbo)의 정원 양식 분류

① 기하학적·구조적 정원 : 기하학적 골격이 주가 되고 식물재료는 부수적 요소

② 기하학적·자연적 정원 : 구조적 골격이 지배적이지만 식물재료나 다른 자연적 요소가 주요한 역할

③ 자연적·구조적 정원 : 식물재료·바위·물 혹은 지형이 지배적이지만 분명한 기하학적 구성감이 있는 것

④ 자연적 정원 : 자연적 요소와 재료가 지배적인 형태

(4) 배식의 원리

① 화학적 구성 배식

② 입면형 구성

③ 관련과 대립의 구성

④ 조화와 연계의 구성

⑤ 요점식재

⑥ 실용식재

2. 집합주거공간

(1) 아파트 조경계획

① 세대수에 따른 구분

구분	세대수	중심시설	공간권역(m)
인보구	20~50	어린이 놀이터	반경 30~40
근린분구	100~200	휴게소, 잡화점	100~150
소근린분구	300~500	생활편익시설	250~400
대근린분구	1000~1600	초등학교	600~800

② 인동간격 : 동지의 정오를 포함해 4시간 일조 가능해야 함/ 건물의 높이 : 인동간격 : 건물길이 = 1 : 3 : 9

③ 아파트 조경계획의 과정 : 적지선정 → 단지분석 → 구획과 토지이용계획 → 시설배치 및 식재계획 → 실시설계

④ 공간별 경사도

지 역	경사도(%)	
	최대	최소
운전서비스지역, 주차장, 가로	8.0	0.5
집산도로 및 접근로	10.0	0.5
보도	4.0	1.0
경사로	15.0	
놀이터(포장)	2.0	0.5
잔디	25.0	1.0
놀이터(잔디)	4.0	0.5
배수	10.0	1.0
잔디제방	25.0	1.0
초목제방	30.0	1.0

⑤ 아파트 단지 내 가로망의 기본유형별 특성

구분	형태	특성
격자형		*평지에서 가구형성, 건물배치가 용이 *토지이용상 효율적, 평지에서는 정지작업이 용이 *경관이 단조롭고, 지형의 변화가 심한 곳에는 급구배 발생 *북사면에서 일조상 불리, 접근로에 혼동오기 쉽고, 교차점의 반발
우회형		*통과교통이 상대적으로 적어 주거환경의 안전성 확보 *사람과 차의 동선의 교차가 증대 *진입에 대체성이 있으나, 동선이 길어짐 *불필요한 접근로가 발생되어 시공비가 증대
대로형		*통과교통이 없어 주거환경의 안전성 확보 *각 건물에 접근하는 데 불편함 초래 *건물군에 의해 단순하게 처리되지만, 도로의 연계체계가 미확보 *공동공간이나 시설을 배치시킬 수 있고, 독특한 공간 구성시킴
우회 전진형		*격자형에서 발생되는 교차점을 감소시킴 *통과교통이 상대적으로 배제되지만 동선이 길어짐 *접근성에 있어 불편함을 초래, 보행자와 교차가 빈번해짐 *운전시에 급한 커브가 많이 발생, 방향성을 상실하기 쉬움

⑥ 아파트 단지 내 도로 기준

구 분	기 준	폭(m)
진입도로	300세대 미만	6
	300~500 세대	8
	500~1,000 세대	12
	1,000 세대 이상	18
단지 내 도로	100세대 미만	4
	100~300 세대	6
	300~500 세대	8
	500~1,000 세대	12
	1,000 세대 이상	18

⑦ 주택건설기준에 따른 어린이 놀이터 기준

㉠ 어린이 놀이터 면적기준 : 100세대 당 300m² 기준, 100세대 초과시 세대당 1m² 면적 필요

㉡ 녹지면적 비율 : 3/10 이상

02. 레크리에이션계의 조경계획

1. 공원 녹지계획

(1) 공원과 녹지의 정의
　① 공원 : 국토의 계획 및 이용에 관한 법에 의해 설치되는 일종의 도시계획시설
　② 녹지 : 도시계획의 규정에 따라 설치되는 도시계획시설, 공원뿐 아니라 하천, 산림, 농경지까지 포함한 오픈스페이스 또는 녹지공간

(2) 오픈스페이스의 효용성

도시개발의 조절	도시개발형태 조절	
	도시 확산과 연담방지	
	도시개발 촉진	
도시환경의 질 개선	도시생태계 기반 조성	
	환경조절	화재 방지, 완화
		공해 방지, 완화
		미기후 조절
시민생활의 질 개선	창조적 생활 기틀 제공	
	도시경관 질 고양	

(3) 오픈 스페이스의 유형

① 법률에 의한 유형

도시공원	어린이공원	도시공공시설
	근린공원	
	도시자연공원	
녹지	완충녹지	공해·재해·사고방지
	경관녹지	자연환경보전
각종 도시 계획시설	유원지	휴양시설
	공공공지	휴식공간
	광장	교통광장/미적광장/지하광장
	공동묘지	도시계획시설
	운동장	
지역, 지구	녹지지역	개발제한구역
	풍치지역	

② 공공, 사유에 따른 오픈스페이스

공공 오픈 스페이스	녹지, 공원, 광장
준공공 오픈 스페이스	학교운동장, 공개원지
사유 오픈 스페이스	유원지, 경마장, 산림, 사유수면

③ 오픈스페이스의 기능상 분류

㉠ 실용 오픈 스페이스 : 생산토지, 공급처리시설, 하천, 보전녹지

㉡ 녹지 : 원생지, 보호구역, 자연공원, 도시공원, 레크리에이션시설, 도시개발에 의한 녹지

㉢ 교통용지 : 통행로, 주차장, 터미널, 교차시설, 경관녹지

④ 터나드(C. Tunnard)의 분류

㉠ 생산적 오픈스페이스

㉡ 보호적 오픈스페이스

㉢ 장식적 오픈스페이스

(4) 도시공원

① 도시공원의 설치 및 규모의 기준

공원구분		설치기준	유치거리	규모
1. 생활권 공원				
	소공원	—	—	—
	어린이 공원	—	250m이하	1,500m² 이상
	근린공원			
	근린생활권 근린공원	—	500m이하	10,000m² 이상
	도보권 근린공원	—	1,000m이하	30,000m² 이상
	도시지역권 근린공원		—	100,000m² 이상
	광역권 근린공원		—	1,000,000m² 이상
2. 주제공원				
	역사·문화공원	—	—	
	묘지공원	자연녹지 지역	—	100,000m² 이상
	체육공원		—	10,000m² 이상
	도시농업공원	—	—	10,000m² 이상

② 도시공원안의 공원면적 및 공원시설 부지면적

공원구분		공원면적	공원시설 부지면적
1. 생활권 공원			
	소공원	전부해당	20/100 이하
	어린이 공원	1,500m² 이상	60/100 이하
	근린공원	30,000m² 미만	40/100 이하
		30,000m² 이상 100,000m²미만	40/100 이하
		100,000m² 이상	40/100 이하
2. 주제공원			
	역사·문화공원	전부해당	—
	수변공원	전부해당	40/100 이하
	묘지공원	전부해당	20/100 이상
	체육공원	30,000m² 미만	50/100 이하
		30,000m² 이상 100,000m² 미만	50/100 이하
		100,000m² 이상	50/100 이하
	도시농업공원	전부해당	40/100 이하

(5) 녹지

① 녹지의 유형과 목적

유 형	설치 목적		설치 장소	설치 기준
완충녹지	공해 방지	생산시설 공해차단	공장, 사업장	녹지 면적률 80% 이상, 원인시설 양측에 균등배치
		교통시설 공해차단	철도, 고속도로	
	재해 방지	재해발생시 피난	공장, 사업장	
	사고방지	사고발생시 피난	철도, 고속도로	
경관녹지	자연환경 보전		필요지역	도시공원과 기능상 상충되지 않을 것
	쾌적성과 안전성 확보		필요지역	

② 녹지계획 수립과정의 유형

㉠ 단일형 : 계획 책임자 = 지방 공공단체 / 도시규모, 주민의향, 생활수준 산정해 장래 레크리에이션 수요 예측해 산정 / 단점 : 주민의사 반영이 불명확, 실천 뒤 검증 불문

㉡ 선택형 : 비관련 전문가 일부가 계획안 만들어 그 중 주민의 선호도에 따라 선정 / 그 지역의 자연적, 사회적 조건 깊이 통찰, 주민요구 이해 함 / 단점 : 많은 경비, 시간 소요, 계획 판단하는 준비 수준이 높아야, 결과 예측이 어려움

㉢ 연환형 : 목표와 주제 결정시 계획안에 따라 어디까지 만족시킬 것인가 미리 점검할 수 있는 단계를 짝지어 놓는 방법, 수정 요하는 부분 쉽게 찾을 수 있다. 도시계획의 다른 과정과 결합해 전체적 체계를 구성시킴. 녹지효과의 조직적 예측방법이 확립되어 있지 않음

(6) 공원녹지 체계계획

　① 정의 : 도시전체 구조 속에서 광역적 배치나 조직에 관한 사항을 다루는 계획

　② 기본이념

　　㉠ 도시의 과도한 인공성 완화

　　㉡ 산발적이고 자족적인 공원녹지 한계극복

　　㉢ 현대 도시 속성을 수용해 인공환경의 질을 높이고자 함

　③ 계획개념

　　㉠ 핵화 : 가장 활동이 활발, 시각적 지배요소의 핵 설정 (도시내 산, 구릉, 문화재, 광장)

　　㉡ 위요 : 주변에 핵을 감싸 성격 부각시킴 (하천, 경관도로, 녹지대)

　　㉢ 결절 : 방향성이 다른 오픈 스페이스를 만나게 하여 결절점 형성 (결절점에 공원, 유원지, 광장 활성)

　　㉣ 중첩 : 정연한 인공환경 위에 자유롭고 개연성 큰 오픈스페이스체계를 중첩함(도시내 작은 하천, 복개도로, 구릉군, 보행자 전용도로 등)

　　㉤ 관통 : 강력한 선적 오픈스페이스가 인공환경 속을 뚫어 중첩을 강하게 함 (하천, 능선, 대상광장 등)

　　㉥ 계기 : 각 오픈스페이스마다 독립, 완결되는 체험, 활동을 선형으로 연결해 시간의 흐름에 따라 더 풍성하고 총체적 체험 제공

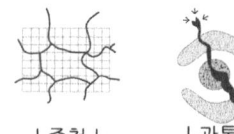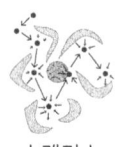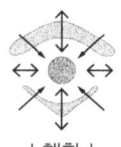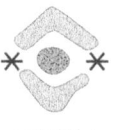

|중첩| |관통| |계기| |핵화| |위요| |결절화|

(7) 공원계획

　① 공원계획과정 : 계획과제 정립 → 지표계획 수립 → 물적계획 수립 → 사업진행계획 수립 → 관리계획 지침제시

　② 계획기준 : 접근성, 안정성, 쾌적성, 편익성, 시설 적지성

(8) 공원녹지 정책계획 중 수요분석

　① 질적수요 : 이용자 행태, 의식파악에 의함

　② 양적수요

　　㉠ 기능 분배방식 : 기능별로 적정비율 선정해 배분, 신도시개발, 대규모 단지 조성 시 유용

　　㉡ 생태학적 방식 : 산소공급지로 계산, 인식해 녹지수요결정

　　㉢ 인구기준 원단위적용방식 : 공원녹지 면적을 1인당 또는 1,000인당 요구면적으로 산출

　　㉣ 공원이용율에 의한 방식 : 유형별 이용율 감안해 공원수요 산출해 공원면적 수요산출

　　㉤ 생활권별 배분방식 : 어린이공원, 근린공원, 지구공원 등 생활권 위계별로 배치

　③ 수용력

　　㉠ 동시 수용력 = 방문객수 × 최대일률 × 회전율 × 서비스율

　　㉡ 동시체제 이용자 수 = 최대일 이용자수 × 회전율

　　㉢ 회전율

체재시간	3	4	5	6
회전율	1/1.8	1/1.6	1/1.5	1/1.4

(9) 공원유형별 특성과 계획기준

	대상권	유치거리 및 시간	주이용자	적정규모	접근방법
유아공원	어린이 중심	150~200m 이내 도보 3~4분	유아 및 보호자	500m² 정도 1인당 3~4m²	도보
유소년공원	아동 행동권	500~800m 이내 도보 3~4분	취학 아동	2,500m² 정도 1인당 9~14m²	도보, 자동차
근린공원	정주단위	400~600m 이내 도보 10분	청소년, 가족, 노장년	1,500m² 정도 주민 1인당 1~2m² 이용자 1인당 25m²	도보, 자동차
지구공원	수개 정주단위	1.5km 이내	청소년, 가족, 노장년	20,000m²	자전거
중앙공원	도시지역	2~5km 이내	중심지 이용자	개발 불능지 전부	지하철, 도보
종합공원	도시전역	10~30km 이내	시민, 인근지역주민	개발 불능지 전부	지하철, 승용차, 자전거
운동공원	도시전역	30~100km 이내	기타	90~100 ha	지하철, 교외선, 도로

2. 자연공원

(1) 역사

① 최초지정 : 1872년 미국 국립공원제도: "옐로우 스톤" 국립공원 지정

② 우리나라 : 1967년 공원법 제정, 지리산 국립공원 최초지정

(2) 자연공원 시설별 계획기준

① 교통 운수시설

㉠ 차도 : 자동차 이용, 피할 대상(원시적 자연환경지, 붕괴 위험 지역, 희귀식물, 동물, 곤충 서식지, 우수경관지)

㉡ 보도 : 흥미 대상, 안정성, 풍치에의 영향 판단해 노선결정

㉢ 자연연구로 : 자연공원적 흥미 있는 곳을 보도와 연결해 해결 한 것

㉣ 자전거 도로 : 자전거 반경은 차에 비해 적고, 차도와 완전 분리시킬 것

㉤ 주차장 : 대규모 수목식재지 피하고 원래환경유지, 동선 교차하지 않게 조성

㉥ 교량, 케이블카 : 불가피한 경우 자연을 손상치 않게 하며, 원칙적으로는 금지

② 숙박시설 : 호텔, 여관, 야영장, 대피소

③ 운동시설 : 운동장, 수영장, 선유장, 스키장 등

④ 원지시설

㉠ 원지 : 야외 레크리에이션 경관조성위한 공간(피크닉 원지, 전망 원지, 차경 원지, 보존 원지), 5~6% 경사까지 가능, 12% 이하로 할 것, 원지 내 원로 폭 1.5~2.0m

㉡ 휴식소

㉢ 전망시설

⑤ 위생시설 : 공중변소(우물에서 5m이상 떨어질 것), 오염처리시설

⑥ 교화시설 : 박물관, 동·식물원, 수족관, 박물 전시시설, 야외극장

(3) 계량계획

① 공공시설 수용력 규모산정

㉠ 공공시설 규모 = 연간 이용자수 × 최대일률 × 회전율 × 시설이용률 × 단위규모

㉡ 주차장 = 최대 시 이용실수 × 주차장 이용률 × (1/차1대당 수용인원 수) × 단위규모

㉢ 원지 = 최대 시 체류객수 × 원지이용률 × 단위규모

㉣ 야영장 = 연간 이용자수 × 야영비 × 텐트 site 이용률 × 야영장 최대 일률 × 단위규모

② 유료시설

㉠ 유료시설수용력 = $\dfrac{실수 \times 시설\ 이용률 \times 회전율}{365 \times 경제적\ 이용률}$

㉡ 유료시설 규모 = 경제적 수용력 × 단위규모

3. 레크리에이션 계획

(1) 레크리에이션의 정의

① 레크리에이션 : 노동후의 정신과 육체를 새롭게 하는 것

② 여가(Lersure) : 활동의 중지에 의해 얻어지는 자유, 시간

③ 관광(Tourism) : 레크리에이션을 위한 관광여행

④ 공원(Park) : 공공의 레크리에이션을 위한 장소

(2) 레크리에이션 계획의 개념 및 원칙

① 운영계획으로서의 개념 : 계획과 운영과 연관된 계획이어야, 사용의 질적 수준을 고려해야

② 사회계획으로서의 개념

㉠ Driver의 동기-편익모델: 행태가 "개인적인 만족과 이들을 위한 질서 있는 움직임"

㉡ 메슬로우의 욕구의 위계: 욕구가 인간행동에 일차적인 영향을 준다는 가설에서 시작

㉢ 레크리에이션 한계수용력

- 생태적, 물리적 한계수용력 : 자연자원에 장기적인 영향을 주지 않고 레크리에이션으로 이용되는 레벨 결정

- 사회적, 심리적 한계수용력 : 주어진 레크리에이션 경험의 종류와 질을 유지하면서 개인의 이득을 최대로 하는 방법

③ 자원계획으로서의 개념

㉠ 자연의 미학 : 시각적 조화, 독특한 경관, 시각공해, 개발수단

㉡ 회복능력의 원칙 : 활동형의 개발은 정도가 클수록 자원형의 개발방향으로 돌아올 수 없다.

㉢ 자원의 잠재력 : 자원지역과 인구집중지역은 가까울수록 우선 개발되는 경향이 있다.

④ 서비스로서의 계획개념 : 대중 참여를 위한 중요한 수단으로 생각되어져야 함.

(3) 레크리에이션 계획의 접근방법(S. Gold)

접근방법	개념	지표	대상지
자원형	*물리적 자원이 레크리에이션 기회의 종류와 양 결정	*한계수용량 *환경영향	*비도시지역 *국·도립공원 *자연공원 등
활동형	*과거의 참여 패턴이 장래의 기회 결정 *공급이 수요 창출	*인구비 기준·면적비 기준 *선호도·참여율·방문객수	*소도시(주로 공공공원)
경제형	*지역의 경제기반·재원이 레크리에이션 기회의 양·형태·위치 결정	*시장의 수요 *기회의 가격 *B/C 분석	*대도시 또는 지역레벨
행태형	*개인 및 그룹의 자유시간 사용이 공적·사적 기회로 전환 *경험으로서의 레크리에이션	*이용자 선호도·만족도 *잠재수요 및 유효수요	*도시공공·민간개발
혼합형	*이용자 그룹과 자원 타입 혼합	*이용자, 자원	*주로 지역레벨

(4) 레크리에이션 수요

① 수요의 정의

　㉠ 잠재수요 : 인간에게 본래 내재하는 수요, 기존시설을 이용할 때만 반영되어 나타나며 적당한 시설, 접근수단, 정보 제공 시 참여가 기대되는 수요

　㉡ 유도수요 : 사람들로 하여금 그들의 여가 형태를 변경하여 참여시킬 수 있는 수요

　㉢ 표출수요 : 기존의 레크리에이션 기회를 실제 이용하고 있는 수요

② 수요측정방법

　㉠ 집중율(최대일률) : 최대일방문객의 연간방문객에 대한 비율, 계절에 따라 다름

　㉡ 가동률(서비스율) : 최대일 이용자수의 60~80% 정도 수용능력

　㉢ 회전율 : 1일 중 가장 방문객이 많은 시점의 방문객수와 그 날의 전체 방문객에 대한 비율

4. 각종 레크리에이션 시설

(1) 리조트 : 일상 생활권에서 벗어나 일정거리 떨어져 좋은 자연환경 속에 위치해 여유를 즐길 수 있는 공간.
스포츠 리조트(골프장, 스키장), 요양형 리조트(온천, 삼림욕장), 교양문화용 리조트(민속촌), 종합형 리조트

(2) 마리나 : 계류시설, 보관 수리시설 등 요트나 보트를 이용한 레크리에이션을 위한 해안 휴양지
① 입지조건 : 수심 3~4m, 파도높이 1m 이내, 교통편리, 2~3시간에 대도시 유치가능

(3) 해변 유원지
① 자연조건 : 동남, 남에 구릉지, 산이 있으면 바람직/ 모래사장: 해안선 500m 이상, 폭 200~400m, 경사 2~10% 되어야 함, 수림지가 있고, 수온 23~25℃
해수욕장 모래밭의 1인당 기준 면적: 8~15m^2, 수영장 1인당 수변면적 : 4.6~9m^2

(4) 육상유원지
: 구릉지 이용한 입체적 지형, 도심에서 1시간 이내 거리
① 면적기준 : 최소한 6.6 ha 필요, 운동시설 설치 할 경우 16.5 ha 필요, 1인당 200m^2 면적 필요

(5) 스키장
: 북동향 사면이 가장 좋음. 동향, 북향도 양호
① 슬로프 : 15° 경사면 기준으로 1인당 최소 100m^2, 150m^2 적정, 경사가 클수록 폭이 넓어야 함
② 리프트 : 경사 30° 이하, 폭 7m 정도, 속도 2.5m/sec 이하, 철탑간격 30~40m 이하

(6) 온천지
: 숙박지형 온천, 요양지형 온천, 보양지형온천, 관광지형 온천
① 수용능력 : 1인당 1일 온천물 소요량: 700~900 L, 온천온도 43℃

(7) 청소년 수련장, 야영장
① 야영장 선정기준 : 평균습도 80% 전후의 온난기후, 완경사지며 배수 양호, 식생과 경관 양호
② 텐트 수용 공간 : 텐트캠프(1인당 50~60m^2), 케빈 캠프(1인당 30m^2), 오토 캠프(1대당 200~300m^2)
③ 입지기준 : 산악 및 구릉지에 설치, 대상지 지형 활용
④ 시설별 면적기준 : 단위시설(1개소당 100~200m^2), 실내집회장(150인 까지 150m^2, 초과 1인당 0.8m^2), 야외집회장(150인까지 200m^2, 초과 1인당 0.7m^2), 야영지(1인당 20m^2 이상)

(8) 종합휴게소
: 교통시설 내 휴식소, 공원 내 휴식소, 체육시설 내 휴식소, 휴양지 관광지내 휴식소, 작업장 공장 내 휴식소
① 면적기준 : 휴식소 면적 = 휴양지 이용객수 × 휴식소 이용률 × 1인당 소요면적,
휴식소 이용율 : 자연휴양소 0.1~0.13, 1인당 소요면적 : 1.5m^2

03. 교통계의 조경계획

1. 보행도로
① 보도의 폭원 : 차도 전체 폭의 1/4
② 적정 보도폭

보도폭	최소치(m)	적정치(m)
보도에 가로수 식재시	2.25	3.25
보도 + 가로수 + 노상시설	2.25	3.00
보도	1.50	2.25

2. 고속국도
① 계획과정 : 기능노선제시 → 조경 세부시초조사 → 조경기본계획수립 → 조경실시설계작성 → 시공 → 유지관리
② 도로설계의 요소

　㉠ 횡단구배 : 직선부는 배수 때문에 구배, 곡선부는 편구배

　㉡ 종단구배 : 노면이 중심선상의 양 지점간 수평거리에 대한 수준차의 비

구분	평지부	산지부
종단구배 최대치	3(5)	5(7)
종단구배 최소치	0.5	0.5

　㉢ 시거 : 자동차의 안전 주행을 위해 전방을 내다 볼 수 있는 거리(안전시거, 정지시거, 피주시거, 추월시거)

　㉣ 선형(곡선부) : 평면도상에 나타난 도로중심선의 형상

　㉤ 완화구간장 : 자동차가 직선부에서 곡선부로 출입시 들어가면서 점차 변화하도록 한 구간

③ 휴게소계획

　㉠ 단순휴게소 : 단시간 휴식, 차량정비 점검 위한 무인 휴게실

　㉡ 지원휴게소 : 상업시설 갖춘 휴식시설

④ 교차로 : 차량을 안전하게 고속도로에 유입, 유출시키며, 교통을 합류, 분화시킴

　㉠ 기본형 : 우절램프, 루프, 반직결램프, 직결램프

　㉡ 3지 교차 : T형, Y형, 직결형, 나팔형

　㉢ 4지 교차 : 다이아몬드형, 완전플로버잎형, 불완전 클로버잎형

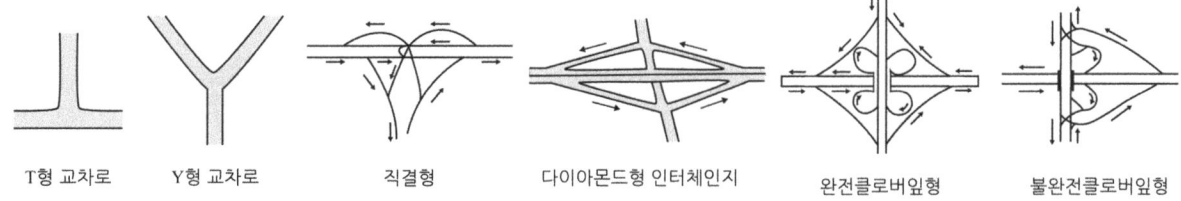

T형 교차로　　Y형 교차로　　직결형　　다이아몬드형 인터체인지　　완전클로버잎형　　불완전클로버잎형

3. 간선도로

① 도로의 폭원

　㉠ 차도 폭원 : 1차선 폭원 3.0~3.75m, 2차선 폭원 최소 6m 이상, 산지부 시가지 최소 5.5m

　㉡ 보도 폭원 : 보행 안전을 위해 10m 이하 도로에서는 보도 두지 않음

　㉢ 노견 : 최소 0.5m, 고속도로 1m 이상(고장차 대피, 완속차와 사람의 대피, 도로표지 등 노상시설 설치)

　㉣ 분리대 : 4차선 이상의 도로에서 중앙분리대 설치, 우리나라는 차도폭원 14m 이상일 때 설치, 분리대 폭 0.5m, 분리대에 노상시설 있을 경우 1.0m 이상

　㉤ 노상시설대 : 공공시설, 도로표지, 가로등, 전무등 설치, 공공시설의 폭 0.5m, 가로수, 노상시설이 있을 경우 1.0m 이상

　㉥ 주차대 : 평행주차 폭 2.5m, 직각주차폭 6.0m, 사선주차 폭 6.0m

4. 주차장 계획

① 크기

주차각도	폭	각도별폭	길이	차로폭	전체	회전반경
90도	2.7	2.7	5.7	7.2	18.6	R = 3.8, 1.5
60도	2.7	3.1	6.3	5.4	18.0	R = 3.8, 1.5
45도	2.7	3.8	5.9	3.9	15.7	R = 3.8

② 주차형식과 차로의 폭

주차형식	주차 1대당 소요면적	차로의 폭 출입구 2개	차로의 폭 출입구 1개
평행주차		3.3~3.5m	5.5m
직각주차	27.2	6.0~7.6m	6.0~7.6m
60도 대향주차	29.8	4.5~6.4m	5.5~6.4m
45도 대향주차	32.2	3.5~3.8m	5.0~5.5m
교차주차		3.5~3.8m	5.0~5.5m

③ 최대 허용구배 : 5%

④ 노상주차장 설치기준

　㉠ 간선도로(완속차도, 분리대, 주차장 등이 있는 경우) 설치가능

　㉡ 차도 폭 6m 이상, 보차 구별이 있는 도로에만 설치

　㉢ 보차 구분이 없고 폭 8m 이상, 보행자의 통행에 지장이 없는 곳에 설치

　㉣ 종단구배 4% 이하 도로에 설치, 평행주차 권장

⑤ 노외주차장 구조·설비 기준
- 차로와 도로가 접하는 부분 → 곡선형
- 노외주차장 출구 부근 구조 → 출구 ~ 2m 후퇴한 노외주차장 중심선상 1.4m 높이에서 도로 중심선에 직각향한 양쪽 각각 60° 범위에서 통행자 확인 가능해야

주차형식	차로 너비 (m)	
	출입구 2개 이상	출입구 1개
평행주차	3.3	5.0
직각주차	6.0	6.0
60° 대향주차	4.5	5.5
45° 대향주차	3.5	5.0
교차주차	3.5	5.0

5. 특수기능도로 계획

① 유보로 : 도시 내 중심부, 상업, 업무, 위탁 등이 활발한 곳에 보행자가 확보할 수 있는 거리 / 휴게 공간, 보행, 심미적 공간 확보
② 자전거도로 : 평균시설 15km, 최대구배 7%, 곡선반경 2.4m(최대 6m) / 보행로와 연계되어 주변경관의 연속성유지, 경계부근 단처리 고려
③ 자동차 전용도로 : 도시 내 교통과 지역의 교통을 이어주는 기능 / 다른 도로보다 밝게, 보호책, 분리시설물, 식재 확보 필요
④ 보도 : 보와 인접한 차도의 경계에는 연석이나 높낮이를 달리한 턱, 식수대, 방호울타리 또는 자동차 진입 억제용 말뚝(볼라드) 설치
⑤ 산책로 : 종단최대구배 25% 이내, 산책로 길이 30~200m, 최소폭 1.2m
⑥ 도로공원 : 노변의 여지에 잔디밭, 식재공간 두어 휴게, 조경공간 설치/ 주차장, 휴게실, 산책로 설치
⑦ 가로공원 : 적극적 위락활동을 유도할 수 있는 가로/ 조명, 휴게시설 중심으로 식재공간 또는 넓은 잔디밭으로 구성

6. 계단

① 계단구배 : 30~35°
② 규격 : 단높이 18cm 이하, 단너비 26cm 이상, 답면(디딤판)에는 1~2% 경사
③ 계단참 : 높이 2m 이상 계단에는 2m 이내마다 너비 120cm 이상인 계단참 설치
④ 난간 : 높이 1m 이상 계단은 양쪽에 난간 설치
폭이 3m 이상 계단은 3m 이내마다 난간 설치

7. 경사로

① 10% 이하, 신체장애자를 위해 8% 경사

② 유효폭은 1.2m 이상, 기울기는 1/12 이하, 바닥면으로부터 높이 0.75m 이내마다 수평면으로 된 참 설치

③ 길이 1.8m 이상 또는 높이 0.15m 이상인 경우 손잡이 설치

④ 양 측면에 5cm 이상의 추락 방지턱 또는 측벽 설치

04. 공장 및 산업단지 조경계획

1. 공장조경의 필요성
① 산업공해의 완화 : 폐수, 폐기물, 소음, 악취 등 처리
② 생활환경의 개선 : 자연환경 보전, 주거환경의 정비 및 보호
③ 생활활동의 제고 : 효율적 근로장 배치, 생산, 운반, 보관, 관리 위한 공간구성
④ 복지시설의 확보 : 휴식, 운동, 산책, 조망, 위락 등 활동위한 시설확보
⑤ 부수효과의 증대 : 방화, 방재

2. 공장 공간구성
① 구내도로 : 폭 4m, 차량의 교차 경우 6m이상, 도로 구배 1~5%, 회전반경 최소 20m 이상
② 주차장 : 주차간격은 차폭에 80cm 더하는 것을 최소폭
③ 식당 : 1인당 1.5m^2 정도 면적 소요
④ 공간구성 : 건축물 22%, 옥외작업장용지 2%, 도로·주차장용지 33%, 녹지면적 25%, 운동시설면적 13%

3. 공장 공간별 식재방법
① 공장 주변부 : 수림대 폭 30m 이상 이상적, 상록수와 낙엽수의 비율 = 8 : 2
② 접근도로 주변 : 조망 좋은 경관수와 넓은 잔디밭, 녹음수 배식
③ 구내도로연변 : 보·차도 사이에 폭 1m 이상의 잔디대 보유해 녹음수 열식
④ 녹지대 : 공장에서부터 키 작은 나무부터 큰 나무 순으로 배식, 상록활엽수 양측에, 침엽수 중앙부에 배식, 공장 주변의 주거지역에는 광역적 녹지대 조성하고 주로 상록교목 식재
⑤ 운동광장 : 녹음수 식재해 차단·완충효과, 풍치림 조성, 지역주민에게 개방
⑥ 확장예정지 : 나지에 잔디 등 피복, 묘목 식재해 공장녹화

05. 학교 및 캠퍼스 조경계획

1. 학교환경조성의 기본전제
① 지적개발 조장하는 환경
② 심리적 안정감, 즐거움을 주는 곳
③ 보건적 환경 제공, 아름답고 깨끗한 환경, 지역주민의 교화장소

2. 학교의 공간구성계획
① 교사부지 : 전정구, 중정구, 측정구, 후정구
② 체육장 용지 : 운동공간, 놀이공간, 휴식공간
③ 야외실습지 : 교재원(수목원, 약초원, 화초원, 유실수원 등), 생산원(묘포장, 소동물사육장, 경작원, 온실, 비닐하우스 등)
④ 외곽녹지대 : 차폐식재, 방음식재, 방풍식재

06. 업무빌딩 및 상업시설의 조경계획

1. 전정광장
① 도로와 건물사이의 과정적 공간 역할

② 주변 주차장, 통로와 긴밀한 연관성 있어야, 주변 환경과 어울리는 환경조형물 설치

2. 상업시설, 몰(mall)공간
① 상업시설의 목적 달성할 수 있는 보도와 확보와 가로조경, 서비스 동선의 제공

② 몰 : 다양한 행사나 이벤트 연출 가능, 이용객을 위한 충분한 공간 필요

07. 특수 환경의 조경계획

1. 옥상정원
① 고려사항 : 지반의 구조, 강도가 조경을 할 수 있는 조건이 되야 / 배수시설과 방수, 급수위한 동력장치 고려 / 옥상 기후조건에 적합한 수종선택 / 노출이 심함으로 프라이버시 위한 담장, 녹음수, 정자 등 필요

2. 실내정원
① 유의사항 : 위치선정, 조경요소의 선정, 배치구성이 건물내부의 동선 흐름, 이용패턴, 내부공간성격 등 고려 / 광선의 유입 : 자연광, 인공광 등 필요한 광선 조달 가능해야 / 습도제공 : 식물에게 필요한 적정량 습도 제공, 실내적응력이 좋은 식물선택

3. 문화유적지 조경
① 기본계획 : 전지하지 않은 자연수종 유지, 성곽가까이는 키 큰 나무 심지 않음, 생가에는 향나무식재 / 민가조경에는 안마당에 나무 심지 않고 장독대 주위에 작은 관목류 식재/ 건물 후정이나 경사진 곳은 계단식 화계 조성

② 설계기준
  ㉠ 축대쌓기 : 돌을 눕혀서 쌓고, 들쑥날쑥한 돌을 세워 쌓는 형식으로 조성
  ㉡ 보도 : 직선 피하고, 이용객이 많은 곳은 포장
  ㉢ 광장 : 판석이나 블록포장
  ㉣ 사찰경내 : 나무에 가려지지 않게 하고, 후면을 울창하게 배경식재
  ㉤ 민가조경 : 유실수 많이 식재
  ㉥ 시설물 : 자연석이나 화강석 등 자연적 재료 사용

4. 골프장
① 입지선정기준 : 교통 1시간~1시간 반 소요, 경치 양호하고 주변에 관광위락시설 입지, 동남향 경사로 남북으로 긴 지형, 수원지인 개울, 연못, 수림이 있는 곳

② 구성 : 18홀(쇼트홀 4홀, 미들홀 10홀, 롱홀 4홀 60~100만m^2, 길이 6,500~7,000 야드 소요, 72파로 구성), 9홀(기본, 쇼트홀 2홀, 미들홀 5홀, 롱홀 2홀)

③ 설계요령 : 홀 사이는 20~30 야드 이상 차이 둘 것

④ 홀계획
  ㉠ 티(Tee) : 표준면적 400~500m^2, 표면배수 위해 1.5% 경사, 잔디(한랭지: 크리핑 벨트, 온난지 : 들잔디)
  ㉡ 그린(Green) : 홀의 종점부분으로 한 개의 홀에 1~2개 정도 설치, 면적 600~900m^2, 경사 2~5%
  ㉢ 하자드(Hazard) : 연못, 계곡, 하천 등 장애구역
  ㉣ 벙커(Bubker) : 티에서 바라볼 수 있는 모래웅덩이, 벌칙과 장애물 역할, 페어웨이와 그린에 설치
  ㉤ 러프(Rough) : 풀이 자라 치기 어렵게 해 둔 지역
  ㉥ 에이프런(Apron) : 그린 주위에 풀을 깎지 않고 방치한 지역
  ㉦ 페어웨이(Fairway) : 짧게 잔디를 깎아 둔 곳, 최소폭원 30m, 일반적 40~50m 적당, 2~10% 경사

Chapter 03. 조경식재 및 시공

01. 식재 일반

01. 식재의 효과와 기능

1. 식재의 의의
① 식물재료의 기능과 미를 발휘하여 통일된 아름다운 경관 조성
② 생태적으로 건강한 식재를 하여 쾌적한 생활환경을 창조하는 노력

2. 식재의 효과

(1) 시각적 조절

　　① 섬광조절 : 섬광이나 반사광에 의한 시각적 피로 완화
　　② 공간 만들기 : 식물로 벽·천정·바닥면을 만들어 시각적 공간감 부여
　　③ 사생활 조절 : 주변으로부터의 시각적 격리로 프라이버시 확보
　　④ 차폐 : 필요 없는 대상을 시각적으로 격리·제한·은폐시키는 것
　　⑤ 시선유도 : 경관의 틀을 짜거나 시야를 제한하는 등의 방법으로 시선유도, 관찰자에게 경관을 점진적으로 나타나 보이게 하는 수법

(2) 물리적 울타리

　: 사람과 동물의 이동을 효과적으로 조절
　　① 식재 높이의 조절효과

식재높이	효 과
90cm 이하	· 심리적 조절효과가 매우 좋음 · 뛰어넘기, 통과하기 등의 대상이 되므로 수종선정에 주의
90~180cm	매우 효과적인 통행조절
180cm 이상	지엽의 밀도가 높으면 통행뿐 아니라 시선조절도 가능

(3) 기후조절(미기후조절)

　　① 태양복사 및 온도의 조절 : 태양복사의 반사와 흡수된 열의 신속한 방사기능
　　② 바람조절 : 바람을 막거나 방향 조절에 이용, 식재의 높이·식재밀도·식재폭 등에 따라 감소율 결정
　　③ 강수 및 습도조절 : 수목의 수관에 의한 조절 및 잎의 증산에 의한 습도조절, 겨울철 방풍효과로 눈발 방지

(4) 소음조절

　　① 소음조절 능력은 식재높이·위치·폭, 식재밀도, 소음의 강도·주파수·방향 등에 의해 결정
　　② 식생은 고주파소음의 조절에 효과가 크다.
　　③ 지하고가 낮고 지엽이 밀생하는 상록수 적당
　　④ 직각으로 열식하는 것이 방음효과에 적당(잔디나 지피식물도 효과적)
　　⑤ 식재대는 크고 치밀하며 넓은 것이 유리(마운딩과 함께 조합)

(5) 공기정화
　① 오염물질을 흡수·흡착하여 제거
　② 가스상의 오염물질을 기공을 통해 흡수 제거
　③ 적당한 통풍성과 작은 잎의 복잡한 엽면구조를 가진 수목 유리

(6) 토양침식조절
　① 식생으로 나지를 녹화하는 것이 토양 침식방지 최선책
　② 빗물의 충격완화, 근계에 의한 토양입자 고정, 표면유수감소효과

3. 식재의 기능
① 건축적 이용 : 사생활 보호, 차단 및 은폐, 공간분할, 점진적 이해
② 공학적 이용 : 토양침식조절, 섬광조절, 음향조절, 반사광선 조절, 대기정화 작용, 통행조절
③ 기상학적 이용 : 태양 복사열 조절, 바람 조절, 우수 조절, 온도와 습도 조절
④ 미적 이용 : 조각물로 이용, 반사, 영상, 선형미, 장식적 수벽, 조류 및 소동물 유인, 배경용

4. 식물성상별 식재효과와 이용
① 교목 : 경관의 프레임(기본 골격) 형성, 경관물들의 배경, 구조물의 중량감 경감 및 유화·차폐
② 관목 : 수종이 다양해 교목과 조합이 용이, 교목과의 하부식재 뿐만 아니라 독립적으로 식재가능
③ 지피식물 : 관목과 함께 지표면에 질감 창출, 화단의 시각적 독립요소로 설계 가능, 지표면을 덮어 외관향상, 토양 침식억제 효과
④ 초화 : 겨울을 나지 못해 영구적이지 못함, 한 계절에 효과를 극대화시키는 요소로 사용

5. 푸르름의 효과
① 푸르름의 물리적 효과 : 기후완화, 대기정화, 소음방지, 방풍, 방화
② 푸르름의 심리적 효과 : 인간의 심리에 미치는 효과(인간의 오감이 푸르름과 접촉 시)

02. 배식 원리

1. 정원구성에서 배식의 의의
① 관련과 대립의 구성
② 아름다움 구성
③ 조화 및 연계 구성
④ 단절, 혼합 구성

2. 식재설계의 물리적 요소
(1) 형태

① 수목 형태종류

㉠ 원주형 : 양버들, 비자나무

㉡ 원통형 : 측백, 사철, 포플러

㉢ 원추형 : 전나무, 삼나무, 독일가문비, 낙엽송, 금송, 개잎갈나무

㉣ 우산형 : 편백, 화백, 매화, 솔송

㉤ 탑형 : 섬잣나무, 가이즈까향나무

㉥ 원개형 : 느티, 팽나무, 산벚나무, 녹나무, 후피향, 회양목

㉦ 타원형 : 녹나무, 느릅, 치자, 박태기

㉧ 난형 : 가시, 구실잣밤나무, 메밀잣밤나무

㉨ 역삼각형 : 느티, 계수, 자귀

㉩ 구형 : 반송, 수국

㉪ 횡지형 : 단풍, 자귀, 배롱, 석류

㉫ 종지형 : 수양버들, 싸리

㉬ 포복형 : 눈향나무, 진백

㉭ 피복형 : 잔디, 눈주목, 조릿대

(2) 질감

① 거친 질감 수목: 큰 잎, 줄기, 눈가진 식물, 듬성한 잎의 식물

　고운 질감 수목: 두껍고 촘촘한 잎의 식물

② 잎 표면의 질

③ 바라보는 거리에 따라

④ 빛과 그림자에 따라

⑤ 식물연령에 따라

(3) 색채

① 색채종류

㉠ 바탕색 : 기본색으로 경관의 조망과 어울리게 이용

㉡ 강조색 : 식재구성 중 특징 강조위해 사용

② 색채 사용시 고려사항
　㉠ 심리적 경향(빛과 선명한 색에 쏠리는 성향)
　㉡ 시선 유도(밝은 빛과 따뜻한 색의 이용)
　㉢ 점진적 단계의 색변화
　㉣ 한색계(후퇴하는 느낌)와 난색계(전진하는 느낌)

3. 식재설계의 미적요소
① 통일성 : 단순, 변화, 균형, 강조, 연속, 비례의 조합
② 단순 : 우아함과 안도감의 느낌
③ 변화 : 다양성, 대비 효과
④ 균형 : 대칭균형과 비대칭균형, 거친 질감과 고운 질감으로 균형효과
⑤ 강조 : 주의력 집중, 시각적 구성 조절, 색채·질감·선 등 활용해 강조
⑥ 연속 : 형태, 질감, 색채의 적절한 연속
⑦ 스케일 : 대상물의 절대적인 크기, 상대적 크기의 척도

03. 식생과 토양

1. 토양의 물리, 화학적 성질
① 물리적 성질

㉠ 점토 함유량

사토	사양토	양토	식양토	식토
12.5%	12.5~25%	25~37.5%	37~50%	50%이상

㉡ 양토, 사양토 사용(보수력과 통기력 우수)

㉢ 입단구조 토양이 식물에 좋음

㉣ 흙의 용적비율 : 광물질(45%) + 유기질(5%) + 공기(25%) + 수분(25%)

② 화학적 성질 : 표토층 A층이 부식이 가장 많이 되어 식물에 적합, 표토층은 단립형성하며, 부식이 양분보유 능력과 물 흡수능력, 미생물을 촉진시킴

2. 토양수분
① 종류

㉠ 흡습수 : 흙 입자 표면에 분자간 인력에 의해 흡착되는 수분

㉡ 모관수 : 흙 공극의 표면장력에 의해 유지되는 수분(식물 이용 가능)

㉢ 중력수 : 중력에 의해 아래로 이동하는 수분

② 식물이 이용 가능한 수분

㉠ 영구 위조점 : pF 4.2에 도달하여 식물이 고사하는 점

㉡ 초기 위조점 : pF 3.9에 도달할 때

㉢ 위조점 : 시들은 식물을 습기 포화된 상황에 24시간 노출시켜도 회생되지 못할 때의 토양수분량, 초기위조점이 되기 전에 관수해야 한다.

3. 토양 양분
① 식물에 필요한 다량원소 : C, H, O, N, P, K, S, Ca, Mg

② 식물에 필요한 미량원소 : Fe, Mn, Cu, B, Mo, Cl

③ 비료목 : 지력이 낮은 척박지에 지력 증진 목적으로 사용되는 근류근을 가진 수종

(아까시, 자귀, 싸리, 칡, 사방오리, 산오리, 오리, 보리수 등)

4. 토양 반응
① 보통 점토(pH 5.0~6.5), 산림토양(pH 7.0보다 낮게), 보통(pH 4.5~6.5), 콩과식물(pH6.0 이상)

② 토양의 부식질 함량: 5~20% 적당

5. 토심(표토층 깊이)

분 류	잔디, 초본	소관목	대관목	천근성교목	심근성교목
생존최소심도(cm)	15	30	45	60	90
생육최소심도(cm)	30	45	60	90	150

6. 토성
① 수목생육 적당토양 : 사양토, 양토, 식양토
② 식토 : 점토 함유량이 많고, 토양 입자의 응집력이 크며 점성과 가소성, 보수력이 큼
③ 사토 : 보수성이 낮고 양분 흡착력이 약함

7. 토양 견밀도(토양 경도)
① 잔디(18~24mm), 수목(23~25mm) 정도에서 성장 우수
② 견밀토양에서 잘 생육하는 수목: 소나무, 참나무류, 서어나무, 리기다소나무, 전나무, 일본잎갈나무, 느티
③ 견밀도 낮은 토양 생육수목: 밤나무, 느릅, 아까시, 버드, 오리, 삼나무, 편백, 화백

8. 토양단면
① A0층 : 부식질이 충분히 함유되어 있어 식물 생육에 가장 중요한 부분
② 토양단면도 : 유기물층(Ao층), 용탈층(A층), 집적층(B층), 모재층(C층), 기암층(D층)

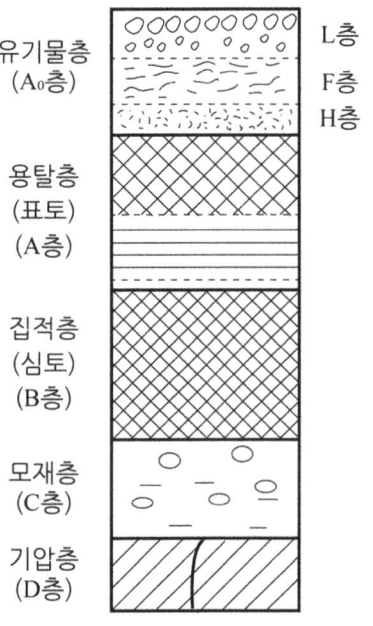

| 토양 단면의 모형도 |

Chapter 03. 조경식재 및 시공

02. 식재계획 및 설계

01. 식재 계획

1. 식재설계순서
: 부지분석 → 식재기능 선정 → 식물 선정 → 식재

2. 녹지수립 과정
① 단일형 : 지방공공단체가 계획의 책임자, 모든 여건 고려해 계획 결정
② 선택형 : 전문가가 여러 대안 제시, 일반주민들의 의견으로 선택 결정
③ 연환형 : 목표에 따라 계획안의 만족도를 점검할 수 있도록 짝지어 놓은 양식

02. 식재 환경

1. 온도

① 수목생육 온도 : 최적온도(24~34℃), 최고온도(36~46℃), 최저온도(0~16℃)

② 유효온도 : 15℃ 이상이면 생장 등 생리활동 시작

③ 수목생장 최적온도 : 20℃ 내외

④ 적산온도 : 일정한 기간 내의 온도를 합산한 것

　㉠ 일 적산온도 : 일 평균기온으로부터 생육에 관여되지 않는 저온을 매일 가산해간 수치(벚나무 개화나 단풍예측에 적용)

　㉡ 월 적산온도 : 일적산온도와 같이 월평균기온을 매월 가산한 수치, 온량지수와 함께 식재수종 선정의 기준에 적용

　㉢ 온량지수 : 식물생육 가능온도를 일평균 5℃로 보고, 월평균기온 5℃ 이상 되는 달에 대하여 한 달 평균기온과 5℃의 차이를 제한수치를 1년간 합계한 수치. 식물의 종이나 삼림대의 분포한계와 밀접

　㉣ 한량지수 : 각 월평균온도에서 5℃ 이하 되는 것을 골라 -5℃의 온도를 1년간 합계 한 수치

2. 광선

① 식물 생육에 필요한 광요인 : 빛의 강도, 성질, 계속시간

② 광파장 : 녹적색광이 식물생육에 필요

③ 광량

　㉠ 식물이 생장할 수 있는 광량 : 전수광량의 50%(음수), 전수광량의 70%(양수)

　㉡ 잎 한 장에 대한 전수 투광량 : 10~30%

　㉢ 고사한계 최소수광량 : 5%(음수), 6.5%(양수)

④ 광보상점 : 광합성을 위한 CO_2의 흡수와 호흡작용에 의한 CO_2의 방출이 같은 양을 이룰 때의 점, 광보상점이 낮은 식물(음지식물), 광포화점이 높은 식물(양지식물)

3. 공해

① 공해에 대한 내구성

　- 상록활엽수가 강하다, 가장자리의 나무가 피해입기 쉽다, 봄에서 여름까지 기공의 움직임이 활발할 때에 피해 입기 쉽다.

　- 지표식물 : 인체보다 오염에 대한 감수성을 이용해 오염에 가장 예민한 서양나팔꽃, 스카알렛, 오하라 등을 이용해 공해 파악

② 아황산가스(SO_2) : 급성장해서 엽맥 사이에 괴저현상 일어남, 잎의 기공으로 침입해 잎 가장자리에 둥근 표백현상 발생, 기온이 높고 일사가 강할수록, 공중습도가 높을수록, 토양수분이 윤택할수록 피해가 크다.

③ 배기가스 : 잎의 끝부분, 엽맥 사이에 흰 백색, 갈색을 띤 반점발생, 황화현상, 낙엽수(낙엽기가 빨라진다.), 상록수(잎의 수가 적어지고 말라죽는 가지 발생)

④ 분진과 매연 : 가장 피해 심한 수종(소나무), 가로수로 피해 적은수종(은행나무), 침엽수가 활엽수보다 피해가 많다.

⑤ O3: 엽록소를 파괴해서 동화작용이 억제되어 효소작용이 저해

⑥ 옥시탄트(광화학 스모그) : 자동차 배기가스에 기인, 녹색의 백화현상, 잎의 적색화, 잎 표면의 백색화, 불규칙한 대형 제크로시스 발현

⑦ 수목의 가스흡착능력과 매진 부착력 : 상록활엽수가 낙엽활엽수보다 높다.

강우로 인한 흡착물 용탈량 : 일반적 90%, 오염 심한 지구 80% 이하

⑧ 도시림의 효과

㉠ SO_2 가스에 대한 효과: 수림 속 SO_2 농도는 주변 시가지에 비해 1/5~1/17로 감소

도시림의 외주부에 있어 SO_2 농도변화는 낮에 높고 심야에 낮다.

수림내 SO_2 농도는 여름보다 겨울에 높다.(낙엽수가 잎이 떨어지기 때문)

㉡ 입상오염물질에 대한 효과: 도시림속의 부유매진량은 시가지의 1/2정도

수림내부 엽면 부착 매진량은 외주부에 비해 40% 감소

수림 두께가 증가할수록 매진량이 둔감해짐

4. 염분

① 해안지대의 염분 분포

㉠ 사토 : 염분이 빗물에 녹아 빠르게 용탈한다.

㉡ 점질토 : 투수성이 작아 거의 영구적으로 염분이 잔유한다.

② 염분에 의한 식물 장애

: 염분의 결정이 기공을 막아 호흡작용을 저해, 엽면에 부착해 탈수현상을 일으키거나, 엽육속으로 침투해 화학적 피해를 준다.

③ 내조 내염성

: 식물에 피해 입을 경우 10시간 내에 맑은 물 살포해 세정할 것. 침엽수, 상록활엽수는 낙엽활엽수보다 내조성이 약하다.

- 염분의 피해 한계농도: 잔디(0.1%), 수목(0.05%)

03. 기능 식재

1. 차폐 식재

: 외관상 보기 흉한 곳이나 구조물 등을 은폐하거나 외부로부터 내부를 볼 수 없도록 시선이나 시계를 차단

① 산울타리 차폐효과: 지엽이 밀생하고 시점에 가까우면 나무의 간격이 좁아야 함

② 카무플라즈(Camouflage)(위장수법, 분산수법)

: 대상물을 눈에 띄지 않도록 하는 수법(인공조성지 수림, 법면의 녹화 등)

③ 차폐식재용 수종 : 상록수로 수관이 크고 지엽이 밀생한 수종

교목	소나무, 주목, 화백, 편백, 측백, 향나무, 전나무, 비자, 아왜, 삼나무, 느티, 단풍, 미루, 은행, 참느릅, 녹나무
관목	사철, 광나무, 금목서, 돈나무, 동백, 식나무, 유엽도, 팔손이

2. 가로막기 식재

① 기능과 효과

　㉠ 부지 주위나 부지 내의 국부적 가로막기를 위해 조성

　㉡ 경계표시, 눈가림, 진입방지, 통풍조절, 방진, 일사의 조절 등

　㉢ 여름철 석양과 같은 낮은 햇빛 차단으로 일사조절효과

② 산울타리 조성방법

　㉠ 교호식재 : 수고 90cm 수목을 30cm 간격으로 2열 교호식재

　㉡ 산울타리 표준높이 : 120cm, 150cm, 180cm, 210cm, 두께는 30~60cm 정도

　㉢ 산울타리 경재식재 높이 : 30cm~1m

　㉣ 방풍용 산울타리 : 3~5m

③ 산울타리용 수종 : 맹아력이 강해 전정에 강한 것, 지엽이 밀생한 상록수, 건조와 공해에 대한 저항력 있는 수종, 아랫가지가 오랫동안 말라죽지 않고 성질이 강한 것

④ 산울타리 전정 : 꽃나무는 개화 후 실시, 나머지는 6월과 10월 두 번 전정

⑤ 경계식재 : 원로나 화단, 잔디밭 가장자리에 높이 30~90cm, 너비 30~60cm 정도의 나무 심어 침입에 의한 손상 방지위한 식재

⑥ 산울타리용 수종.

양지바른 곳에 적합한 수종	향나무, 가이즈까향나무, 탱자나무, 화백, 편백, 측백, 덩굴장미, 명자나무, 무궁화, 개나리, 피라칸사, 보리수나무, 사철나무, 아왜나무
일조부족한 곳에 적합한 수종	주목, 눈주목, 식나무, 붉가시나무, 비자나무, 동백나무, 솔송나무, 광나무, 감탕나무, 회양목

3. 녹음수

① 효과 : 수관의 잎에 의해 빛이 차단, 그늘형성(일사차단), 수목은 토양보다 비열이 크며, 잎의 증산작용에 의해 급속한 온도상승 방지

② 녹음수의 구조 : 한여름의 낮, 저녁의 석양에 대해 그늘지게 배치, 녹음수가 겨울철 일조에 방해하지 않게 고려, 파고라 등 녹음시설 시렁 밑의 공간 높이는 2.1m가 적당

③ 녹음수의 조건 : 수관이 크고 일정 지하고 확보, 낙엽교목으로 선정, 그늘을 위한 큰 잎의 수목, 잎이 밀생한 교목으로 병충해와 답압에 강한 수목, 악취와 가시가 없는 수종

④ 녹음수용 수종

낙엽활엽 대교목	가중나무, 고로쇠나무, 느티나무, 동백나무, 멀구슬나무, 은행나무, 일본목련, 칠엽수, 플라타너스, 회화나무, 백합나무, 팽나무, 목련
낙엽활엽 소교목	단풍나무, 머귀나무, 염주나무, 은백양, 회나무, 층층나무

4. 방음식재

① 방음대책 : 거리를 충분히 떼어 놓는 방법, 차음효과를 가진 구조물을 중간에 설치, 노면을 연도부지 보다 낮추거나 노면에 둑 설치, 길가에 식수대 조성

② 방음 식재용 수종의 조건: 지하고가 낮고 잎이 수직방향으로 치밀한 상록교목

   추위가 심한 곳은 낙엽수와 상록수 혼합식재, 차량소음 대책 시 배기가스에 강한 수종

③ 방음용 수종

상록교목	구실잣밤나무, 녹나무, 태산목, 감탕나무, 동강나무, 죽가시나무, 잣나무
상록관목	돈나무, 동백나무, 호랑가시나무, 다정큼나무, 식나무, 차나무, 팔손이나무, 회양목, 꽝꽝나무
낙엽교목	가죽나무, 벽오동, 왕버들, 참느릅나무, 피나무, 회화나무, 뽕나무, 층층나무
낙엽관목	산사나무, 쥐똥나무, 가막살나무, 매자나무
침엽수	가이즈카향나무, 비자나무, 편백

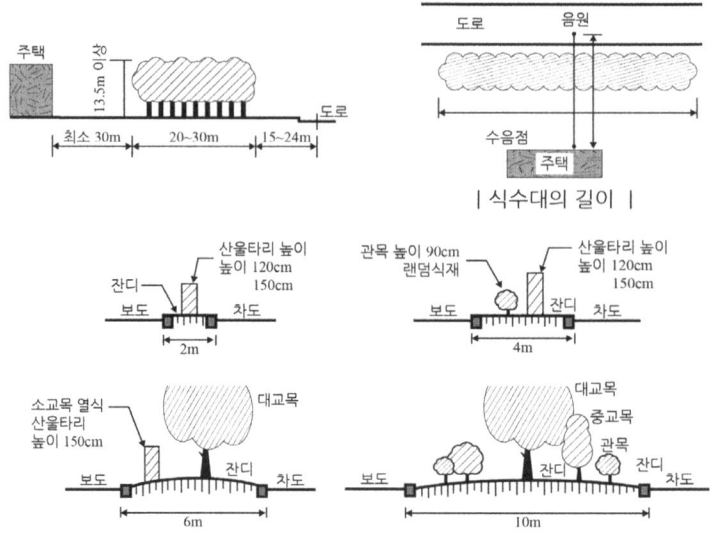

| 식수대의 길이 |

5. 방풍식재

: 바람을 막거나 약화시키는 기능, 토양입자나 먼지, 염분, 눈, 안개 등의 피해방지
  방풍효과는 수목의 높이, 감속량은 수림의 밀도에 좌우됨

① 식재에 의한 방풍 : 방풍효과의 범위(바람의 위쪽에 대해서 수고의 6~10배, 바람의 아래쪽은 25~30배 거리)
  가장 효과가 큰 곳은 바람 아래쪽의 수고 3~5배 지점, 풍속의 65% 감소
  수림의 경우 50~70%, 산울타리의 경우 45~55%의 밀폐도를 가져야 방풍효과의 범위가 넓어짐

② 방풍림의 구조 : 1.5~2.0m의 간격을 가진 정삼각형식재 5~7열로 배열하여 10~20m의 너비 조성(수고가 클수록 더 넓게 조성), 수림대의 배치는 주풍향과 직각이 되게 조성, 수림대의 길이는 최소 수고의 12배 이상

③ 방풍용 식재의 조건: 심근성, 줄기나 가지가 강한수종, 지엽이 치밀한 상록수

④ 방풍용 수종

방풍용	소나무, 곰솔, 가시나무류, 향나무, 팽나무, 삼나무, 후박, 동백, 솔송, 녹나무, 참나무, 편백, 화백, 감탕, 사철, 대나무

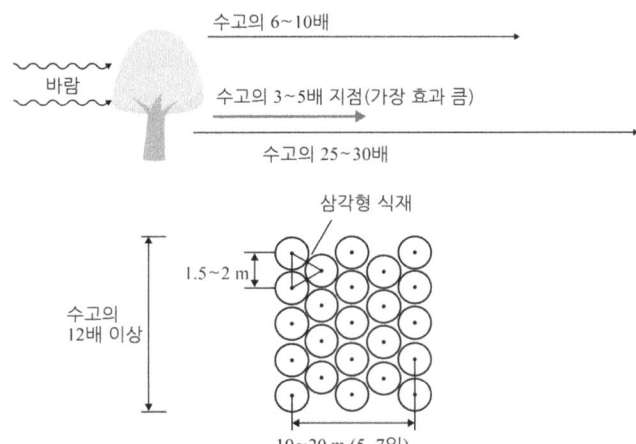

6. 방화식재

① 수목의 방화기능 : 화재 시 발생하는 복사열 차단(연소방지), 화염이 흐르거나 불꽃이 나는 것 방지

② 방화식재의 구조 : 수림대와 공지를 교호로 2~수열의 배치구성, 공지 너비는 6m 이상, 잔디보다 포장이나 수면이 적당, 수고 10m 이상 교목을 어긋나게 $4m^2$ 당 1그루의 밀도로, 너비는 6~10m, 교목의 앞쪽에 관목 열식

③ 방화 식재용 수종조건 : 잎이 두텁고 함수량이 많은 것, 잎이 넓고 밀생할 것, 상록수, 수관 중심이 추녀보다 낮은 위치, 내화수종(굴참나무, 황벽나무)

④ 방화용 수종

방화용	가시나무류, 녹나무, 동백, 아왜, 후박, 식나무, 사철, 사스레피, 굴거리, 금송, 후피향, 광나무

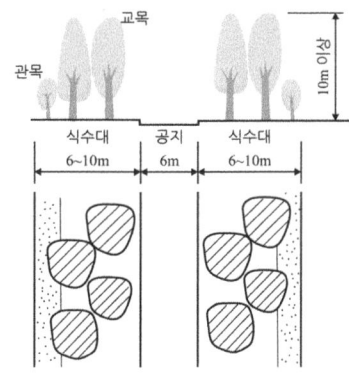

| 방화녹지대의 구조 |

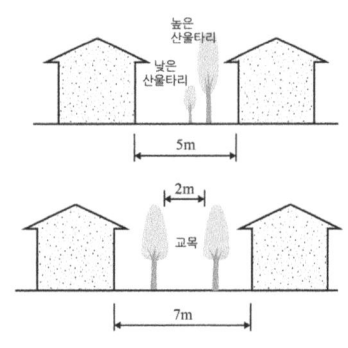

| 단층목조주택에 대한 방화식재 |

7. 방설식재

① 수림의 눈보라 방지기능 : 식재밀도가 높고 식재 너비가 넓을수록 방지기능 증가

② 눈보라 방지림의 구조 : 최소 수림너비 30m 정도, 수림의 가장자리를 도로에서 15~20m 이격할 것, 인접지로부터 임연부에 최소 4m 너비의 방화선 설치, 지피식물 제거해 표토를 노출시킴

③ 방설식재용 수종의 조건

: 지엽이 밀생하는 직간성 수종, 심근성으로 바람에 강하고 생장이 왕성한 것, 아랫가지가 말라 죽지 않고 척박한 땅에서도 견딜 수 있는 수종, 임연부에서는 저항력이 강하고 맹아성이 큰 수종

④ 방설용 수종

방설용	소나무, 스트로브 잣나무, 곰솔, 잣나무, 주목, 화백, 편백, 일본잎갈, 삼나무, 독일가문비, 떡갈, 갈참, 졸참, 상수리, 물푸레, 히말라야시더

⑤ 방설책 : 방설림이 충분히 기능을 발휘하기까지 필요한 기능 보완, 방설책 높이는 일반적으로 4m 내외

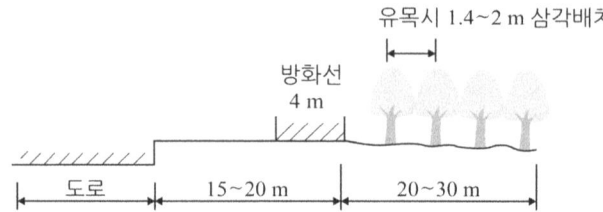

8. 지피식재

: 지피식물로 지표를 평면적으로 낮게 덮어주는 식재

① 지피식재의 기능과 효과

    ㉠ 바람에 흙 날림 방지(모래, 먼지방지)

    ㉡ 강우로 인한 진땅방지

    ㉢ 침식방지 : 경사면, 성토 절토의 침식방지

    ㉣ 동상방지 : 겨울철 토양 동상방지

    ㉤ 미기후 완화 : 나지에 비해 온도차가 적어 환경상 유리, 옥상 등 조성 시 실온 상승 억제

    ㉥ 운동 및 휴식효과, 미적 효과(푸르름)

② 지피식재용 수종조건: 키가 낮을 것(30cm 이하), 다년생 식물로 상록, 번식력 왕성, 지표를 치밀하게 피복, 깎기 작업, 잡초 뽑기, 병해충방제 등 관리용이, 답압에 견디는 힘이 강한 것

③ 지피용 식물

지피식물	잔디, 맥문동, 헤데라, 선태류, 원추리, 조릿대, 석창포, 후록스, 용담, 은방울꽃, 앵초, 복수초, 바람꽃, 대사초

04. 경관조성식재

1. 정형식 식재

① 개념, 원리 : 시각적 강한 축선이 설치, 축선과 축선간 교차점 기준으로 질서·균형·규칙성·균질성·대칭성이 부여, 단위공간 내에 수종·크기·형태 등 시각적 특성이 거의 균일해야 효과 큼

② 기법

    ㉠ 직선식재 : 직선을 강조해 배열 반복, 일정 간격으로 여러 줄 식재

    ㉡ 무늬식재 : 키 작은 수목으로 장식무늬 도형구성, 미원(미로정원)이 무늬식재의 초기형태

    ㉢ 축선의 설정과 대칭식재 : 상하 또는 좌우 대칭 식재

    ㉣ 비스타를 구성하는 수림 : 보스쿠를 절개한 비스타 형성

③ 식재양식

    ㉠ 단식 : 중요한 자리나 포인트에 형태가 우수하고 무게감 있는 정형수 단독식재(표본식재)

    ㉡ 대식 : 축의 좌우에 형태·크기 등이 같은 동일수종의 나무를 한 쌍으로 식재

    ㉢ 열식 : 형태·크기 등 같은 동일수종의 나무를 일정 간격으로 줄을 이루게 식재, 수관이 서로 닿도록 식재 시 폐쇄도 최대

    ㉣ 교호식재 : 같은 간격으로 서로 어긋나게 식재, 열식을 변형해 식재 폭을 늘리기 위한 식재

    ㉤ 집단식재(군식) : 다수의 수목을 규칙적으로 배치해 일정지역을 덮어버리는 식재, 하나의 덩어리(군)로서 질량감 표출

2. 자연풍경식 식재

① 개념, 원리 : 자연풍경과 유사한 경관을 재현하거나 상징화해 식재, 비대칭적 균형감과 심리적 질서감에 초점, 수종의 선택과 식재가 자유로움, 평면보다 입면구성에 중점

② 기법

    ㉠ 비대칭적 균형식재 : 자연경관 속의 수목의 형태, 집합상태, 상호연계로부터 균형을 인용

    ㉡ 사실적 식재 : 실제의 자연경관을 충실히 묘사해 재현하는 방법, 18세기 영국의 사실주의적 풍경식 조경수법

③ 식재양식

    ㉠ 부등변 삼각형 식재 : 각기 크기가 다른 세 그루의 수목을 서로 간격을 달리하는 수법

    ㉡ 임의식재 : 나무의 형상·크기·식재 간격 등이 같지 않고, 한 직선을 이루지 않게 식재하면서 다량의 수목을 배치하는 수법

    ㉢ 모아심기 : 몇 그루의 나무를 모아 심어 단위수목경관을 만드는 식재방법

    ㉣ 무리심기(군식) : 모아심기보다 더 다수의 수목을 단위경관 내에 식재

    ㉤ 배경식재 : 하나의 경관에 있어서 배경적 역할을 구성하기 위한 수법

    ㉥ 주목 : 경관의 중심적 존재가 되어 전체경관을 지배하는 수목, 경관목

3. 자유식재

① 개념, 원리 : 기하학적 디자인이나 축선을 의식적으로 부정, 인공적이지만 선이나 형태가 자유로운 비대칭적 수법

② 기법 : 키가 큰 대교목이나 키작은 소관목류로 경관을 구성해 아래나 위로 시야 확보

③ 식재양식 : 자유로운 형식으로 기본적 패턴 없음, 정형식과 자유풍경식을 자유로이 이용, 새로운 식재형식 창조

4. 미적 효과와 관련한 경관 식재형식

① 표본식재(가장 단순한 식재) : 독립수로 미적 가치가 높은 수목 사용(형태·질감·색채 등 뛰어난 수목 식재), 식재지역을 강조하는 기능(축선의 종점, 현관, 잔디밭, 중정 등에 식재)

② 강조식재 : 1주 이상의 수목으로 시각적 변화와 대비에 의한 강조효과

③ 군집식재 : 3~5주의 수목을 모아심어 식재단위 구성, 수목군의 실루엣이 시각효과 발현으로 효과 큼, 공간분할, 틀짜기, 부분차폐 등의 효과, 낮고 수평적 무리식재는 동선유도 효과

④ 산울타리 식재 : 한 종류의 수목을 선형으로 반복해 식재

⑤ 경재식재 : 한 공간의 외곽 경계부위나 원로 따라 식재해 여러 가지 효과를 얻고자 하는 식재형식, 관목류를 주조로 하여 식재대 구성, 전체적 동일감이 부여되어 강한 구조적 프레임 형성

5. 건물과 관련된 경관 식재형식

① 초점식재 : 시선을 의도한 곳으로 집중시키기 위한 식재, 초점효과는 수목의 질감·색채·형태 이용가능

② 모서리식재 : 건물모서리의 앞이나 옆에 식재해 강한 수직선 완화 및 외부에서 보여지는 조망의 틀 형성

③ 배경식재 : 자연경관이 우세한 지역에서 건물과 주변경관을 융화시키기 위해 기본적으로 요구되는 식재기법

④ 가림식재 : 건물과 자연경관과의 부조화를 적절히 가려 건물의 전체적인 외관을 향상시키려는 식재기법

05. 공간특성별 식재

1. 주택정원, 공원 용도별 식재

① 주택정원 : 정신적·심리적 안정(식물, 물 등으로 자연 제공), 기후조절과 프라이버시 제공, 건물과 식재의 시각적 균형, 초점적 역할, 배경 및 차폐기능

② 아동공원 : 아동의 건강, 교화, 정서적 측면, 도시미적 측면, 일반생육 조건 등 고려(식재율 40~60%), 건강하고 잘 자라며, 빨리 자라는 수목 및 초화류, 대기오염과 도시환경에 잘 견디는 식물, 병충해에 강하고 벌레가 생기지 않는 식물, 유지관리 용이한 식물

③ 근린공원 : 근린주구 내에 거주하는 주민들을 대상으로 공공의 오픈스페이스(청소년의 스포츠적 이용), 유지관리 비용 최소화, 지역의 토성과 토양습도에 적합하고 병충해와 공해에 강한 수종 선택(식재율 40~50%)

④ 지구공원 : 인구 10만 이상의 도시에 3~5개 근린주민들의 일상적 휴게활동을 수용하기 위한 주구기간공원, 공원과 주변지역 차폐, 바람 막고 공해를 감소시키며 미기후도 조절, 속성수로 밀식

⑤ 종합공원 : 전체 도시민이 이용하는 중심적 대공원으로 도시기반공원(상록수 : 낙엽수 = 5 : 5), 다른 도시공원과 녹지체계 형성, 생태적 접근으로 자연경관과의 조화, 유지관리 및 경제수종, 다양한 수종 고려

⑥ 운동공원 : 다양하고 조직적인 동적휴게활동에 필요한 시설을 구비한 공원(식재율 40%), 주변의 자연임상을 고려해 식재군 조성, 조속히 녹화시켜 외부와 차단시키고 충분한 녹음형성

⑦ 완충녹지 : 도시 내의 각종 이질적 토지이용을 순화·분리시키고 환경적 피해를 차단·경감시켜 쾌적성을 확보하기 위해 설치하는 녹지

⑧ 동·식물원: 교육적 가치가 있을 것, 병충해에 강하고 벌레 없으며 경제적 수종, 가시나 독성이 없는 수종

⑨ 사적공원(보존구역 : 정적 공간으로 향토수종 배치, 휴식구역 : 녹음제공과 향토수종으로 열매와 꽃이 있는 수종, 완충지역 : 보존구역과 휴식구역의 기능을 연결하는 지역)

〈식물의 생육토심〉

식물의 종류	생존 최소 토심(cm)			생육 최소 토심(cm)		배수층의 두께 (cm)
	인공토	자연토	혼합토 (인공토 50% 기준)	토양등급 중급 이상	토양등급 상급 이상	
잔디, 초화류	10	15	13	30	25	10
소관목	20	30	25	45	40	15
대관목	30	45	38	60	50	20
천근성 교목	40	60	50	90	70	30
심근성 교목	50	90	75	150	100	30

2. 도로식재

(1) 고속도로 식재

① 도로식재의 역할 : 운전자의 심리적 기능을 좋게 함

② 고속도로식재의 기능과 종류

기능	식재종류
주행	시선유도식재, 지표식재
사고방지	차광식재, 명암순응식재, 진입방지식재, 완충식재
방재	비탈면식재, 방풍식재, 방설식재, 비사방지식재
휴식	녹음식재, 지표식재
경관	차폐식재, 수경식재, 조화식재
환경보전	방음식재, 임면보호식재

③ 주행과 관련된 식재

㉠ 시선유도식재 : 주행 중 운전자가 도로의 선형변화를 미리 판단할 수 있도록 시선을 유도해 주는 식재

㉡ 지표식재 : 운전자에게 장소적 위치 및 상황을 알려주기 위해 랜드마크를 형성시키는 식재

④ 사고방지를 위한 식재

㉠ 차광식재 : 마주 오는 차량이나 다른 도로로부터 광선을 차단하기 위한 식재

㉡ 명암순응식재 : 눈의 명암에 대한 순응시간을 고려해 터널 등 주변에 명암을 서서히 바꿀 수 있도록 하는 식재

㉢ 진입방지식재 : 고속도로의 외부에서 내부로 들어오려는 사람·동물을 막기 위한 것으로 펜스 또는 식재 처리

㉣ 완충식재 : 가드레일 등을 대신해 차선 밖으로 이탈한 차의 충격을 완화시키기 위한 식재

⑤ 경관을 위한 식재

㉠ 차폐식재 : 도로주변의 좋지 않은 경관을 가려주는 식재(상록수)

㉡ 조화식재 : 위화감을 주는 도로구조물에 대해 경관 및 식생과 조화를 이루는 식재

㉢ 강조식재 : 도로경관의 단조로움에 변화를 주어 졸음을 방지하도록 하는 식재

㉣ 조망식재 : 휴게소 등 조망이 좋은 곳이나 주행경관 중 대상경관을 적당히 은폐해 인상 깊은 경관으로 식재

⑥ 그 외 기타 식재

㉠ 임연보호식재 : 절개에 의한 임면을 보호하고 경관을 개선하기 위해 관목류와 소교목류를 혼합해 식재

㉡ 비탈면 식재 :

* 1 : 2 경사(진달래, 철쭉 등 관목류),
* 1 : 3 경사(잣나무, 소나무, 단풍 등 교목, 소교목)

⑦ 중앙분리대 식재 : 중앙분리대 너비는 12m, 배기가스나 건조에 내성이 강하고 지엽밀생, 전정에 강한 상록수

교목	가이즈까향나무, 졸가시나무, 향나무
관목	꽝꽝나무, 다정큼나무, 돈나무, 둥근향나무, 광나무, 아왜나무
화목	협죽도, 철쭉류, 큰꽃댕강나무

⑧ 인터체인지 식재 : 랜드마크적 존재로 원거리에서도 쉽게 존재를 확인 할 수 있게 식재, 주목으로 선정

⑨ 고속도로 조경식재율

공간	주차 공간	인터체인지	서비스 공간	노변식재
식재율	7~15%	5~10%	7~10%	1km당 한쪽노면에 200그루가 표준

(2) 가로식재

① 가로수 식재 형식 : 식재 위한 분리대는 최소폭 1m 이상, 4m 이상일 경우 교목 식재, 차도로부터 0.65m 이상, 건물로부터 5~7m 이격 식재, 수간거리는 6~10m 적당

② 가로수 수종 조건 : 교목 3.5m 이상, 흉고직경 6cm 이상, 지하고 1.8m 이상, 줄기가 곧고 가지가 고루 발달된 수형의 균형 잡힌 수목, 수피·가지 등 손상이 없고 병충해의 피해가 없을 것, 뿌리분의 크기는 근원직경의 4~6배 이상(활착보장)

③ 가로수용 수종

난대지방	주로 상록활엽수, 담팔수, 소귀나무
온대지방	주로 낙엽활엽수, 배롱나무, 참느릅나무
그 외	플라타너스, 은행, 가중, 능수버들, 미루, 녹나무, 유엽도, 후박, 후피향, 이팝, 메타세쿼이아

3. 공장식재

① 공장식재의 기능

분류	기능
경관상 기능	주변환경과의 조화
작업상 기능	정서함량, 작업능률향상
대기상 기능	대기정화기능, 방진기능
방재상 기능	화재·폭발방지기능, 방풍·방조기능, 방음기능
휴게 기능	휴게, 레크리에이션, 스포츠

② 공장유형별 수종선택

공장 유형	재해	적정수종	
		남부지방	중부지방
석유화학	아황산가스	태산목, 후피향, 녹나무, 굴거리, 아왜, 가시	화백, 눈향나무, 은행, 튤립, 버즘, 무궁화
제철공업	불화수계 염화수계	치자, 감탕, 호랑가시, 팔손이	아카시아, 참나무, 포플러, 향나무, 주목
임해공업	조해, 염해	동백, 광나무, 후박, 돈나무, 꽝꽝, 식나무	향나무, 눈향, 곰솔, 사철, 회양목
시멘트공업	분진, 소음	삼나무, 비자, 편백, 화백, 가시	잣나무, 향나무, 측백, 가문비, 버즘

③ 오염 식재지역 조성방법

㉠ 성토법 : 매립지의 식재지반조성에 쓰이는 방법으로 타지역에서 반입한 흙을 성토하는 것

㉡ 객토법 : 지반을 파내고 외부에서 반입한 토양으로 교체하는 공법

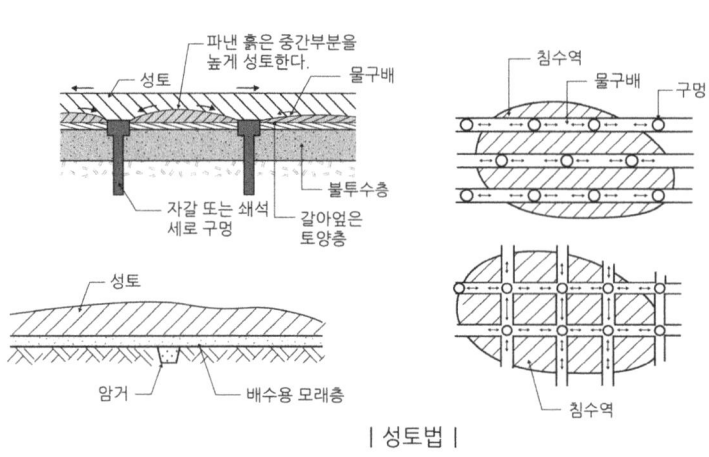

| 성토법 |

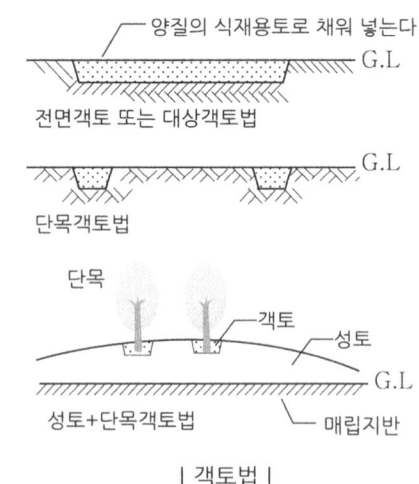

| 객토법 |

4. 학교식재

① 학교식재 선정방법

　㉠ 교과서에 취급된 식물 선정

　㉡ 학생들 기호를 고려한 선정

　㉢ 향토식물 선정

　㉣ 학교를 상징하는 교목과 교화 선정

② 학교부지에 따른 식재

　㉠ 전정구 : 교사의 전면에 놓이며 학교의 첫인상을 주는 곳

　㉡ 중정구 : 건물에 위요된 공간으로 휴식시간에 많이 이용

　㉢ 측정구 : 좁은 공간이거나 건물에 인접한 공간(녹음수나 휴게시설 설치)

　㉣ 후정구 : 건물의 북쪽인 경우가 많으므로 방풍을 위한 상록수 밀식

③ 체육장 용지의 식재

　㉠ 운동공간 : 먼지 방지로 잔디밭이나 초생지 조성

　㉡ 체육장 주변 : 휴식공간으로 지하고 높은 녹음수 식재

　㉢ 운동장 주변 : 관람용 스텐드지역으로 흙이나 잔디 스탠드 활용

④ 야외 실습지의 식재

　㉠ 교재원 : 교과서 식물을 직접 공부하는 곳

　㉡ 생산원 : 묘목장, 소동물사육장, 경작원, 온실 등 직접체험 기회 제공

⑤ 외곽 녹지의 식재

　㉠ 차폐식재 : 학교 밖의 좋지 못한 조망 차폐할 대교목 식재

　㉡ 방음식재 : 식재대 너비 10m 이상. 수고가 식재대 중앙부분에서 13.5m이상 되게 조성

　㉢ 방풍식재 : 내한성 강하고 지엽 밀생한 상록수 중심의 낙엽수 적절히 혼합해 식재

　㉣ 상록수 : 낙엽수 비율 = 8 : 2정도, $10m^2$ 당 교목 1주와 관목 3주 정도 다층식재

5. 화단조성

① 계절에 의한 화단

    ㉠ 봄화단(3월 하순~6월 상순)

        * 한해살이 : 팬지, 데이지, 금잔화, 양귀비
        * 여러해살이 : 꽃잔디, 은방울꽃, 금계국, 붓꽃
        * 알뿌리 : 튤립, 크로커스, 수선화, 히아신스

    ㉡ 여름화단(6월~9월 중순)

        * 한해살이 : 패튜니아, 천일홍, 맨드라미, 채송화, 봉선화, 접시꽃, 메리 골드
        * 여러해살이 : 아스틸베, 붓꽃, 옥잠화, 작약, 비비추
        * 알뿌리 : 글라디올러스, 칸나, 다알리아, 백합, 튜베로스

    ㉢ 가을화단(10월 초~11월 말)

        * 한해살이 : 메리골드, 페튜니아, 코스모스, 셀비어, 과꽃
        * 여러해살이 : 국화, 루드베키아, 숙근프록스
        * 알뿌리 : 달리아

    ㉣ 겨울화단(12월~2월 말) : 꽃양배추

② 양식에 의한 화단

    ㉠ 경재화단 : 건물, 담장, 울타리 등을 배경으로 길게 만들어져 한쪽에서만 조망 가능한 화단

    ㉡ 기식화단 : 작은 면적의 잔디밭이나 광장 중심 공간에 큰 화초와 가장자리에 작은 화초를 심어 사방에서 볼 수 있게 조성한 화단

    ㉢ 카펫화단 : 광장, 잔디밭 가운데 문양을 새겨 화초를 심은 화단

    ㉣ 리본화단 : 넓은 부지의 원로, 보행로, 도로 등 산울타리, 건물, 연못 따라 조성된 나비가 좁고 긴 화단

    ㉤ 암석화단 : 바위덩어리들 사이에 식물 식재

    ㉥ 침상화단 : 지상에서 1m 낮은 평면에 기하학적 모양으로 만든 화단

    ㉦ 용기화단 : 화분, 플랜트박스, 식물재배용기 등에 식재한 화단

    ㉧ 수재화단 : 수생식물이나 수중식물을 용기에 심어 배치한 화단

06. 특수지역 식재

1. 임해매립지 식재

① 임해매립지 환경조건

    ㉠ 모래 또는 사질의 산흙으로 매립된 경우 양분이 함유되어 있지 않을 뿐 식물생육에 별문제 없음

    ㉡ 해감, 건설폐기물, 생활쓰레기 등의 매립은 정체수가 생기며, 통기성 불량으로 인한 가스나 열의 발생과 침하 현상 등 발생

② 매립지 염분제거

    ㉠ 준설토로 매립한 토양 = 시일이 지남에 따라 빗물에 의해 점차적으로 용탈되어 염분 농도 저감

    ㉡ 투수성 불량 토지 = 2m 간격으로 깊이 50cm 이상, 너비 1m 이상의 도랑 파고 그 속에 모래를 채워 사구 형성

    ㉢ 사주법 및 사구법(배수 및 염분제거에 적용)

        * 사주법 : 오니층 아래의 원지표층까지 모래나 산흙의 말뚝을 설치하는 것(사주의 크기 및 숫자가 많아야 효과적)

        * 사구법 : 중심부에서 주변부로 배수구를 파놓은 후 배수구에 모래흙을 혼합해 넣고 그곳에 수목을 식재하는 방법

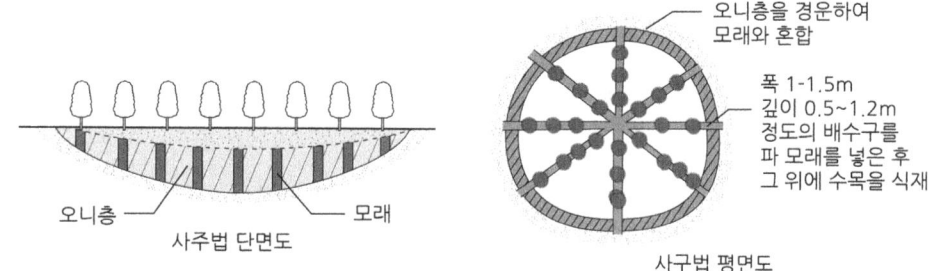

| 사주법과 사구법 |

③ 임해매립지 주변 수림대 식재 밀도

    : 교목 성목 4m 이상 0.05 주/m², 교목 어린나무 1.5~2m 이상 0.15 주/m², 관목 0.5 주/m², 상록 : 낙엽의 비 = 8 : 2

④ 매립지 비사방지책

    : 매립지 전면에 걸쳐 산흙을 10cm 정도의 깊이로 피복하거나, 방풍울타리로써 네트 설치

⑤ 임해매립지 식생

    ㉠ 선구식물 : 내조성 강한 쥐명아주, 명아주, 망초, 실망초, 달맞이꽃

    ㉡ 물이 괴는 곳 : 갈대, 매자기, 부들, 골풀의 군락

    ㉢ 건조한 곳 : 마디풀, 금달맞이, 흰명아주 군락

    ㉣ 목본식물 : 비수리, 돌콩

⑥ 해안수림 조성요령

    ㉠ 해안 최전선의 나무 : 수고 50cm 정도의 관목

    ㉡ 내륙으로 갈수록 차례로 키 큰 나무 심어 수관선이 포물선형이 되도록 함

    ㉢ 식재 후 1년 동안은 식재지 앞쪽에 높이 1.8m 정도의 바람막이 펜스 설치

⑦ 해안식재용 수종

적용 장소	수종
바닷물이 튀어 오르는 곳의 지피(S급)	버뮤다글래스, 잔디, 땅채송화
바닷바람을 막는 전방 수림(특A급)	눈향, 다정큼, 섬쥐똥, 유카, 졸가시, 흑송
위에 이어지는 전방수림(A급)	사철나무, 위성류, 유엽도, 볼레나무
전방 수림에 이어지는 후방 수림(B급)	내조성이 큰 수종
내부 수림(C급)	일반 조경용 수종

식물 생육에 영향을 미치는 염분 한계농도	
채소류	0.04%
수목	0.05%
잔디	0.1%

2. 옥상 및 인공지반에 대한 식재

① 구조상 제약조건

　㉠ 하중 : 수목의 중량, 토양의 중량(경량토 사용)

경량토	용도
화산자갈	배수층
화산모래	배수층, 식재토양층에 혼용
석탄재	배수층, 식재토양층에 혼용
피트	식재, 토양층에 혼용

　㉡ 배수 : 슬라브의 방수층 → 굵은 화산이나 탄재찌꺼기 10 ~ 20cm → 왕모래 → 거친 모래 5cm → 경량재 섞은 흙 바닥면 2% 정도의 경사로 구배

　㉢ 관수 : 매주 2번 관수시 매회 25 ~ 35mm, 한번 관수 시는 40 ~ 50mm 장시간 관수

② 옥상토양의 환경과 배식

　㉠ 옥상토양의 환경 : 콘크리트 슬래브의 열전도율이 높아 기온변동이 커 토양이 건조하며 양분이 적다.

　㉡ 식재층의 조성 : 사질양토에 퇴비나 부엽토를 7 : 3 비율로 혼합, 이것에 경량토를 3 : 1 ~ 5 : 1 비율로 조성

　㉢ 식물의 선택 : 하중, 토양깊이, 식재위치, 바람, 토양비옥도, 토양건조 등 고려 천근성으로, 전정이 용이하고, 생육 속도가 느리며, 병충해에 강한 수종 선택

③ 옥상조경용 수종

상록침엽교목	가이즈까향나무, 섬잣, 소나무, 실화백, 주목, 편백, 화백
상록침엽관목	눈향, 눈주목, 둥근측백, 둥근향나무
상록활엽교목	가시나무류, 동백, 아왜, 후피향, 동청목
상록활엽관목	광나무, 꽝꽝, 남천, 다정큼, 돈나무, 목서, 사철, 서향, 식나무, 피라칸사, 협죽도, 호랑가시, 유카
낙엽활엽교목	단풍나무류, 때죽, 대추, 떡갈, 모감주, 목련, 복자기, 붉나무, 산사, 쉬나무, 자귀, 자작, 서어나무
활엽관목	개나리, 고광, 댕강, 라일락, 매발톱, 명자, 무궁화, 박태기, 병꽃, 보리수, 분꽃, 산철쭉, 생강, 앵두, 쥐똥
낙엽덩굴	노박덩굴, 능소화, 등나무, 인동덩굴, 으름덩굴
지피식물	잔디, 들잔디, 맥문동, 비비추, 송악, 옥잠화

〈옥상조경 및 인공지반의 토심(조경기준)〉

성상	토심	인공토양 사용 시 토심
초화류 및 지피식물	15cm 이상	10cm 이상
소관목	30cm 이상	20cm 이상
대관목	45cm 이상	30cm 이상
교목	70cm 이상	40cm 이상

07. 실내 식물환경조성 및 설계

1. 실내공간 식재의 기능
① 상징적 기능 : 식물도입으로 상징적으로 사용
② 감각적 기능 : 다양한 감정에 영향
③ 건축적 기능 : 구획의 명료화, 동선유도, 차폐효과, 사생활보호
④ 공학적 기능 : 음향의 조절, 공기 정화작용, 섬광과 반사광 조절
⑤ 미적 기능 : 시각적 요소, 장식적 요소

2. 실내식재의 환경여건
① 광선 : 광도(빛의 세기)의 조절(실내에서는 내음성 식물), 빛의 공급시간 조절(일조시간 12~18시간 필요)
② 온도
　㉠ 광합성작용, 호흡작용, 증산작용, 단백질합성 등 생리작용에 관여
　㉡ 열대식물(25~30℃), 아열대식물(20~25℃), 온대식물(15~20℃), 실내정원 낮의 온도(21~24℃), 밤 온도(15~18℃) 유지
③ 수분 : 수동식, 점적관수, 자체급수용기 등으로 급수
④ 습도 : 식물 적정습도(70~90%)이므로 분수나 풀 사용으로 습도효과 적용
⑤ 토양 : 무게가 가볍고 배수력이 좋은 경량토(질석, 펄라이트, 피트모스, 수태, 피트)
⑥ 용기 : 이동식 플랜터, 붙박이식 플랜터
⑦ 배수 : 펄라이트, 작은 자갈, 숯, 스티로폼 사용해 배수층 형성

3. 실내공간 특성에 따른 식물도입기법
① 섬기법 : 초점 형성을 위해 시선이 제일 먼저 가는 부위에 하나의 섬을 형성하는 정원구성수법
② 겹치기 기법 : 건축적 구조에 식물·돌·물 등을 조합해 입체적 식재를 하여 장소의 변화에 따라 경관도 변화
③ 캐스케이드 기법 : 벽면에 단을 만들어 식재하거나 폭포 주위에 식재

4. 실내식물 설계
① 식물의 색채이용 : 단색, 강조색 등 조화롭게 배치, 공간의 질서 부여
② 식물의 질감이용 : 질감의 변화가 점진적으로 효과 가질 것
③ 식물의 수고이용 : 키 큰 식물부터 식재, 작은 키 식물과 지피류 활용
④ 실내조경 식물
　㉠ 낮은 광도에 잘 자라며 고온, 다습, 건조에 강한 식물
　㉡ 관엽식물 위주, 옅은 녹색 선호
　㉢ 잎의 색이 다양한 반엽식물 선호
　㉣ 늘어지는 식물 선호

08. 경사면(법면)식재

1. 식생의 효과
① 빗물이 흘러내리지 않고 강우량이 줄어드는 효과
② 빗방울에 대한 쿠션적 작용으로 침식방지
③ 줄기와 잎에 의해 흘러내리는 물의 속도 감소
④ 뿌리가 토양입자를 얽어매 주고, 토양의 간격이 늘어나 투수성을 향상시켜 표면유수량을 줄여 빗물에 의한 세굴 방지
⑤ 지표온도의 완화와 동상방지

2. 식생공법(법면 보호 작업)
① 식생공 : 인위적이고 강제적으로 1차 식생을 도입
② 토양경도가 23mm이하에서는 뿌리의 침입이 수월해 식생공의 시공용이
③ 토양경도가 23mm이상에서는 뿌리 붙기가 어렵고, 27mm 이상이면 뿌리의 토양침입 불가능
④ 토양경도 27mm 이하의 성토 및 절토 법면에는 식생매트, 종자뿜어붙이기공이 적합
⑤ 토양경도 27mm를 넘는 절토 법면에는 식생대공, 식생혈공 실시

3. 법면 피복용 초류조건
① 건조에 잘 견디고 척박지에서 잘 자라는 것
② 싹틈이 빠르고 생장이 왕성해 단시일에 피복 가능한 것
③ 뿌리가 흙입자를 잘 얽어 표층토사의 이동을 막아 줄 수 있는 것
④ 다년생 초본이 적합
⑤ 그 지역의 환경인자에 어울리는 강한 성질을 가진 종류
⑥ 종자의 입수가 수월하고 가격이 저렴한 것

4. 주요 법면 피복용 초류
① 잔디 : 척박지에 잘 견디고 건조에 강하며 포복경으로 지표를 덮어 거의 완전한 상태로 법면 보호
② 고려잔디 : 미관을 중시하는 곳에 잔디 대신 쓰이나 내한성으로 인해 제한적
③ 위핑러브그래스 : 더위에 잘 견디고 생장이 왕성해 단시일 내에 법면을 피복하나 내한성이 제한 요소임
④ 켄터키 31 페스큐 : 톨 페스큐의 개량종으로서 불량한 환경에 잘 견디고 추위와 더위에도 강한 상록종으로 경사면을 잘 피복해 식생공의 대표적 초본
⑤ 화이트 클로버 : 콩과식물로 근류균의 작용이 공중질소를 고정하므로 양분공급을 위해 포아풀과 식물의 씨와 함께 혼파(단파의 경우 병충해가 심하게 발생)

5. 파종 및 시비

① 봄에는 하루 평균기온 10~20℃, 가을에는 25~15℃ 정도 될 무렵이 파종 적기
② 절토면의 경우 하층토가 노출되어 거름기가 없으므로 식생공의 시행에 앞서 기비로 복합비료를 m^2당 100g 정도 살포
③ 기비의 상당량이 사면을 따라 빗물에 의해 유실되므로 해마다 한번씩 4~5월 생장기에 추비 실시
④ 시비를 관리하는 연한은 3~5년, 완전 피복 후에는 불필요
⑤ 1차 식생 이후 2차 식생으로는 참억새, 칡, 싸리나무, 소나무류 등 침입

6. 식재비탈면의 기울기

기울기		식재가능식물
1 : 1.5	66.6%	잔디, 초화류
1 : 1.8	55%	잔디, 지피, 관목
1 : 3	33.3%	잔디, 지피, 관목, 아교목
1 : 4	25%	잔디, 지피, 관목, 아교목, 교목

Chapter 03. 조경식재 및 시공

03. 조경식물 재료

01. 조경식물의 학명분류 및 특성 분류

1. 성상별 분류

분 류	성 상	수 종
낙엽활엽수	낙엽활엽교목	단풍, 느티, 목련, 자작, 칠엽수, 버즘, 층층, 가래, 상수리, 튤립(백합), 가중, 회화, 벽오동, 이팝
	낙엽활엽관목	개나리, 조팝, 낙상홍, 좀작살, 생강, 수국, 황매화, 앵두, 박태기, 영산홍, 화살, 보리수, 철쭉, 진달래, 수수꽃다리(라일락), 쥐똥, 병꽃, 무궁화
낙엽침엽수	낙엽침엽교목	낙우송, 메타세콰이어, 낙엽송, 은행, 잎갈나무
상록침엽수	상록침엽교목	소나무, 전나무, 개잎갈, 잣나무, 섬잣, 측백, 화백, 편백, 주목, 비자, 독일가문비, 향나무
	상록침엽관목	개비자, 눈향, 눈주목
상록활엽수	상록활엽교목	광나무, 가시, 차나무, 소귀, 후박, 녹나무, 태산목, 감탕, 동백, 아왜
	상록활엽관목	남천, 피라칸사, 다정큼, 자금우, 꽝꽝, 팔손이, 회양목, 협죽도, 식나무, 치자
만경류	만경류	등나무, 칡나무, 인동덩굴, 청미래덩굴, 능소화

2. 수고에 따른 분류

분 류	수 고	수 종
대교목	12m	소나무, 전나무, 은행, 느티
중교목	9~12m	단풍, 감나무, 때죽, 층층, 모감주, 아왜, 버드, 뽕나무, 감탕
소교목	3~6m	향나무, 동백, 배롱, 마가목, 살구, 자귀, 매화, 꽃아그배
대관목	3~4.5m	돈나무, 광나무, 금목서, 쥐똥, 무궁화
중관목	3~2m	회양목, 둥근주목, 영산홍, 명자, 조팝, 해당화, 개나리, 매자, 병꽃, 박태기, 화살
소관목	1m 이하	수국, 철쭉, 진달래, 모란, 꼬리조팝, 눈향
지피식물	30cm 이하	붓꽃, 옥잠화, 비비추, 원추리
만경류		능소화, 노박덩굴, 포도, 담쟁이덩굴, 등나무, 송악, 머루

3. 수령에 따른 분류

① 유목 : 수관의 길이가 수관폭보다 크고, 좌우대칭을 이룸
② 성목 : 수종 고유의 형태를 나타냄
③ 노목 : 가지가 옆으로 확장해 운치있는 수형

4. 라운키에르에 식물생활형에 따른 분류

① 지상식물(거대, 대형, 소형, 왜소, 다육식물, 착생식물)
② 지표식물
③ 반지중식물
④ 지중식물(토중식물, 수중식물)
⑤ 하록성 식물
⑥ 한해살이

5. 학명에 따른 분류

① 학명의 구성 : 속명 + 종명 + 명명자

② 학명사용의 특성

　㉠ 한 식물은 한 개의 학명을 가짐

　㉡ 학명은 속명에 종명이 연결된 이명식

　㉢ 속명은 대문자로 종명은 소문자로 기재, 종명 뒤에 명명자의 이름을 연결

　㉣ 학명은 이탤릭체로 기울여 기재

③ 종에 따른 학명

종		학명
은행나무과	은행	*Ginkgo biloba*
주목과	주목	*Taxus cuspidata*
	비자	*Torreya nucifera* (L.) Siebold & Zucc.
소나무과	전나무	*Abies holophylla*
	소나무	*Pinus densiflora*
	잣나무	*Pinus koraiensis*
	스트로브잣나무	*Pinus strobus*
	섬잣	*Pinus parviflora* S. et Z.
	낙엽송(일본잎갈)	*Larix kaempferi* (S. et Z.) Gordon
	독일가문비	*Picea abies* (L.) H.Karst.
낙우송과	메타세쿼이어	*Metasequoia glyptostroboides*
	낙우송	*Taxodium distichum*
측백나무과	편백	*Chamaecyparis obtusa*
	향나무	*Juniperus chinensis*
	가이즈까향나무	*Juniperus chinensis* 'Kaizuka'
	측백	*Thuja orientalis*
버드나무과	미루	*Populus deltoides* MARSH.
	양버들	*Populus nigra var. italica* Müench.
	능수버들	*Salix pseudolasiogyne* H. Lev.
가래나무과	가래	*Juglans mandshurica* MAX.
자작나무과	오리	*Alnus japonica* Steudel
	자작	*Betula platyphylla var. japonica*
참나무과	상수리	*Quercus acutissima* Carruth.
	갈참	*Quercus aliena* Blume
	가시	*Quercus myrsinaefolia* BL
느릅나무과	느티	*Zelkova serrata* Makino
	팽나무	*Celtis sinensis* Persoon
계수나무과	계수	*Cercidiphyllum japonicum* Siebold & Zucc.
으름덩굴과	으름덩굴	*Akebia quinata* (Houtt.) Decaisne
매자나무과	매자	*Berberis koreana* Palib.
	남천	*Nandina domestica* THUNB

종		학명
목련과	목련 태산목 일본목련 튤립(백합)	*Magnolia kobus* *Magnolia grandiflora* L. *Magnolia obovata* Thunb. *Liriodendron tulipifera* L.
녹나무과	녹나무 생강 후박	*Cinnamomum camphora* *Lindera obtusiloba* Blume *Machilus thunbergii*
돈나무과	돈나무	*Pittosporum tobira* (Thunb.) Aiton
버즘나무과	양버즘	*Platanus occidentalis* L.
장미과	명자 모과 황매화 아그배 살구 왕벚 매화 피라칸사 다정큼 찔레 조팝	*Chaenomeles speciosa* (LOISEL) KOIDZ. *Chaenomeles sinensis* THOUIN *Kerria japonica* (L.) DC. *Malus sieboldii* (Regel) Rehder *Prunus armeniaca var. ansu* Max. *Prunus yedoensis* Matsum. *Prunus mume* SIEB. et ZUCC. *Pyracantha angustifolia* SCHNEID. *Raphiolepis indica var. umbellata* *Rosa multiflora* Thunb. *Spiraea prunifolia var. simpliciflora*
콩과	자귀 박태기 회화 등나무	*Albizzia julibrissin* Durazz. *Cercis chinensis* Bunge *Sophora japonica* *Wisteria floribunda* (Willd.) DC.
소태나무과	가중(가죽)	*Ailanthus altissima* (Mill.) Swingle
회양목과	회양목	*Buxus koreana var. koreana* NAKAI
옻나무과	붉나무	*Rhus javanica* L.
감탕나무과	감탕 낙상홍 꽝꽝	*Ilex integra* *Ilex serrata* Thunb. *Ilex crenata* Thunb.
노박덩굴과	화살 사철	*Euonymus alatus* *Euonymus japonica* Thunb
단풍나무과	중국단풍 단풍	*Acer buergerianum* MIQ. *Acer palmatum* Thunb.
칠엽수과	칠엽수(마로니에)	*Aesculus turbinata*
포도과	담쟁이덩굴 포도	*Parthenocissus tricuspidata* *Vitis vinifera* L.
벽오동과	벽오동	*Firmiana simplex* W. F. WIGHT.
차나무과	동백 노각 후피향	*Camellia japonica* *Stewartia pseudocamellia* *Ternstroemia gymnanthera*
보리수나무과	보리수	*Elaeagnus umbellata*

종		학명
부처꽃과	배롱	*Lagerstroemia indica*
두릅나무과	팔손이	*Fatsia japonica*
층층나무과	식나무 층층 산수유	*Aucuba japonica* Thunb. *Cornus controversa* *Cornus officinalis*
진달래과	진달래 영산홍 철쭉	*Rhododendron mucronulatum* *Rhododendron indicum* *Rhododendron schlippenbachii* Maxim.
물푸레나무과	이팝 개나리 물푸레 쥐똥 수수꽃다리	*Chionanthus retusa* *Forsythia koreana* *Fraxinus rhynchophylla* *Ligustrum obtusifolium* Siebold *Syringa oblata*
현삼과	오동	*Paulownia coreana*
꼭두서니과	치자	*Gardenia jasminoides*
인동과	인동덩굴 아왜 분꽃	*Lonicera japonica* Thunb. *Viburnum odoratissimum* *Viburnum arlesii* Hemsl.
아욱과	무궁화	*Hibiscus syriacus*

6. 소나무과 잎의 형태에 따른 분류

① 2엽속생 : 소나무, 반송, 방크스 소나무, 금송, 육송, 곰솔

② 3엽속생 : 백송, 리기다 소나무

③ 5엽속생 : 섬잣나무, 스트로브스잣나무, 잣나무

02. 조경식물의 이용상 분류

1. 방사, 방진용 수목

① 미립자의 토양 이동을 막기 위해 토양을 굳힐 수 있는 수목 선택
  : 생장이 빠르고 발근력이 왕성하며 뿌리 뻗음이 깊고, 넓게 퍼지며, 지상부가 무성하고, 지엽이 바람에 상하지 않는 수종
② 방사, 방진용 수종

방사, 방진용	눈향, 사철, 쥐똥, 동백, 찔레, 해당화, 오리, 굴거리, 싸리

2. 방조용 수목

상록수	소나무, 녹나무, 후박, 향나무, 가이즈까향나무, 감나무, 주목, 굴거리, 회양목, 아왜, 광나무, 돈나무, 사철, 다정큼, 소철, 꽝꽝, 인동덩굴, 눈주목, 협죽도, 식나무, 팔손이
낙엽수	은행, 느티, 버즘, 가중(가죽), 팽나무, 아카시, 회화, 노박덩굴, 층층, 해당화, 보리수, 산딸, 쥐똥, 붉나무, 으름덩굴

3. 방오용 수목

① 아황산가스에 강한 수목

침엽수	은행, 가이즈까향나무, 비자, 개잎갈, 반송, 편백, 화백, 향나무
상록활엽수	녹나무, 가시, 후박, 굴거리, 아왜, 감탕, 광나무, 꽝꽝, 동백, 돈나무, 사철, 협죽도, 호랑가시, 남천, 다정큼, 식나무, 팔손이
낙엽활엽수	가중, 떡갈, 갈참, 멀구슬, 물푸레, 튤립, 벽오동, 상수리, 아카시, 일본목련, 졸참, 칠엽수(마로니에), 회화, 능수버들, 층층, 무궁화, 자귀, 쥐똥, 매자

② 배기가스에 강한 수목

침엽수	비자, 향나무, 가이즈까향나무, 편백, 화백, 측백, 눈향, 은행, 반송
상록활엽수	굴거리, 녹나무, 태산목, 후피향, 아왜, 졸가시, 협죽도, 다정큼, 식나무, 감탕, 꽝꽝, 광나무, 돈나무, 동백, 피라칸사
낙엽활엽수	벽오동, 버드, 참느릅, 가중(가죽), 중국단풍, 양버즘, 층층, 마가목, 무궁화, 산사, 매자
덩굴식물, 기타	등나무, 송악, 줄사철, 종려, 소철

03. 조경식물의 형태적 특성

1. 조경식물의 규격표시

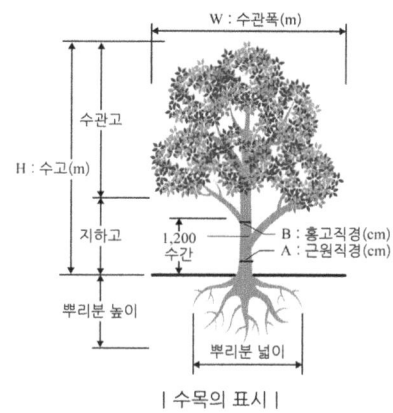

| 수목의 표시 |

① 수고(H) : 지면에서 수관의 맨 위 끝부분까지 수직적 높이
② 수관폭(W) : 수목의 최대너비
③ 지하고(BH) : 수관의 맨 아래 가지에서 지면까지의 수직거리
④ 흉고직경(B) : 지상에서 가슴높이에 있는 줄기의 지름(120cm 높이)
⑤ 근원직경(R) : 지상부와 지하부가 마주치는 줄기의 지름(지상 30cm에서 측정)
⑥ 줄기 수(CA) : 줄기의 개수를 세는 것

2. 성상(형태)에 따른 분류

① 상록수 : 늘푸른 나무(고엽낙엽), 1년생 푸른잎
② 낙엽수 : 가을에 일제히 낙엽
③ 침엽수 : 잎이 바늘(비늘)모양, 겉씨식물
④ 활엽수 : 잎이 넓은 모양, 속씨식물
⑤ 교목 : 곧은 줄기, 가지와 줄기 구분 명확, 중심 줄기의 신장생장 명확
⑥ 관목 : 수고 낮고, 곧은 뿌리 없음, 여러 개의 줄기, 가지와 줄기 구분 불명확

3. 조경식물의 규격 표시방법

① H×B : 낙엽활엽교목류(흉고직경을 잴 수 있는 수종)
　　백합, 왕벚, 살구, 자작, 참나무, 메타세쿼이어, 녹나무 등
② H×W : 교목류(흉고 측정이 어려운 수목)와 대부분의 관목
　　교목 : 독일가문비, 동백, 구상, 서양측백, 주목, 반송, 명자, 가이즈카향나무, 측백, 자귀, 협죽도, 돈나무, 붉나무
　　관목 : 회양목, 쥐똥, 사철, 수수꽃다리, 철쭉류, 화살, 영산홍
③ H×R : 지상부 수간형태가 근원직경이 현저히 나타나는 수종
　　감나무, 느티, 모과, 매화, 낙우송, 층층, 생강, 목련, 때죽, 배롱, 산수유, 칠엽수, 동백, 아왜
④ 기타 : H × W × L(눈향나무), H × W × R(소나무), H × L × R(등나무), H × W × 가지 수(개나리)

4. 수관 모양에 따른 분류

수 형			수 종
정형	직선형	원주형	무궁화, 비자, 양버들, 측백, 포플러, 비파
		원통형	무궁화, 사철, 측백
		원추형	가이즈카향나무, 낙엽송, 섬잣나무, 전나무, 낙우송, 메타쉐쿼이아, 잎갈나무, 잣나무, 삼나무
		우산형	네군도단풍, 솔송, 왕벚, 편백, 화백, 단풍, 왕벚, 가중
		피라미드형	독일가문비, 히말라야시더
	곡선형	원개형	녹나무, 후피향, 회양목
		타원형	동백, 박태기, 치자
		난형	꽃사과, 동백, 구실잣, 메밀잣밤, 버즘, 가시, 대추, 복자기
		편정형	계수, 느티, 목련, 배롱
		구형	반송, 수국
부정형		횡지형	단풍, 배롱, 석류, 자귀
		능수형	능수버들, 수양벚, 딱총, 싸리, 황매
		포복형	눈향나무
		피복형	눈주목, 진달래, 조릿대, 산철쭉
		만경형	능소화, 등나무, 으름덩굴, 인동덩굴, 줄사철

5. 잎의 특성에 따른 분류

① 잎 모양 : 침형, 선형, 피침형, 타원형, 난형, 도란형, 심장형, 원형

② 잎차례 : 어긋나기, 마주나기, 돌려나기, 모여나기

③ 잎맥의 종류 : 그물맥(망상맥), 나란히맥(평행맥), 차상맥, 손모양맥(장상맥)

04. 조경식물의 생리, 생태적 특성

1. 꽃의 생리, 생태적 특성

빨간색	봄	진달래, 박태기, 산철쭉, 동백, 명자, 모란, 매화, 오리, 꽃아그배, 살구, 옥매, 홍철쭉, 모과
	여름	배롱, 협죽도, 자귀, 석류, 능소화, 부용
	가을	싸리
흰색	봄	목련, 흰철쭉, 조팝, 산사, 매화, 명자, 등나무, 이팝, 앵두, 수수꽃다리, 때죽, 산딸, 고광, 쪽동백, 쥐똥, 돈나무, 찔레, 인동덩굴
	여름	장미, 치자, 산딸기, 불두화, 마가목, 모란, 이팝, 산딸, 층층, 개쉬땅, 산수국, 아왜, 태산목, 배롱, 무궁화, 부용
	가을	은목서, 백정화, 호랑가시, 차나무
	겨울	팔손이
노란색	봄	개나리, 산수유, 황매화, 풍년화, 생강, 호랑가시, 남천, 인동덩굴, 백합, 히어리, 자금우, 황철쭉
	여름	장미, 골담초, 모감주
	가을	금목서
	겨울	비파
보라색	봄	자목련, 등나무, 라일락, 모란, 병꽃
	여름	수국, 무궁화, 멀구슬, 정향, 모란
	가을	싸리, 부용

2. 열매가 아름다운 수목

적색	옥매, 해당화, 마가목, 동백, 산수유, 감탕, 사철, 화살, 보리수, 아왜, 팥배, 후피향, 석류, 감나무, 남천, 낙상홍, 피라칸사, 매자, 멀구슬, 자금우
황색	살구, 매화, 복사, 자두, 탱자, 치자, 명자, 모과, 은행, 회화, 아그배, 상수리
보라색	생강, 분꽃, 작살, 개머루, 노린재

3. 줄기 색이 아름다운 수목

백색	백송, 분비, 플라타너스, 자작, 양버즘, 서어, 동백
갈색	배롱, 철쭉류
흑갈색	곰솔, 독일가문비, 느티, 상수리, 갈참
적갈색	소나무, 주목, 노각, 흰말채, 모과, 섬잣, 편백
청록색	식나무, 벽오동, 황매화
얼룩무늬	모과, 배롱, 노각, 버즘

4. 향기가 좋은 수목

: 명자, 비파, 가문비, 녹나무, 모란, 보리장, 모과, 개비자, 전나무, 구상, 유자, 매화, 서향, 수수꽃다리, 장미, 태산목, 금목서, 은목서, 인동덩굴, 생강, 월계수

5. 단풍이 아름다운 수목

붉은색	단풍류, 화살, 산벚, 낙상홍, 남천, 감나무, 붉나무, 마가목, 산딸, 매자, 담쟁이덩굴, 복자기
황색	은행, 중국단풍, 튤립(백합), 포플러, 메타세콰이아, 고로쇠, 양버즘, 칠엽수, 느티, 층층, 떡갈, 배롱, 계수, 낙우송, 생강, 벽오동, 때죽

05. 조경식물의 내환경성

1. 산림식생과 기온에 따른 수종

난대림	후피향, 녹나무, 동백, 돈나무, 붉가시, 가시, 감탕, 후박, 식나무
온대남부	개비자, 곰솔, 사철, 굴피, 팽나무, 줄사철, 단풍, 서어, 소나무, 오동
온대중부	때죽, 졸참, 신갈, 향나무, 전나무, 잎갈
온대북부	박달, 신갈, 정향, 잣나무, 전나무, 잎갈
한대림	가문비, 분비, 낙엽송, 종비, 잣나무, 전나무, 주목

2. 수목과 온도

한랭지	계수, 고로쇠, 네군도단풍, 독일가문비, 목련, 산벚, 아카시, 은행, 자작, 잣나무, 주목, 버즘, 매자, 박태기, 산철쭉, 라일락, 진달래, 철쭉, 화살, 미국측백, 잎갈, 전나무, 쥐똥
온난지	가시, 굴거리, 녹나무, 담팔수, 동백, 붉가시, 자귀, 후박, 돈나무, 유엽도, 다정큼, 유카, 종려

3. 수목과 광조건

강음수	주목, 눈주목, 식나무, 팔손이, 사철, 굴거리, 개비자, 꽝꽝, 회양목, 돈나무, 종려, 사스레피
음수	비자, 가문비, 전나무, 구상, 솔송, 함박꽃, 종려, 녹나무, 아왜, 감탕, 참식, 다정큼, 화살, 치자, 광나무, 이팝
중용수	동백, 후박, 산다화, 섬잣, 편백, 잣나무, 단풍류, 느릅류, 황매화, 남천, 참나무류, 목련류, 철쭉류, 태산목, 매화, 개나리
양수	측백, 소나무, 낙우송, 버드나무류, 느티, 벚나무, 튤립, 산사, 다정큼, 플라타너스, 박태기, 조팝, 매화, 배롱, 일본목련, 갈참, 층층, 자귀
강양수	낙엽송, 자작, 예덕, 드릅, 붉나무, 순비기

4. 수목과 토양

① 토성에 따른 식재수종

사양토	은행, 전나무, 소나무, 섬잣, 금송, 자작, 목련, 버즘, 매화, 등나무, 회양목, 사철, 동백, 광나무, 유카
양토	주목, 잣나무, 낙우송, 메타세쿼이어, 포플러, 졸참, 갈참, 목련류, 피라칸사, 단풍류, 칠엽수, 배롱
식양토	편백, 화백, 상수리, 느티, 튤립, 벽오동, 호랑가시, 아왜, 서어, 야광, 명자
사질토	곰솔, 향나무, 감탕, 사철, 다정큼, 아카시, 보리수, 자귀, 등나무, 인동덩굴
급경사	소나무, 솔송, 일본잎갈, 전나무, 편백, 화백, 아카시, 싸리, 칡, 삼나무

② 표토층의 심도에 따른 수종

심근성	소나무, 전나무, 주목, 곰솔, 굴거리, 녹나무, 태산목, 후박, 동백, 목서류, 굴참, 느티, 목련, 튤립(백합), 상수리, 은행, 졸참, 칠엽수, 회화, 단풍, 비자, 가시, 떡갈, 벽오동
천근성	가문비, 독일가문비, 일본잎갈, 솔송, 편백, 눈주목, 아카시, 양버들, 자작, 사시, 황철, 매화, 미루, 서어, 오리, 사철, 느릅, 때죽

③ 토양수분에 따른 수종

습지	낙우송, 가문비, 수양버들, 가래, 자작, 물푸레, 층층, 팔손이, 버드, 황매화, 사철, 삼나무, 태산목, 오리, 아왜, 동백, 홍철쭉, 산수국, 독일가문비, 메타세콰이아, 감탕, 후피향, 광나무, 꽝꽝, 돈나무, 사철, 치자, 팔손이, 목련, 산벚, 일본목련, 단풍, 산딸, 아그배, 자귀, 느티, 이팝, 낙상홍, 명자, 박태기, 등나무
건조지	은행, 향나무, 소나무, 섬잣, 가이즈카향, 졸참, 갈참, 찔레, 낙산홍, 명자, 매화, 아카시, 오리류, 싸리류, 전나무, 녹나무, 눈향, 호랑가시, 피라칸사, 가중(가죽), 명자, 때죽, 진달래, 철쭉, 팥배
내습성과 내건성 강한수종	꽝꽝, 돈나무, 사철, 버즘, 보리수, 자귀, 갯버들, 명자, 박태기, 산다화

④ 토양견밀도에 따른 수종

견밀도 높은	소나무, 참나무류, 서어, 전나무, 일본잎갈, 느티
견밀도 낮은	밤나무, 느릅, 아카시, 버드, 오리, 삼나무, 편백, 화백

⑤ 토양산도에 따른 수종

강산성	가문비, 밤나무, 사방오리, 싸리류, 상수리, 소나무, 아카시, 잣나무, 전나무, 편백, 곰솔, 리기다소나무, 신갈
약산성~중성	가시, 갈참, 녹나무, 느티, 떡갈, 붉가시, 삼나무, 일본잎갈, 졸참, 동백, 벽오동, 가래, 구상
염기성(석회암지대)	가래, 개나리, 낙우송, 남천, 단풍, 물푸레, 비파, 생강, 서어, 조팝, 황매화, 회양목, 너도밤

⑥ 토양양분에 따른 수종

척박지	소나무, 곰솔, 향나무, 상수리, 아카시, 오리, 자작, 졸참, 자귀, 중국단풍, 능수버들, 보리수, 싸리, 등나무, 인동덩굴, 해당화, 노간주, 졸가시, 버드, 모과
비옥지	가시, 느티, 녹나무, 느릅, 가중, 은행, 동백, 낙우송, 가래, 층층, 삼나무, 주목, 측백, 태산목, 감탕, 꽝꽝, 철쭉류, 회양목, 벽오동, 이팝, 칠엽수, 회화, 왕벚, 매화, 배롱, 석류, 아그배, 낙상홍, 장미
비료목	다릅, 아카시, 자귀, 주엽, 싸리, 오리, 사방오리, 소귀, 족제비싸리, 보리수, 칡

06. 실내 조경식물재료의 특성

1. 실내공간별 설계
① 현관 : 첫인상 부분, 깨끗하고 경쾌한 계절에 맞는 음지 초화류와 절화 식재
② 거실 : 동선의 분기점, 가족의 주생활장소, 밝고 쾌적하게 설계

2. 실내조경 식물 특성
① 낮은 광도에 잘 자라며 고온, 다습, 건조에 강한 식물
② 관엽식물 위주, 옅은 녹색 선호
③ 잎의 색이 다양한 반엽식물 선호
④ 늘어지는 식물 선호

3. 특성별 식물종류
① 음지식물 : 테리스, 신고니움, 안스리움, 페튜니아, 페페로미아 등
② 반그늘, 양지식물 : 파키라, 고무나무류, 드라세나 등
③ 밝고 화려한 색의 식물 : 아라우카리아, 아디안텀, 아스플레니움, 프테리스 등
④ 생장이 빠른 식물 : 아글라오네마, 피토니아, 세플레라, 선란, 신고니움 등
⑤ 꽃식물 : 아프리카 바이올렛, 스파티필름, 아펠란드라, 아프리카봉선화

Chapter 03. 조경식재 및 시공

04. 조경식물의 생태와 식재

01. 식물생태계의 특성

1. 생태적 천이

① 천이의 정의 : 어떤 장소에 존재하는 생물공동체가 시간의 경과에 따라 종 조성이나 구조의 변화로 다른 생물공동체로 변화하는 시간적 변이과정 (천이계열: 선구식생 → 중간식생 → 극성상에 이르는 과정)

② 천이의 종류
  ㉠ 1차 천이 : 전혀 식물이 생존한 적이 없던 나지(화산분출퇴적지)에 하층식물이 이주·정착하면서 시작되는 천이
  ㉡ 2차 천이 : 재해나 인위적 작용(외부교란)에 의해 기존 식생군락이 제거되거나 외부교란이 일어난 곳에서 생겨나는 천이

③ 천이의 순서 : 나지 → 지의류 → 선태류 → 초지(1·2년생) → 관목림 → 양수림 → 혼합림 → 음수림

④ 천이별 식물
  ㉠ 나지식물 : 망초, 개망초
  ㉡ 1년생 초본 : 쑥, 쑥부쟁이
  ㉢ 다년생 초본 : 억새
  ㉣ 음수관목 : 싸리, 붉나무, 개옻나무, 찔레
  ㉤ 양수교목 : 소나무, 자귀나무, 참나무류
  ㉥ 음수 교목 : 서어나무, 까치박달나무, 너도밤나무

⑤ 선구식물(Pioneer) : 황폐한 땅에 처음으로 들어오는 식물

⑥ 극상(Climax) : 천이가 완결되어 안정된(영속성있는) 상태에 들어선 상태, 다양한 층의 산림구조 가짐

2. 수생생태계(호수나 연못)

① 추수식물(물가에서 자라는 식물) : 습지의 가장자리에 살며, 뿌리는 물 속 바닥에 내리고 줄기와 잎을 물속에서 뻗치고 있는 식물(갈대, 줄, 부들, 창포 등)

② 부엽식물(물위에 잎을 내는 식물) : 뿌리를 물속 밑바닥에 내리고, 잎은 물에 떠 있는 식물(가래, 마름, 수련, 어리 연꽃 등)

③ 부유식물(물위에 떠서 사는 식물) : 몸을 물위에 띄우고 생활하는 식물(개구리밥, 물옥잠, 자라풀, 생이가래 등)

④ 침수식물(물속에 잠겨 사는 식물) : 모든 부분이 물속에 잠겨 있는 식물(붕어마름, 물수세미, 검정말, 나사말 등)

3. 비오톱(Biotope) : 생물이 생육, 서식하는 장소로 비오톱은 생물군집의 서식공간이다.

① 목적 : 소생물종 확보와 보존, 생물의 서식처와 산란처 마련

② 목표
  - 대상지역의 서식종 보존, 향후 서식 가능한 목표종과 가이드종 유입
  - 다양한 환경조성으로 인한 ecotone 창출

4. 라운키에르의 식물생활형

: 식물의 생육에 적합하지 않은 시기에 형성되는 휴면아의 위치에 따라 구분

생활형	휴면아의 위치	대상식물
지상식물 대형지상식물 소형지상식물 왜형지상식물	지상 25cm 이상으로 목본식물 지상 8m 이상 지상 2~8m 지상 0.25~2m	교목 및 관목, 덩굴식물
지표식물	지상 0~25cm	덩굴성, 관목, 국화
반지중식물	지표 바로 밑	민들레, 질경이
지중식물	지중	튤립, 백합
1년생식물	씨	채송화, 봉선화
수생식물	수면 또는 물로 포화된 토양표면 밑	물옥잠, 수련, 마름

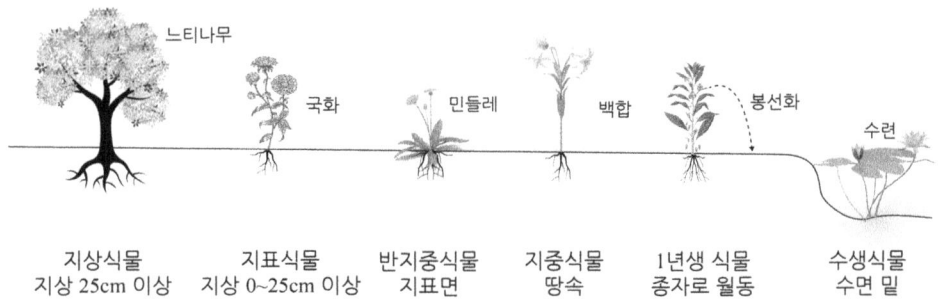

| 라운키에르의 식물 생활형(휴면아의 위치) |

02. 군집의 생태

1. 식물군락
① 식물군락 : 식생의 구성단위로 동일한 종군이 출현하여 성립하는 식물사회
② 식물군락 성립 환경요인
    ㉠ 외적요인 : 기후, 토양, 생물적 요인(벌목, 경작, 곤충의 영향 등)
    ㉡ 내적요인 : 경합(경쟁)= 제한된 자원을 차지하기 위해 자리싸움 하는 것
       공존 = 비슷한 생물학적 조건으로 하나의 기반을 공동으로 이용하여 집합생활 하는 것
③ 브라운 블랑케의 구분법
    ㉠ 식물군락의 구성종에 대해 통계적으로 비교하여 구분
    ㉡ 군집을 기본 단위로 하여 군락의 종조성을 조사
    ㉢ 군락을 특징지을 종군(표징종)을 찾아 군락고유의 종군에 따라 분류

2. 삼림식생의 계층(난대상록활엽수림)
① 교목층 : 가시나무류, 구실잣밤나무, 후박나무
② 소교목층 : 감탕나무, 동백나무, 참식나무
③ 관목층 : 사스레피나무, 식나무
④ 초본층 : 맥문동, 봉의꼬리, 족제비고사리, 춘란
⑤ 만경층 : 남오미자, 마삭줄, 송악

3. 식물군락 분류
① 표징종 : 식물군집을 규정하는 특징적인 종, 표징종에 따라 아군단, 군단, 오더, 클래스로 나눔
② 우점종 : 양적으로 군집을 점유하는 종으로 아군집, 변군집, 아변군집, 파시스로 나눔
③ 추이대 : 두 개 이상의 이질적인 군집 사이의 중간부분
④ 전형 : 한 표징종이나 식별종을 갖지 않는 부분

4. 식생의 종류
① 자연식생 : 인간에 의한 영향을 받지 않고 자연 그대로의 상태로 생육하고 있는 식생
② 원식생 : 인간에 의한 영향을 받기 이전의 자연식생
③ 대상식생 : 인간에 의한 영향을 받음으로써 대치된 식생, 인간의 생활영역 속에 현존하는 모든 식생, 인간에 의한 영향을 제거해도 원식생으로 돌아가기 불가능
④ 잠재자연식생 : 인간에 의한 영향을 제거했다고 가정했을 때 예상되는 자연식생

5. 식생형의 분류 단위
① 군계(formation) : 독특한 기후조건에 의해 형성된 지질학적 지역 내에서의 식물과 동물의 특수한 배열
② 군단(alliance) : 군집, 군목 내 하위단위
③ 군집(community) : 생물군계 내에서 동일집단 형성하고 작용하면서 존재하는 개체군들의 집합
④ 군총(association) : 뚜렷한 특징으로 쉽게 알아 볼 수 있는 집합

03. 개체군의 생태

1. 개체군
① 의미 : 특정장소에 동시에 차지하고 있는 같은 종의 생물군
② 밀도 : 단위면적이나 체적에서의 개체수 또는 생체량
③ 특성 : 개체의 구성밀도, 출생률, 이입률, 이출률, 유전적 구성, 분산
④ Allee 성장형 : 적절한 밀도일 때 최대 생존을 갖는다.

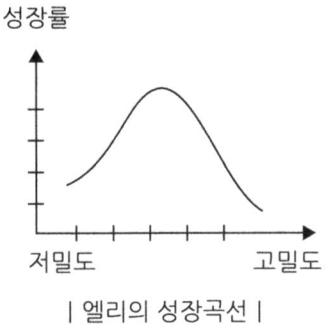

| 엘리의 성장곡선 |

2. 개체군들 상호간의 작용
① 중립 : 둘 이상의 종이 서로 영향을 받지 않는 것
② 경쟁 : 두 종이 서로 상대적으로 같은 환경여건을 차지하기 위해 노력하는 것
③ 공생 : 서로 다른 종이 밀접한 관련을 유지하면서 어느 한쪽은 어떤 이익을 얻는 것
④ 편리공생 : 서로 다른 종이 한 쪽은 이익을 얻지만 한 쪽은 이해가 없는 관계
⑤ 상리공생 : 두 생물 모두에게 이익이 되는 공생관계
⑥ 기생 : 기생식물이 숙주라 불리는 생물의 체내나 체외에서 양분을 얻는 관계

04. 개체군락구조의 측정

1. 군락조성표
① 의미 : 조사쿼드라트 내의 모든 출현종의 피도, 우점도를 기록한 것
② 특징 : 이것을 기준으로 그 지역의 식물군락의 구분이나 광역적 비교 가능, 식생군락을 이해하기 위한 기본적인 데이터로 식생도 작성의 기초
③ 방법 : 현지에서 우점종을 기초로 입지조건이 가능한 균질한 식생 선정해 쿼드라트 설치
　㉠ 쿼드라트 크기 : 수림 10m×10m, 초지 2m×2m
　　조사시점의 식생계층을 교목층, 아교목층, 관목층, 초본층으로 구분해 각각 식피율 조사
　㉡ 각 계층별 출현종의 식물의 피도와 수도를 조합한 우점도와 군도 기록
　　우점도 5단계, 군도 5단계로 구성
　　우점도 1단계(다수이지만 피도 낮거나 소수이지만 피도 높은 것)
　　　　　2단계(매우 많은 수)
　　　　　3단계(조사면적의 1/4~1/2 피복)
　　　　　4단계(조사면적의 1/2~3/4 피복)
　　　　　5단계(조사면적의 3/4 이상 피복)

2. 브라운 블랑케(Braun Branque)의 식생조사
: 식물의 피도, 군도, 상재도로 식생조사
① 피도 : 식생전체의 식피율과 계층별 식피율을 백분율로 조사하고 종별피도를 7단계로 판정
　㉠ r피도 : 고립하여 출현, 피도는 극히 낮음
　㉡ +피도 : 피도도 낮고, 산재한 경우
　㉢ 1피도 : 표본구 면적의 5% 이하, 개체수는 많지만 피도가 낮거나, 개체가 산재하나 피도는 높은 경우
　㉣ 2피도 : 표본구 면적의 5~25% 덮음
　㉤ 3피도 : 표본구 면적의 25~50% 덮음
　㉥ 4피도 : 표본구 면적의 50~75% 덮음
　㉦ 5피도 : 표본구 면적의 75% 이상 덮음
② 군도 : 조사구 내의 개별식물의 배분상태(5단계로 구성)
　㉠ 1단계 : 우연히 출현, 고립해서 존재, 단독서식
　㉡ 2단계 : 드문드문 나타남(군상·주상)
　㉢ 3단계 : 한 종이 몇 군데에서 나타나고, 그 면적이 군도 4보다 적음, 반상(소반·쿠션)
　㉣ 4단계 : 드문드문 비어있는 형태, 작은 군락조성하거나, 큰 반점형태
　㉤ 5단계 : 카페트처럼 말려있는 형태, 대군
③ 상재도 : 각 식물종이 전체 조사구에 나타나는 빈도 %
④ 조사구역 : 교목림 15~500m², 관목림 50~200m²
⑤ 군락식별표 : 5mm 눈금 속에 피도와 군도기입, 상재도가 높은 순서로 상재도표 만들기

3. 각종 군락측도

① 빈도 : 군락 내 종의 분포의 일양성, 종간의 양적 관계 알기 위해 측정

  ㉠ 빈도$(F) = \dfrac{\text{어떤 종의 출현 쿼드라트 수}}{\text{조사한 총 쿼드라트 수}} \times 100$

  ㉡ 상대빈도$(RF) = \dfrac{\text{어떤 종의 빈도}}{\text{전종의 빈도의 총화}} \times 100$

② 밀도 : 단위 넓이당 개체수, 평균밀도: 그 종의 1개체가 출현하는 평균적 넓이

  ㉠ 밀도$(D) = \dfrac{\text{어떤 종의 개체수}}{\text{조사한 총 넓이}} = \dfrac{\text{어떤 종의 총 개체수}}{\text{조사한 총 쿼드라트 수}} \times 100$

  ㉡ 평균밀도$(M) = \dfrac{\text{조사한 총 넓이}}{\text{어떤 종의 총 개체수}} = \dfrac{1}{D}$

③ 수도 : 밀도와 관계하는 추정적 개체수 또는 출현한 쿼드라트만큼의 평균 개체수

  ㉠ 수도$(A) = \dfrac{\text{어떤 종의 총 개체수}}{\text{어떤 종의 출현한 쿼드라트 수}} = 100 \times \dfrac{D}{F}$

④ 피도 : 식물의 지상부의 지표면에 대한 피복비율, 100% 넘을 수도 있다.

⑤ 우점도 : 피도 또는 종 군락 내에 우열의 비율을 종합적으로 나타내는 척도로 사용

Chapter 03. 조경식재 및 시공

05. 식재공사

01. 이식 계획

1. 가지주 설치 : 수고 4.5m 이상의 수목에 설치

2. 뿌리돌림

① 목적 : 이식력이 약한 수종의 뿌리분의 세근을 발달시키는 작업, 새로운 잔뿌리의 발생을 촉진시키고, 분토안의 잔뿌리 신장을 도모해 이식 후 활착을 돕고자 하는 사전조치

② 시기 : 이식시기로부터 6개월~3년 전에 실시, 3월~7월까지, 9월 가능, 해토 직후부터 4월 상순까지, 봄보다 가을이 효과적

③ 방법

 ㉠ 정지 : 지엽이 밀생한 것의 수관을 정지해 수분유실 막는다.(낙엽수 1/3, 상록활엽수 2/3 가지치기)

 ㉡ 수직파기 : 굴취폭은 분 크기보다 30cm 이상 크게 해 새끼감기가 가능하도록 한다.

 ㉢ 환상박피 : 남겨둔 굵은 곁뿌리를 뿌리분에서 15~20cm 길이로 환상박피해 새뿌리가 생기도록 한다.

 ㉣ 허리감기 : 뿌리분 측면 위에서 아래로 마포로 감싸 새끼줄로 감아준다.

 ㉤ 되묻기 : 토식으로 되메우기, 물 주입 절대금지

 ㉥ 죽쑤기 : 뿌리분 묻고, 충분히 관수 한 뒤 막대기로 쑤셔 공기를 빼 뿌리분과 흙이 밀착되게 한다.

3. 굴취 : 이식을 위해 수목을 캐내는 작업

① 구덩이 파기 : 분뜨기 작업을 위해 뿌리분 주변 돌려 파기

② 분뜨기 : 흙이 떨어지지 않게 새끼, 가마니, 고무바 등 재료로 잘 고정시킴

 ㉠ 뿌리분 크기 : 근원직경의 4~6배

  뿌리분 직경: 24+(근원직경-3)×d(상록수는 4, 낙엽수는 5)

 ㉡ 뿌리분 깊이: 세근의 밀도가 감소되는 부위까지

 ㉢ 뿌리분 모양: 둘레는 원형, 옆면은 수직, 밑면은 둥글게 다듬기

 ㉣ 뿌리분 종류

  조개분(심근성 수종) - 소나무, 전나무, 느티, 튤립(백합), 비자, 은행, 녹나무, 후박, 가시

  접시분(천근성 수종) - 메타세콰이아, 낙우송, 버드나무, 편백, 미루, 사시, 독일가문비, 자작, 일본잎갈나무

  보통분(일반수종) - 단풍, 벚나무, 버즘, 측백, 향나무, 산수유, 감나무

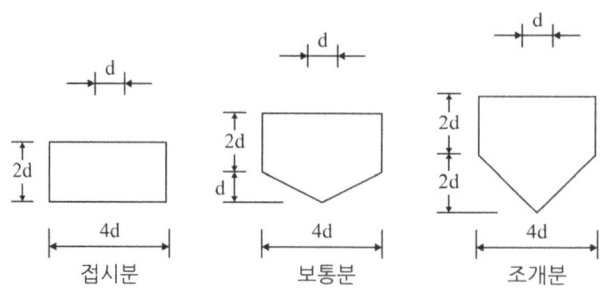

| 분의 형태 |

③ 전정 : 기본형이 훼손되지 않는 범위 내에서 증산억제 및 운반에 도움이 되게 전정

④ 수간보호 : 1.2m 수간되는 부위에 가마니와 보조목을 대고 철선으로 고정해 수간의 손상 방지

4. 운반과 가식

① 운반

인력운반(뿌리분 작고 이동위치가 가까운 경우, 목도운반)

기계운반(운반에 필요한 반입로가 확보된 경우, 크레인차, 트럭, 체인블록, 크레인 등)

② 가식 : 다른 곳에 임시로 심어 두는 것(바람이 없고, 습하며 그늘지고, 배수 양호, 식재지와 근접)

5. 수목의 이식시기

① 낙엽수 : 3월 중·하순~4월 상순(해토직후), 10월 중순~11월 중순(휴면기 시작)

② 침엽수 : 2월 하순~4월 하순, 9월 하순~11월 상순(주목, 향나무류는 연중 이식 가능)

③ 상록활엽수 : 새잎이 나기 전, 3월 상순~4월 중순, 6월 상순~7월 상순의 장마기(신록이 굳은 시기)

④ 기타 수종 : 소나무류와 전나무류는 3~4월, 배롱 4~6월, 석류·대나무 5~7월, 야자 6~7월, 유카·목련 5~6월

⑤ 활엽수 이식시기

㉠ 3월 중순 : 단풍, 모과, 버드

㉡ 3월 하순~4월 중순 : 은행, 낙우송, 메타세콰이아

㉢ 4월 중순 : 배롱, 석류, 능소화, 백목련, 자목련

㉣ 9월 하순 : 모란

㉤ 10월 상순 : 벚나무

㉥ 10월 하순~12월까지 : 매화, 명자, 분설화

㉦ 한겨울 가능 : 덩굴장미

02. 수목 식재

1. 가식(임의식재)
: 당일 식재 못할 경우 임시로 다른 곳에 식재, 사질양토나 양토로 배수가 잘되는 곳, 수목반출이 쉬운 곳, 방풍이 잘 되는 곳, 식재간격 유지(통풍), 증산억제 및 동해방지 조치

2. 식재구덩이 파기
: 구덩이 크기는 뿌리분 크기의 1.5배 이상, 표토와 심토를 구분하여 적치

3. 심기
: 방향 정한 후 식재, 심는 깊이는 원래 수목이 심어져 있던 깊이만큼

4. 묻기(객토)
: 기초 토양이 불량한 경우 파낸 흙 모두 버리고 비옥한 토양 채워 넣음(사질양토)

5. 물조임
: 식재 구덩이에 충분히 관수하고 각목이나 삽으로 흙이 밀착되게 쑤셔준 다음, 복토를 하고 흙으로 물집을 만들어 준다.

6. 지주 세우기(식재 후 작업)
: 수목의 활착을 위해 2m 이상의 교목에 요동방지시설을 설치하는 것, 2m 미만의 교목이나 관목의 단독식재에도 설치

① 지주의 재료 : 박피 통나무, 각목, 파이프, 와이어 로프, 플라스틱 등
   목재는 방부처리, 지주목과 수목 결박 부위에 완충재(고무, 목재, 새끼) 넣어 수간 손상 방지

② 지주의 종류 및 방법

종류	수목크기
단각지주	수고 1.2m 이하
이각지주	수고 2m 이하
3각, 4각지주	수고 4.5m 이하
삼발이 지주소형	수고 5m 이하
삼발이 지주대형	수고 5m 이상
삼발이 버팀형	견고지지 필요시 근원직경 20cm 이상
당김줄형	수고 4.5m 이상
매몰형	
연계형	

7. 수목보호판 설치
: 토양 경화방지, 우수유입 확보

8. 멀칭
: 여름에는 수분증발 억제, 겨울에는 보온효과로 뿌리 보호, 잡초 발생 억제, 비료의 분해를 느리게, 표토의 지온을 높여 뿌리 발육 촉진

① 멀칭폭
　㉠ 교목 : 수관폭의 50% 이상
　㉡ 관목 : 수관폭의 100% 이상
　㉢ 군식 : 가장자리 수목 주간으로부터 수관폭 만큼 피복

9. 시비
: 유기질 비료 1~2kg/m², 복합비료로 질소·인산·칼륨을 각각 6g/m² 씩 추가

* 시비량 = $\dfrac{\text{소요 성분량} - \text{천연 양료 공급량}}{\text{흡수율}}$

10. 뒷정리
: 잔토깔기, 잡재료의 청소 등 현장 주변 정리

03. 초본류식재

1. 초화류 식재

① 객토 : 화초의 특성에 따라 유기질 토양으로 배양토 조성

② 토심 : 최소 토심 15~30cm

③ 식재방법 : 바닥면 파서 고른 후 근원부위를 잡고 용토가 채워지도록 심고 충분히 관수 후 액비

④ 수종 : 맥문동, 이끼, 헤데라(아이비), 돌나물 등

2. 잔디 식재

① 잔디 종류

㉠ 난지형 잔디

한국잔디	서양잔디
들잔디	버뮤다그래스
비로드 잔디	버팔로그래스
금잔디	버하이아그래스
갯잔디	써니피드래스
왕잔디	카펫그래스

㉡ 한지형 잔디

구분	세분
블루그래스류	켄터키블루그래스 러프블루그래스 캐나다블루그래스 에뉴얼블루그래스
라이그래스류	퍼레니얼라이그래스 이탈리언라이그래스
벤트그래스	크리핑벤트그래스 코로니얼벤트그래스 벨벳벤트그래스 레드탑
광엽페스큐	톨페스큐 개량종 터프타입 톨페스큐
세엽페스큐	크리핑레드페스큐 추잉페스큐 쉽페스큐 하드페스큐

ⓒ 난지형 잔디와 한지형 잔디의 특성

구분	난지형 잔디	한지형 잔디
일반적 특성	· 생육적온 : 25~35℃ · 뿌리생육에 적합한 토양온도 : 24~29℃ · 발아적온 : 30~35℃ · 파종시기 : 5~6월 · 낮게 자람 · 낮은 잔디깎기에 잘 견딤 · 뿌리신장이 깊고 건조에 강함 · 고온에 잘 견딤 · 조직이 치밀해 내답압성 강함 · 저온에 엽색이 황변하고 동사 위험 있음 · 내음성이 약함 · 포복경, 지하경이 매우 강함 · 주로 영양번식 이용 · 병해보다 충해에 약함	· 생육적온 : 15~25℃ · 뿌리생육에 적합한 토양온도 : 10~18℃ · 발아적온 : 20~25℃ · 파종시기 : 8~9월 · 녹색이 진하고 녹색기간이 김 · 25℃ 이상 시 하고현상 발생 · 뿌리깊이가 얕음 · 내한성 강함 · 내건조성 약함 · 내답압성 약함 · 종자로 주로 번식 · 충해보다 병해가 큰 문제점
분포	· 온난습윤, 온난아습윤, 온난반건조 기후 · 전이지대	· 한랭습윤기후 · 전이지대(한지와 난지 함께) · 온대~아한대
국내녹색기간 (중부지방기준)	5개월(5~9월)	9개월(3월 중순~12월 중순)
원산지	아프리카, 남미, 아시아지역	대부분 유럽지역

ⓔ 한국잔디의 특성

종류	엽폭(mm)	내건조성	질감	생육정도	내한성
들잔디	4~6	강	거침	왕성	강
고려잔디	1.2~2	강	중간	왕성	약
비로드잔디	1 이하	약	섬세함	중	매우 약
갯잔디	3~5	약	거침	약	중

② 잔디 규격 및 식재기준
  ㉠ 가로·세로 30cm, 흙 두께 3cm = 1m² 당 11매
  ㉡ 가로 10cm, 세로30cm, 흙 두께 3cm = 1/2줄떼 : 10cm 간격, 1/3 줄떼 : 20cm 간격
③ 잔디 떼식재공법
  ㉠ 평떼 공법(전면 붙이기) : 잔디 식재 전면적에 뗏장을 1~2cm 간격으로 맞붙이는 방법
  ㉡ 줄떼 공법 : 잔디장을 5, 10, 15, 20cm 정도로 잘라 줄떼붙이기 간격을 15, 20, 30cm로 식재
  ㉢ 어긋나게 붙이기 : 잔디장을 20~30cm 간격으로 어긋나게 놓거나 서로 맞물려 어긋나게 배열
  ㉣ 떼심기 방법 : 뗏장을 붙인 후 롤러로 고른 후 세토를 전면에 균일하게 살포하고 다시 진압

④ 잔디 파종

: 5~6월 외기온도 20~25℃일 때 종자와 모래를 섞어 가로 세로로 파종

㉠ 난지형 잔디 발아적온: 20~25℃, 5~6월경 파종

㉡ 한지형 잔디 발아적온: 10℃, 11월 초순에도 가능 3~6월, 8~9월경 파종

⑤ 잔디의 기능 : 토양오염방지, 토양침식방지, 먼지발생감소, 산소공급, 수분보유능력 향상, 조류 서식방지, 녹색환경조성, 우천 시 진땅방지, 스포츠 및 레크리에이션 공간제공, 운동경기 시 부상방지, 기상조절, 소음완화, 대기정화

⑥ 잔디깎기의 효과

㉠ 균일한 잔디면 형성, 시각적 효과

㉡ 밑 부분의 잎이 말라 죽는 것 방지

㉢ 엽수와 포복경수 증가로 밀도를 높여 잡초와 병충해 침입방지

㉣ 광합성량이 줄고, 탄수화물의 생산량과 저장량 감소

㉤ 줄기·잎의 치밀도 제고 및 줄기의 형성 촉진

* 별첨

들잔디	한국잔디 중 가장 많이 사용, 매우 강건, 답압에강함, 잎이 거침 바닷가나 사질양토에 잘 생육 공원, 운동경기장, 공항, 골프장의 러프 등에 사용
고려잔디	마닐라잔디, 금잔디와 유사, 잎이 연하고 섬세 내한성은 금잔디보다 강함 정원의 잔디밭, 공원, 골프장 티·그린·페어웨이 등에 사용
비로드잔디	서울지방월동어려움, 남부지방에 사용 잎이 매우 섬세, 침상을 이루고 빳빳한 느낌, 대단히 아름다움 생장이 더디며 내한성 약함, 관리가 어려워 화단 경계용 등 소규모로 사용
버뮤다그래스	난지형 잔디, 손상에 의한 회복속도가 빠름, 다양한 토양조건에 잘 적응 내한성과 내음성이 약함, 내건성이 강해 모래땅에서도 생육 골프장 그린, 티·페어웨이 및 일반잔디밭, 경기장용
켄터키 블루그래스	한지형 잔디, 온대나 아한대지역의 골프장(그린 제외), 경기장, 일반잔디밭 한지형 잔디 중 가장 많이 이용
크리핑 벤트그래스	한지형 잔디, 잎이 가늘어 치밀하고 섬세, 골프장의 그린용 습하지만 비옥한 토양에서 잘 생육 우리나라에서는 하기에 잘 자리지 못하고 병이 많이 발생
파인 페스큐	한지형 잔디, 척박한 토양에 강해 관리용이 다른 잔디류와혼파, 그늘에 강해 빌딩주변이나 녹음수 밑에 이용
톨 페스큐	한지형 잔디, 어떠한 토양조건에도 잘 적응, 고온과 건조에 강함, 병충해에도 강 내한성이 비교적 약함 비행장, 공장, 고속도로변 등 시설용 잔디로 이용
페레니얼 라이그래스	한지형잔디, 번식력이 약함, 어떠한 토양조건에 잘 적응 경기장용으로 켄터키블루그래스와 함께 사용 골프장의 그린이나 페어웨이혼파나 추파용으로 사용

04. 특수환경지의 식재

1. 비탈면
① 종자판 붙임 공법(식생 매트공법)
: 종자와 비료를 매트 모양의 종자판에 부착시켜 식재 지역 전면에 피복하는 방법, 비탈면 녹화, 평탄지 잔디광장 조성에 사용

② 종자 살포 공법(Seed Spray)
㉠ 방법 : 기계와 기구를 이용해 압축 공기와 압력수에 의해 종자를 뿜어 붙이는 공법
㉡ 절토 비탈면 : 종자와 비료에 진흙을 섞어 뿜어 붙이는 공법, 표토층이 얇고 급경사 절토지에 적합
㉢ 성토 비탈면, 매립지 : 진흙은 사용하지 않고 종자와 비료만 뿜어 붙이는 공법
㉣ 특성 : 공기가 단축되고 광대한 면적에 시공용이, 암비탈면, 마사토, 비탈면 등에 녹화가능

2. 쓰레기 매립지
: 식재 적합한 토양으로 객토 후 식재

3. 연약지반
: 매트류를 부설하거나 양호한 토양을 두껍게 부설한 후 식재

4. 인공지반
: 지반의 완전방수와 토양의 경량제, 인공토 사용

5. 임해매립지
: 탈염법으로 토양 염분제거, 군식과 비료목 식재, 방풍과 염분에 강한 수종 식재

6. 습지설계
: 적은 수량으로 환경유지가 가능, 계단식 논 방식이 가장 용이

7. 생태호안공법
: 다양한 생물적 조건을 바탕으로 수제환경을 조성해 수서식물대 조성이나, 생물서식지 공간을 조성

8. 정체수역(연못, 늪 저수지)의 녹화
: 수제환경과 수변환경, 물부분 등 각 공간별 서식환경에 맞는 식물로 조성해 다양한 생태를 형성, 연못의 밑바닥은 자연소재나 방수소재로 조성(팽윤성 괴물-스메크타이트-) 사용

05. 식재 후 조치

1. 가지솎기
: 손상된 지엽이나 가지를 솎아내어 수분증산을 막는다.(T/R률 고려)

2. 물받이
: 수관폭의 1/3 정도 또는 뿌리분 크기보다 약간 크게 해 높이 10cm 정도로 한다.

3. 수피감기
: 새끼줄, 거적, 마대 등을 싸서 수분증발 억제

4. 시비 및 관수
: 비료가 직접 뿌리에 닿지 않게 시비하고, 관수는 일출이나 일몰시에 시행한다.

5. 멀칭
: 수피, 낙엽, 볏짚, 벌크 등 제재소에서 나오는 부산물을 뿌리분 주위에 5~10cm 두께로 피복한다.

6. 약제살포
: 수분증산억제제와 영양제를 뿌려주고, 상태가 나쁜 수목은 수간주사 실시한다.

Chapter 03. 조경식재 및 시공

06. 시공의 개요

01. 조경시공재료

1. 조경시공재료의 적용

① 외부공간의 특성 및 공간감에 대한 이해를 바탕으로 설계와 시공
② 시공의 능률성·편익성, 장소성 있는 조형공간 조성기법 등 개발
③ 자원의 재활용 및 생태복원과 관련된 친환경소재의 개발
④ 재료의 종류
    ㉠ 자연재료(기계적 가공을 하지 않은 흙, 돌, 물, 식물 등)
    ㉡ 인공재료(시멘트·콘크리트재, 금속재, 합성수지재 등)

2. 시공재료의 분류

구분		주요 재료
생산방법	천연재료	목재, 석재, 골재, 점토
	인공재료	콘크리트, 금속, 요업, 석유화학
화학적 조성	무기재료	금속: 철재, 알루미늄, 구리, 납, 아연, 합금류
		비금속: 석재, 시멘트, 벽돌, 유리, 콘크리트, 도자기류
	유기재료	천연: 목재, 아스팔트, 섬유류
		합성수지: 플라스틱, 도료, 접착재
사용목적	구조재료	목구조재, 철근콘크리트구조재, 철골구조재
	수장재료	내·외장재: 타일, 유리, 도료, 금속판, 섬유판, 석고판
		차단재: 페어글라스, 유리섬유, 암면, 아스팔트
		채광재료: 유리, 플라스틱
		창호재: 목재, 금속재, 플라스틱재
		방화 및 내화: 방화문, 내화벽돌, 내화모르타르, 내화점토
		기타: 포장, 장식재, 방수재, 접착재, 가구재
	설비재료	급배수 및 수경시설재료, 전기조명재료
공사구분에 의한 분류		식재공사, 석재공사, 목공, 조적공사, 타일공사, 방수공사, 금속공사, 포장공사, 수경시설공사, 생태환경복원공사

3. 시공재료의 요구성능

① 사용목적에 알맞은 품질 : 역학적 성질, 물리·화학적 성질, 환경친화적 성질
② 사용환경에 알맞은 내구성·보존성 가질 것
③ 대량생산 및 공급이 가능하며 경제적일 것

4. 조경식물재료의 요구성능

① 식재지역 환경에 적응성이 큰 식물

② 미적·실용적 가치 있는 식물

③ 이식 및 유지·관리가 용이한 식물

④ 수목시장이나 생산지에서 입수가 용이한 식물

5. 시공재료의 현장적응성

① 주변 환경과 조화로운 색채·형태·질감 등이 요구되는 재료

② 개별 재료특성이 부각, 전체적 조형미 요구

③ 장소적 의미의 문화전통성, 토속성 반영

④ 이용자 관점에서 편리, 안전, 쾌적한 재료

⑤ 실용적, 가능한 최선의 재료 선호성 고려

6. 시공재료의 규격화

① 국가적, 국제적으로 표준화 요구

② 표준화를 통한 대량생산, 저렴한 가격, 판매 및 사용의 합리화

③ 거래의 공정화, 기술향상 도모, 경제적 손실 최소화

④ 국제기준 : ISO(국제표준화기구), 한국: KS(한국산업규격)

02. 시방서

1. 시방서의 포함내용
① 시공에 대한 보충 및 주의사항
② 시공방법의 정도, 완성 정도
③ 시공에 필요한 각종 설비
④ 재료 및 시공에 관한 검사, 재료의 종류, 품질 및 사용

2. 도면 시방서간의 적용순위
: 현장설명서 → 공사시방서 → 설계도면 → 표준시방서 → 물량내역서

3. 시방서의 분류
① 표준시방서 : 시설물의 안전 및 공사시행의 적정성과 품질확보 등을 위해 시설물별로 정한 표준적 시공기준
② 전문시방서 : 모든 공종을 대상으로 특정한 공사의 시공기준, 공사시방서의 종합적인 시공기준
③ 공사시방서 : 공사의 특수성·지역여건·공사방법 등을 고려해 현장에 필요한 시공방법, 자재·공법, 품질·안전관리 등에 관한 시공기준을 기술한 시방서

4. 시방서 작성요령
① 공법과 마감상태 등 정밀도를 명확하게 규정
② 공사 전반에 걸쳐 중요사항을 빠짐없이 기록
③ 간단명료하게 기술하고 서술법 사용
④ 설계도면의 내용이 불충분한 부분을 충분히 보충설명
⑤ 재료의 품목을 명확히 규정

5. 시방서 작성순서
① 공사 진행 순서와 일치하게 작성
② 건설공사의 명칭 및 위치, 규모 등 개괄적 사항 작성
③ 공사 진행 순서에 따라 공사 각 부문에 관해 기술
④ 주의사항 및 질의응답사항 등 포함해 공사비 견적에 편리하게 작성

6. 시방서 용어정리
① 발주자 : 건설공사를 건설업자에게 도급하는 자
② 수급인 : 발주자로부터 건설공사를 도급받은 건설업자
③ 하수급인 : 수급인으로부터 건설공사를 하도급 받은 자(하도급 업체)
④ 감독자 : 공사감독을 담당하는 자(발주자가 수급인에게 감독자로 통고한 자와 그의 대리인 및 보조자 포함) 발주자가 감리원을 선정한 경우에는 감리원이 감독자를 대신함
⑤ 감리원 : 감리전문회사에 종사하면서 책임감리업무를 수행하는 자
⑥ 현장대리인(현장기술관리인) : 현장의 공사관리 및 기술관리, 기타 공사업무를 시행하는 현장요원
⑦ 도급 : 건설공사를 완성할 것을 약정하고 상대방이 그 일의 결과에 대해 대가를 지급할 것을 약정하는 계약

03. 공사계약 및 시공방식

1. 공사계약
① 계약의 범위 : 발주자에게는 정확한 목적물의 완성과 지급하는 대가에 합당한 계약이행 보장
② 계약체결 및 절차
: 발부방법 결정 → 공고 → 입찰 → 낙찰자 결정 → 계약체결 → 계약이행 → 검사 → 대금지급

2. 계약서 및 도급계약 내용
① 공사내용(규모, 도급금액), 설계서(설계도면, 시방서), 공사비 내역서, 공정관리표
② 착공일(공사착수시기), 준공일(공사완공시기)
③ 도급금액 지불방법, 지불시기
④ 설계변경, 공사중지의 경우 도급액 변경, 손해 부담에 대한 사항
⑤ 천재지변에 의한 손해부담
⑥ 인도검사 및 인도시기
⑦ 하도급대금 지급보증서
⑧ 표준안전관리비, 산업재해보상보험료
⑨ 폐기물 처리
⑩ 준공검사와 도급금액

3. 입찰의 흐름
: 입찰공고 → 입찰참가신청 및 입찰보증금 접수 → 입찰서제출 → 개찰 → 낙찰 → 계약체결

4. 입찰의 준비사항

공사예정금액	공사현장 설명일로부터 기간
30억원 이상	20일 이상
10억원 이상	15일 이상
1억원 이상	10일 이상
1억원 미만	5일 이상

5. 입찰과 낙찰
① 입찰자 : 입찰보증금을 납입하고 입찰에 응하는 업체(공사계약보증금으로 대체 가능)
② 낙찰 : 예정가격 이내 낙찰가능(최저가격입찰자와 수의계약으로 낙찰)

6. 입찰제도의 합리화와 제도
① 입찰제도의 합리화 : 입찰방식의 결정, 입찰참가자와 자격심사, 낙찰가격의 제한, 공사의 분리발주, 발주공사 도급 보증제도
② 우리나라 입찰제도
  ㉠ 중·소규모 공사계약 : 제한적 평균가 낙찰제 적용
  ㉡ 중·대형 공사계약 : 공사 수행능력과 내부 상태, 과거 계약이행의 성실도, 입찰가격등 종합 심사해 낙찰

7. 입찰관련 용어

① 추정가격 : 예정가격 결정 및 입찰공고에 앞서 추산하여 공사비를 계상한 금액
② 예정가격 : 발주자가 입찰 전에 결정기준으로 삼기 위해 작성한 금액
③ 입찰 참여방법 : 직접입찰, 상시입찰, 우편입찰, 전자입찰
④ 보증금 : 입찰보증금, 계약보증금
⑤ 제한적 최저가 낙찰제 : 덤핑예방을 위해 예정가격 이하이고 적정가격 범위 이상인 최저가격 입찰자를 낙찰하는 제도
⑥ 담합 : 입찰 경쟁사간에 미리 낙찰자를 정해 입찰에 참여하는 부정행위
⑦ 덤핑 : 예정가격 80% 이하로 저가도급을 맡은 부당행위

8. 공사시공방식

① 직영방식 : 발주자(시공주)가 직접 재료를 구입하고 인력을 수배해 자신의 감독 하에 시공하는 방법
　* 장점 : 도급공사에 비해 확실한 공사, 발주·계약 등 절차 간단
　* 단점 : 재료의 낭비와 잉여, 시공시기 차질 우려, 공사기간의 연장 우려
② 도급방식 : 시공 전문 업체에게 공사를 위탁(도급)하는 방법
　㉠ 일식도급 : 공사 전체를 한 도급자에게 맡겨 시공업무 일체를 도급자의 책임하에 시행하는 방식
　　* 장점 : 계약 및 감독의 업무 단순, 공사비가 확정되고 공사관리 용이, 공사비 절감
　　* 단점 : 발주자 의도의 미흡한 반영 우려, 하도급 관행으로 부실시공 야기 우려
　㉡ 분할도급 : 공사의 내용을 세분하여 각각의 도급자(전문업자)에게 분할하여 도급 주는 방식
　　* 장점 : 전문업자의 시공으로 우량공사 기대, 업자간 경쟁으로 공사비 절감 기대, 발주자와 소통 원활
　　* 단점 : 분할된 관계로 상호교섭 복잡, 감독상의 업무량 증대, 관리부실 시 비용 증가
　㉢ 공동도급 : 대규모 공사에 기술·시설·자본·능력을 갖춘 회사들이 모여 공동출자회사를 만들어, 그 회사로 하여금 공사의 주체가 되게 해 계약을 하는 형태
　　* 장점 : 공사이행의 확실성 확보, 기술능력 보완 및 경험의 확충, 자본력과 신용도 증대, 공사도급 경쟁의 완화
　　* 단점 : 책임회피 우려, 관리방식 차이의 능률저하, 하자 책임 불분명, 단일회사 도급보다 경비 증대
　㉣ 설계·시공일괄도급(턴키도급, 일괄수주방식) : 도급자가 공사의 계획, 금융, 토지확보, 설계, 시공, 기계·기구 설치, 유지관리까지 모든 것을 포괄하는 도급방식으로 발주자가 요구하는 완전한 시설물을 인계하는 방식
　　* 장점 : 책임시공으로 책임한계 명확, 공기단축, 공사비 절감 기대, 설계와 시공의 유기적 의사소통
　　* 단점 : 발주자의 의도 반영 어려움, 대규모 회사 유리, 중소업체 육성 저해, 입찰 시 비용 과다 소모

9. 도급금액 결정방식

① 총액도급(정액도급) : 공사비 총액을 확정해 계약하는 방식으로 현재 널리 이용
② 단가도급 : 단위공사 부분(재료, 노임, 체적, 길이, 면적)의 단가만을 결정하고 공사수량의 확정에 따라 차후 정산하는 방식
③ 실비정산 보수가산도급 : 발주자·감독자·시공자가 입회하여 공사에 필요한 실비와 미리 정한 보수율에 따라 공사비를 지급하는 방식

04. 공사의 입찰방법

1. 일반경쟁입찰(공개경쟁입찰)
① 정의: 일정 자격을 갖춘 불특정 공사수주 희망자를 입찰에 참가시켜 가장 유리한 조건을 제시한 자를 낙찰자로 선정하는 방식
② 장점: 경쟁으로 인한 공사비 절감, 공평한 기회 제공, 담합의 위험성이 낮음
③ 단점: 공사비 저하로 부실공사 우려, 입찰에 따른 비용증대, 부적격자를 가려내기 어려움
④ 적용: 정부, 지방자치단체, 정부투자기관(공정성위해 사용)

2. 제한경쟁입찰
① 정의 : 계약의 목적, 성질 등에 필요하다고 인정될 때 참가자의 자격을 제한할 수 있도록 한 제도
② 조건 : 공사비 10억 초과, 특수한 장비, 기술, 공법에 의한 공사일 경우, 관할 시·도에 주 영업소가 있는 자로 제한 시

3. 지명경쟁입찰
① 정의 : 자금력과 신용 등에서 적합하다고 인정되는 특정다수의 경쟁참가자를 선정하여 입찰에 참여시키는 방식
② 장점 : 부적격자 배제로 양질의 공사 기대, 시공상의 신뢰성이 높음
③ 단점 : 불공정한 담합의 우려, 공사비의 상승 우려

4. 제한적 평균가 낙찰제
① 정의 : 중·소규모 공사 대상으로 예산가격 미만의 낙찰자 중 86.5~87.745%(우리나라의 경우) 이상 되는 입찰자를 가려내 입찰금액의 평균치 바로 아래에 있는 입찰자를 낙찰하는 제도
② 장점 : 과도한 경쟁으로 인한 덤핑입찰 방지, 중·소 건설업체의 수주기회 부여
③ 단점 : 기술개발 의욕의 위축, 계획적 수주 불가능하여 사행심 조장

5. 대안입찰
: 발주자가 작성한 설계서에서 대체가 가능한 공종에 대해 다른 대안제출이 허용된 공사의 입찰
① 의도 : 설계·시공상 기술능력 개발을 유도하고 설계경쟁으로 공사 품질향상 위한 것
② 적용 : 우리나라는 추정가격 100억 이상인 공사 중 중앙건설기술심의위원회의 심의에서 결정된 경우 적용
③ 대안 : 설계도서상의 대체가 가능한 공종에 대해 설계서상의 가격보다 낮고 공사기간을 초과하지 않는 범위에서 시공할 수 있는 대안

6. 설계시공일괄입찰

: 발주자가 제시하는 설계와 시공내용 일체를 조달하여 준공 후 인도할 것을 약정하는 방식

7. 수의계약(특명입찰)

① 정의 : 발주자가 필요하다고 판단되는 사업이나 기술, 시공방법의 특수성, 시간적 제한성 등이 있을 때 단일 업자를 선정하는 방식

② 집행기준

    ㉠ 계약의 성질 상 특정인의 기술이 필요해 경쟁을 할 수 없는 경우

    ㉡ 천재지변, 긴급공사

    ㉢ 추정가격 1억원 이하의 일반공사

    ㉣ 비밀을 요하는 공사

③ 조건 : 발주자가 물량내역서를 교부하지 않기에 수급인이 산출내역서를 직접 작성해 착공계 제출 시 제출해야 한다.

05. 공정표 종류

1. 횡선식 공정표(Bar Chart): 막대그래프로 나타내는 공정표
① 장점 : 공정별, 전체 공사시기 등이 일목요연하여 알아보기 쉽다, 단순하여 작성하기 쉽고 수정하기 쉽다.
② 단점 : 작업상호간의 관계가 불분명하다, 전체의 합리성이 떨어지고 관리통제가 어렵다, 대형공사에서는 세부 공사를 표시하기 어렵다.
③ 용도 : 간단한 공사, 공정의 비교, 시급을 요하는 공사, 개략적인 공정표 필요시

2. 기성고(사선식) 공정표
① 정의 : 그래프식 공정표로 가로축은 공기, 세로축은 공정을 나타내어 공사의 진행상태(기성고)를 수량적으로 표시
② 장점 : 전체의 공정 파악 용이, 예정과 실시의 차이 파악 용이, 시공속도의 파악 용이
③ 단점 : 세부진척 상황파악 불가능, 개개의 작업 조정 불가능, 주공정표로 사용하기 곤란(보조적 이용)
④ 바나나 곡선(진도관리곡선) : 기성고 공정곡선의 상하에 상한선과 하한선의 허용한계선을 그려서 안전구역 내 유지되도록 하기위한 곡선

3. 네트워크 공정표
① 장점 : 작업의 선후관계 명확, 관리의 중심(주공정)을 파악해 집중관리 가능, 공사의 전체 및 부분파악이 쉽고 부분 조정 시 전체에 미치는 영향파악 용이
② 단점 : 작성이 어려워 상당한 시간 소비, 작성과 검사에 특별한 기능 필요, 수정작업시 상당한 시간 필요
③ 용도 : 복잡한 공사, 중요한 공사, 대형공사
④ 종류 : 퍼트(PERT) - 효율적인 작업순서관계파악
　　　　 씨피엠(CPM) - 비용을 최소화하는 것을 추구
　　　　 램프스(RAMPS) - 시간과 비용을 동시에 진행

4. 횡선식 공정표와 네트워크 공정표 비교

구분	횡선식 공정표	네트워크 공정표
작업선후 관계	불명확	명확
중점관리	공기에 영향을 주는 작업의 발견이 어려움	공기관리 중점작업을 최장경로에 의해 발견가능
탄력성	일정변화에 손쉬운 대처 어려우나 공정별 또는 전체 공사시기가 일목요연함	한계경로 및 여유공정을 파악해 일정변경 가능함
예측가능	문제점 사전예측 곤란	문제점 사전예측 가능
통제기능	미약	가능
최적안	최적안 선택기능 없음	비용 관련된 최적안 선택 가능
용도	간단한 공사, 시급한 공사, 개략공정표	복잡한 공사, 대형공사, 중요 공사

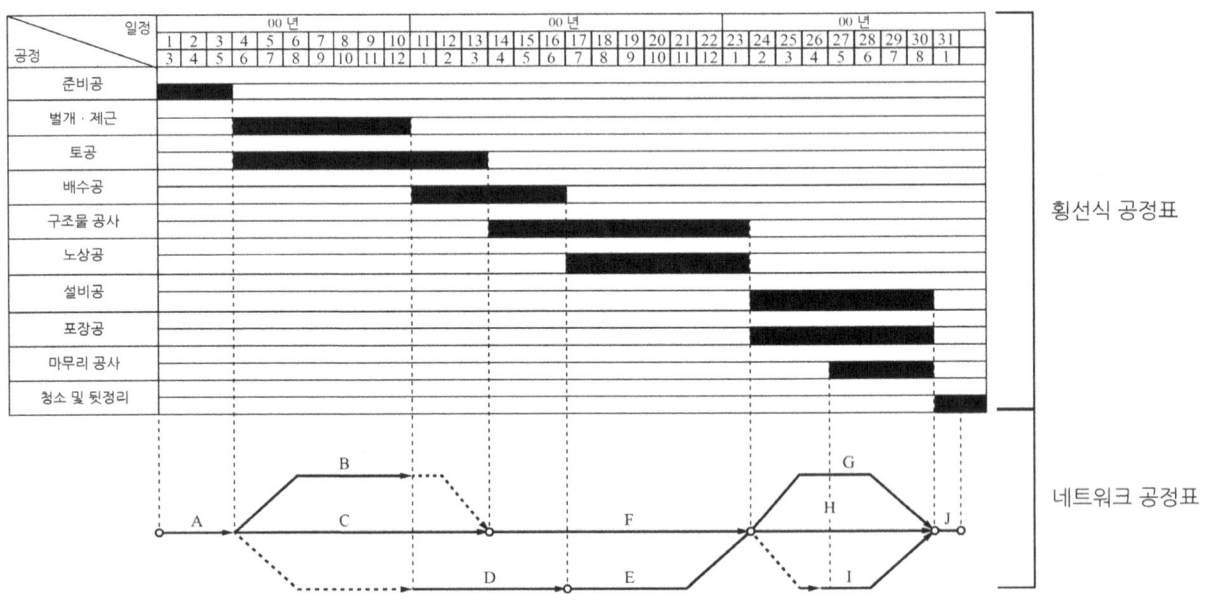

06. 네트워크 공정표 작성

1. 네트워크 공정표 용어정리

용어	기호	내용
작업	→	프로젝트를 구성하는 작업 단위
결합점	O	작업과 작업을 결합하는 점 및 개시·종료점
더미(dummy)	⋯→	가상적 작업-시간이나 작업량 없음
가장 빠른 개시시각	EST	작업을 가장 빨리 시작하는 시각
가장 빠른 종료시각	EFT	작업을 가장 빨리 끝낼 수 있는 시각
가장 늦은 개시시각	LST	공기에 영향이 없는 범위에서 작업을 가장 늦게 시작하여도 좋은 시각
가장 늦은 종료시각	LFT	공기에 영향이 없는 범위에서 작업을 가장 늦게 끝내어도 좋은 시각
가장 빠른 결합점 시각	ET	최초의 결합점에서 대상의 결합점에 이르는 경로 중 가장 긴 경로를 통해 가장 빨리 도달되는 결합점 시각
가장 늦은 결합점 시각	LT	임의의 결합점에서 최종 결합점에 이르는 경로 중 시간적으로 가장 긴 경로를 통과해 프로젝트의 종료 시각에 알맞은 여유가 전혀 없는 결합점 시각
최장 패스	LP	임의의 두 결합점 간의 패스 중 소요 시간이 가장 긴 패스
주공정선	CP	작업의 시작점에서 종료점에 이르는 가장 긴 패스

2. 네트워크 공정표 작성규칙

① 양쪽에 대응하는 결합점을 가지는 작업은 반드시 하나이다.

② 결합점에 들어오는 작업들이 모두 종료되지 않으면 그 결합점에서 나오는 작업은 시작할 수 없다.

③ 네트워크의 개시결합점과 완료결합점은 각각 하나이다.

④ 작업들의 종속관계를 나타내는 경우 더미를 사용해 종속관계를 나타내준다.

 (선행작업이 하나의 결합점에서 만나서 종료해야 후속잡업이 가능하다.)

⑤ 선행작업이 두 개 이상일 경우 선행작업들을 하나로 모을 수 있도록 배치시킨다.

Chapter 03. 조경식재 및 시공

07. 조경시공 일반

01. 공사준비

1. 보호대상의 확인 및 관리
① 문화재의 보호 : 문화재 발굴 예상지역에서는 매장물 보호조치, 공사 중 발견 시 관계기관 통보
② 기존수목의 보호 : 보호용 울타리 및 지지대 설치, 투수성 포장공법 실시
③ 자연생태계의 보호 : 생태계조사, 울타리 설치, 굴취 및 가식의 보호조치
④ 구조물 및 기반시설의 보호 : 파손되기 쉬운 구조물은 합판으로 보호

2. 지장물의 제거
① 구조물 : 필요 없는 구조물 및 잔재의 수거와 폐기처리
② 기반공급시설의 이전 및 제거

3. 부지배수 및 침식방지
① 원활한 배수를 위한 표면배수로 설치
② 비탈면은 초기단계에 파종하여 조기녹화
③ 우수 및 혼탁류의 유출 피해 방지위한 임시저수시설, 물막이공 설치

4. 재활용
① 조경재료의 재활용 : 재활용 재료 적극 도입

02. 토양 및 토질

1. 토양의 분류

① 토양입자의 크기에 따른 분류

: 모래(육안 구분 가능, 거친 촉감), 미사(현미경·렌즈로 구분 가능, 미끄러우며 점착성 있음), 점토(고배율현미경으로 구분, 점착성 있음)

② 토양입자의 조성에 따른 분류

㉠ 토성(토양의 분류, 모래·미사·점토의 함유비율로 결정)

㉡ 점토분이 많은 식토는 보수력 및 보비력은 크나 통기성 불량

㉢ 모래분이 많은 사토는 보수력 및 보비력은 작으나 통기성 양호

③ 입도와 견지성에 의한 분류

㉠ AASHTO 분류법(A분류법) : 입도, 액성한계, 소성지수를 이용해 군지수를 산출하고 분류

㉡ 통일분류법 : 도로 등 시설의 설치기반 토양에 대한 분류 방법(흙의 공학적 분류방법)

- 조립토 : 자갈과 모래로 이루어진 흙(사질토)
- 세립토 : 실트와 점토로 된 흙(점질토)
- 유기질토 : 동식물의 유체가 다량으로 함유된 흙

2. 토양의 조성

① 토양의 구조

㉠ 단립구조 : 입자가 하나하나 떨어져 있는 것. 자갈, 모래, 조립질 흙에서의 구조

㉡ 입단구조 : 입경이 극히 작아 입자들간의 전기적 작용이나 점착력에 의해 입자들이 집단화되어 벌집모양을 이루는 것

② 자연토양의 구조

㉠ 판상구조 : 토양입자가 수평방향으로 배열되어 수분이 아래로 잘 빠지지 않는다.(습윤지대, A층)

㉡ 주상구조 : 프리즘 또는 기둥 모양의 세로 구조로 수분 침투나 증발이 잘 일어남(찰흙 함량이 많은 염류토의 심토, 건조지나 습윤배수불량지)

㉢ 괴상구조 : 가로와 세로의 비율이 거의 같은 다면체 형태(밭, 산림, 심토, 상당히 큰 덩어리)

㉣ 입상구조 : 가장 흔한 형태, 입자가 구형으로 뭉쳐있음, 입단 사이 공극에 물이 저장되어 식물에게 적합(경작지 토양, 유기물이 많은 토양)

③ 토양의 구성과 공급

㉠ 3상 구성 : 고상, 액상, 기상으로 구성(고상 > 액상 > 기상)

㉡ 공극 : 액상과 기상을 합한 것, 사질토보다 양질토가 공극량이 많고, 심토보다는 표토에서 공극량이 크다.

㉢ 토양 3상(미사질양토) : 무기물(광물) 45% + 유기물 5% + 물 25% + 공기 25%

3. 토양의 조사분석

① 토양도

　㉠ 제작과정 : 항공사진 해독, 현지 토양조사 및 토양분류, 토양분석, 토양도 제작

　㉡ 조사목적에 따른 분류

　　- 개략토양조사 : 넓은지역(도 이상의 지역), 작도단위별 최소면적 0.25 ha, 조사지점간 거리 500~1,000m

　　- 정밀토양조사 : 소지역·군 단위 범위와 개개부지계획에 적용, 작도단위는 토양형·토양상을 사용, 축척
　　　1 : 25,000 이상 대축척, 토양도는 1 : 25,000으로 제작, 조사지점간 거리는 100~200m

② 현지토양조사

　㉠ 과정 : 조사지점 선정, 토양시료 채취 및 조제, 모양의 물리·화학적 특성 분석

　㉡ 토양단면조사 : 가로 1m, 세로 1.5m, 깊이 1m로 한쪽 면에는 단면과 축상이 각각 30cm인 계단 설치

　㉢ 조사내용 : 토양사항, 단면내용, 물리적·화학적 특성분석

③ 토질조사와 토질시험

　㉠ 토질조사 : 퇴적토의 지질학적 조사, 토층단면에서의 두께와 분포조사, 기초암반의 위치와 암질조사

　㉡ 토질시험 : 흙의 분류 및 판별시험, 흙의 공학적 성질 파악 위한 시험, 자연지반의 성질을 알기 위한 시험

4. 흙의 성질

① 흙의 기본성질

간극비	흙입자 체적과 간극(물+공기)체적의 비
간극률(공극률)	흙덩이 전체 체적과 간극체적의 비를 백분율로 표시
함수비	흙입자 중량과 물 중량의 비를 백분율로 표시
함수율	흙덩이 전체 중량과 물 중량의 비를 백분율로 표시
비중	흙입자 중량을 같은 용적의 15℃증류수의 중량으로 나눈 것
포화도	흙 속의 간극체적과 물의 체적과의 비를 백분율로 표시
전체단위중량	흙을 자연 상태에 있을 때의 단위중량으로 습윤 단위중량
건조단위중량	흙을 건조시켰을 때의 단위중량
포화단위중량	흙이 수중, 완전포화시의 단위중량
수중단위중량	흙이 지하수위 아래, 물 무게만큼 부력을 받는 중량

② 토양의 팽창 : 물의 양성이 점토나 부식의 음성과 만나 토양입자를 부풀게 하는 것

③ 토양의 수축 : 토양이 말라 용적이 줄어드는 것

④ 흙 속의 수리특성

　㉠ 흙의 투수성 : 흙 속의 공극을 통해 물이 침투하는 현상, 구조물의 침하나 붕괴, 표면수의 지하침투와 관련

　㉡ 흙의 동해 : 겨울철 토양수분이 동결하여 얼음층이 생기고 이에 따라 구조물의 기초 등에 피해 일으키는
　　　현상 (심토층 배수로 지하수위 낮추기, 조립질 흙으로 치환, 포장면 아래에 단열재 사용)

⑤ 흙의 다짐 : 토양 내 기상의 공극 제거, 물과 토양입자가 함께 결합하도록 진동이나 충격을 가해 인공적으로
　흙의 밀도를 높이는 작업

5. 포장공간의 설계

① 노반 및 노상의 지지력 시험

　㉠ 평판재하시험 : 도로와 같은 흙 구조물의 기초 지지력계수를 얻기 위한 시험

　㉡ C.B.R시험 : 강제원봉을 공시체 속에 관입시켜 관입깊이에서의 표준 하중강도에 대한 시험

6. 전단강도와 사면의 안정

① 흙의 전단강도

　㉠ 전단응력 : 흙에 구조물의 외력이 작용하면 흙 내부 각 점에 응력이 생겨 활동을 일으키다가 파괴 됨

　㉡ 전단저항 : 흙 속에 전단응력이 생길 때 활동에 대해 저항하려는 힘

　㉢ 전단강도 : 전단저항이 한계에 이르러 파괴되기 시작하는 강도

② 사면의 안정

　㉠ 흙 속의 전단응력 높이는 원인: 외력의 작용(건물, 물, 눈), 흙의 단위중량증가, 수압, 점토의 팽창, 미세균열, 지지력 감소 등

　㉡ 사면의 종류 : 직립사면(연직으로 절취된 사면), 반무한사면(일정경사면이 계속 펼쳐진 것), 단순사면(사면의 일반적 형태)

7. 비탈면의 보호

① 비탈면 녹화공법

　㉠ 종자뿜어붙이기 : 종자, 비료, 토양에 물 섞어 뿜어붙이기(절토비탈면, 높은 비탈면과 급구배 장소에 적합)

　㉡ 식생매트 : 종자와 비료를 붙인 매트를 피복해 녹화

　㉢ 평떼붙이기 : 평떼를 비탈면 전면에 붙여 떼꽂이로 고정(절·성토 모두 사용)

　㉣ 식생띠공 : 종자와 비료를 부착한 띠모양의 종이를 일정 간격으로 삽입(인공줄떼공법, 피복효과 빠름)

　㉤ 줄떼심기 : 성토비탈면에 길이 30cm, 너비 10cm 반떼심기

　㉥ 식생판공 : 종자와 비료 섞은 판을 깔아 붙이기, 판 자체가 두꺼워 객토효과

　㉦ 식생자루공 : 종자, 비료, 흙을 자루망에 넣고 비탈면 수평으로 판 골속에 넣어 붙이기

　　(급경사지, 풍화토 지반 시공에 적합)

　㉧ 식생구멍공 : 비탈면에 일정 간격 구멍파고 혼합물을 채워넣는 공법, 비료 유실이 적음

　　(단단한 점질토나 절토비탈면에 적합)

② 구조개선공법 : 구조재 자체 자중이나 자체강도를 이용해 비탈면 붕괴를 예방하는 구조공법

　(원형강재 경량틀, 콘크리트블럭틀에 돌과 식생 병용, 돌망태공, 현장콘크리트 사면틀)

③ 배수공법

　㉠ 지표배수공법

　　- 수로운반공법 : 표면유출수를 수로를 통해 배수하는 방법, 집수로와 배수로의 합류점에 집수정 설치

　　- 표면배수공법 : 매트나 블랭킷을 이용해 지표면이나 수로의 경사면을 덮어 침식을 완화하는 방법

　㉡ 지하배수공법 : 맹암거를 이용해 지표면의 침투수를 배제하고 대규모 토목공학적 방법 사용

　　(수평배수공법, 집수정공법, 배수터널공법, 지하수차단공법)

8. 토압과 구조물

① 토압 : 지형 내부에서 생기는 응력과 흙과 구조물 사이의 접촉면에서 생기는 모든 힘

② 옹벽의 종류

 ㉠ 중력식 옹벽 : 상단이 좁고 하단이 넓은 형태, 무근 콘크리트 옹벽, 조적식 옹벽

 ㉡ 캔틸레버식 옹벽 : 기단 위의 성토가 주중으로 간주됨으로 중력식 옹벽보다 경제적

 ㉢ 부축벽 옹벽 : 수직벽과 직교된 밑판 위에 일정한 간격으로 부벽을 연결한 것

③ 옹벽에 토압을 일으키는 배토

 ㉠ 배토 : 흙의 휴식각 외부에 옹벽과 접하는 토양

 ㉡ 휴식각 : 흙을 높이 쌓아두면 미끄러져 내려와 안정되는 경사면의 각도

 ㉢ 배토의 지표면이 옹벽과 평행할 경우 : 수평하중은 옹벽높이의 1/3지점에서 작용

 ㉣ 배토의 지표면이 경사진 경우 : 경사진 지표면에 평행하게 옹벽 높이 1/3지점에서 하중이 작용

④ 옹벽의 안정 조건

 ㉠ 활동에 대한 안정 : 저항력이 활동력보다 1.5~2.0배 되면 안정

 ㉡ 전도에 대한 안정 : 저항모멘트가 회전모멘트보다 2배 이상 되면 안정

 ㉢ 침하에 대한 안정 : 지반의 지지력이 외력의 최대압축응력보다 크면 안정

03. 지형 및 시공측량

1. 지형의 묘사
① 음영법 : 빛이 지면에 비치면 지면의 형상에 따라 명암이 생기는 이치를 응용한 것
② 점고법 : 등고선으로 나타내기 어려운 부분을 숫자로 표기
③ 단면도 : 토지의 수직적 변화를 나타낸 그림, 도로와 같은 선형요소의 토공량산정을 위한 표현방법
④ 지형모형법 : 모형을 이용해 나타냄
⑤ 단채법(채색법) : 높이의 증가에 따라 진한 색으로 변화시키는 방법
⑥ 등고선법 : 기준면에서부터 일정한 높이마다 한 둘레씩 등간격으로 구한 것을 평면도상에 나타내는 것

2. 등고선의 정의 및 특징
① 등고선상의 모든 점의 높이는 같다.
② 등고선은 반드시 폐합되며 도중에 소실되지 않는다.
③ 서로 다른 높이의 등고선은 교차하거나 폐합되지 않는다.(절벽, 동굴 제외)
④ 등고선 간격이 넓으면 완경사지, 좁으면 급경사

3. 등고선의 종류와 간격

종류 \ 축척	1/50,000	1/25,000	1/10,000	
주곡선	20m	10m	5m	기본선, 가는 실선
계곡선	100m	50m	25m	주곡선 5개마다 굵은 실선
간곡선	10m	5m	2.5m	주곡선의 1/2 가는 파선
조곡선	5m	2.5m	1.25m	간곡선 간격의 1/2 가는 점선

4. 등고선 읽는 용어들
① 지성선 : 지모의 골격이 되는 선
② 지성변환점 : 지성이 변화하는 지점
③ 산령선(능선) : 지표면의 최고부, 산배를 연결한 선으로 표면배수의 물길이 나눠지는 분수선
④ 계곡선 : 지표면의 최저부, 계곡의 최저부의 선
⑤ 방향전환점 : 계곡선과 산령선이 그 방향을 바꾸어 다른 방향으로 향하는 것
⑥ 경사변환점 : 산령선, 계곡선상의 경사상태가 변하는 점

5. 지형도

① 지형도 종류
- ㉠ 대축척 : 1 : 1,000 이상
- ㉡ 중축척 : 1 : 1,000 ~ 1 : 10,000
- ㉢ 소축척 : 1 : 10,000 이하
- ㉣ 기본지형도 : 1 : 5,000, 1 : 25,000, 1 : 50,000
- ㉤ 경사변경용 축척 : 1 : 300, 1 : 600, 1 : 1,200

② 우리나라 지형도 도식
- ㉠ 도식기호 : 기본원칙과 지형, 지물 표시하는 기호(위치, 색도, 음영, 투영면 등)
- ㉡ 주기 : 인공물과 자연물의 명칭, 산정의 표고, 등고선 수치, 수심 등의 설명

6. 측량일반

① 측량 : 지구상의 존재하는 모든 점들의 위치를 결정하여 도식에 의해 도면으로 나타내는 것

② 측량의 기준
- ㉠ 형상기준 : 우리나라는 Beassel 1 : 299.15 사용
- ㉡ 위치기준 : 경도, 위도 기준에 대한 것(경도기준- 영국 그리니치 천문대, 위도중심-적도)
   - 우리나라 대삼각본점 : 적영도, 거제도
- ㉢ 높이기준 : 만조에서 간조까지 변화하는 해수면의 높이를 장기간 측정해 얻은 평균값 즉 수준원점(인천)

③ 측량의 오차
- ㉠ 과오 : 측량자의 부주의, 미숙
- ㉡ 정오차 : 측지기구의 신축에 의한 오차, 관측의 횟수에 따라 수반
- ㉢ 부정오차 : 원인 불분명, 관측할 때마다 변화(최소자승법에 의해 조정)

④ 수평거리측정
- ㉠ 줄자에 의한 관측 : 매우 정확한 값이 필요한 경우(삼각측량, 기선측량)
- ㉡ 전자기파거리 측량 : 전자기파를 이용해 거리 관측(적외선, 레이저광선)

⑤ 수직거리 측량(직접수준측량) : 조경에서는 레벨을 사용한 표척의 눈금차이 구하는 직접수준측량 사용

⑥ 평판측량 : 평판 위에 엘리데이더로 목표물의 방향, 거리, 각도, 높이차를 관측해 직접 현장에서 위치를 결정하는 측량방법

⑦ 삼각측량 : 수평위치를 측량하는 방법으로 가장 많이 사용되는 방법(측지학적 측량, 평면삼각측량)

7. 좌표 및 측점

① 좌표 : 공간상의 한 물체 또는 한 점의 위치를 나타내는 규약
- ㉠ 평면직각좌표 : 측량지점의 적당한 한 점을 원점으로 하여 평면상으로 원점을 지나는 자오선을 X축, 동서방향을 Y축이라 하고, 각 지점의 위치는 직교좌표값(x, y)으로 표시
- ㉡ 경위도 좌표 : 지구상의 절대적 위치를 표현하는데 가장 많이 사용되는 좌표

② 측점 : 도로와 하수도의 중심선과 같은 선형 구조물의 위치를 정하는데 사용

04. 정지 및 표토복원

1. 일반사항
① 배수, 식물 생육에 부적절한 지하수위 변경
② 방음·방풍, 프라이버시 보호 및 안전성 확보를 위한 방축조성
③ 순환로의 경사완화 및 자연지형과의 조화
④ 표토의 적극적 활용

2. 정지작업의 고려사항
① 점토나 유기물 많은 토양이 젖을 경우 작업금지
② 다짐을 위해서는 적정수분을 함유하고 있을 때 다짐
③ 부지의 배수상태 확인 및 새로운 웅덩이가 없도록 작업
④ 정지작업과정에서 발생하는 침식 방지

3. 정지작업의 준비 및 시행
① 마감면의 높이는 추후 설치될 기초 및 기층부와 상층마감부의 두께를 고려하여 결정
② 성토 시 안정된 성토면을 얻을 수 있도록 하고 침하를 고려해 여유 있게 성토(더돋기)
③ 성토층의 물다짐 시 식재지역에서는 자연상태 토양과 같은 정도로 시행

4. 정지 및 토공사, 성토와 절토의 체적
(1) 정의 : 계획에 따라 땅의 형태를 만드는 작업

(2) Grading의 기본원칙
　① 모든 건물의 인접지역은 건물과 반대방향으로 경사지게 한다.
　② 평면은 배수경사를 지녀야 한다.
　③ 폭우시 대비해 배수지역을 충분히 확보
　④ 경사안정도, 안식각에 대한 고려
　⑤ 토량변화 고려 :
　　L = 흐트러진상태의 토량 / 자연상태의 토량 > 1,
　　C = 다져진상태의 토량 / 자연상태의 토량 < 1
　⑥ 경사도 = 높이차 / 수평거리 × 100(%)

(3) 정지공사의 방법

① 평탄지 조성 방법

㉠ 흙깎기(절토) : 공사에 필요한 흙을 얻기 위해 굴착하거나 계획면보다 높은 지역의 흙을 깎는 작업
: 낮은 등고선을 높은 쪽으로 그려 연결(표토보존이 중요)

㉡ 흙쌓기(성토) : 일정 구역 내에서 기준면까지 흙을 쌓는 작업
: 30~60cm마다 다짐실시, 흙쌓기 비탈면경사 1 : 1.5, 더돋기 실시, 높은 등고선을 낮은 쪽으로 그려 연결

㉢ 성토와 절토의 혼합: 비용을 감소시키며 중간높이의 등고선을 선택한다.

㉣ 옹벽에 의한 방법: 등고선이 합병되어 나타나며 가장 실제적

② 순환로 조성 방법

㉠ 절토에 의한 방법 : 도로에 수직으로 낮은 등고선에서 위로 올라감

㉡ 성토에 의한 방법 : 도로에 수직되게 높은 등고선에서 시작

㉢ 절토와 성토에 의한 방법 : 등고선의 반반씩 성·절토를 하면 공사비 절감, 경제적

③ 각 조성방법의 장·단점

㉠ 절토 : 장점(지반이 안정되며, 급경사지에 사용가능함), 단점(절토한 흙 처리의 문제)

㉡ 성토 : 장점(이용면적을 넓힌다), 단점(성토할 흙 찾거나 운반이 어렵고, 침식이나 산사태 등 지반이 불안정)

㉢ 성토와 절토 : 가장 많이 사용하는 방법으로 대규모의 대지에서 성토량과 절토량의 균형이 맞으면 흙 처리문제가 발생하지 않아 경제적

5. 표토의 채취·보관·복원

① 표토 : 지표면의 토양으로 토층의 A층으로 암색 또는 암갈색으로 다량의 미생물, 유기물을 포함하여 식물 생육에 적합한 토양

② 표토의 채취 : 식물생육에 반드시 필요함, 모아두었다가 복원, A층과 함께 B층도 포함될 수 있도록 계획

③ 표토의 채취·보관·복원과정 : 표층식생의 제거 → 임시 침식방지시설 설치 → 표토의 채취 → 표토의 포설 → 개략적 정지

④ 표토의 채취 및 보관 : 채취공법(일반채취법, 계단식 채취법, 표층 절취법), 운반거리 최소화하며 가적치는 배수 양호하고 평탄, 바람 영향이 적은 곳, 가적치 최적두께(1.5m 기준, 최대 3.0m 넘지 않게)

⑤ 표토의 깊이 : 잔디·초화류 20~30cm, 관목 50cm, 소교목 70cm, 대교목 100cm

05. 가설공사

1. 가설시설 분류
① 직접가설시설 : 공사용 도로, 전력 및 급수설비, 규준틀, 비계, 동바리
② 간접가설시설 : 가설건물(현장사무실, 창고, 숙소), 가설울타리, 가식장, 가설주차장
③ 가설공사 항목 : 운반로, 차용지, 대지측량, 비계, 발판 등

2. 가설울타리
: 1.8m 이상, 미관상 필요한 곳에는 조립식 울타리 설치

3. 가설건물
: 조경에서는 관계자와 협의하여 결정, 임시설치시설로서 사전에 관할 주민자치센터에 신고하여 허가받음

4. 가설공급시설
① 용수 : 도시지역에서는 가설상수도, 자연지역에서는 연못이나 계곡의 물 사용
② 전력공급과 전기설비 : 최대전력량을 기준으로 관할 한국전력지사에 임시동력 또는 전등 사용 신청하여 승인을 받아 사용
③ 가식장 : 반입된 수목을 임시로 가식하기 위한 장소로 공사에 지장이 없는 곳, 사질양토의 배수가 잘되는 곳 선정

5. 공사용 도로
① 현장 접근로 : 간단한 경로로 선정, 시계확보, 도로교통 방해되지 않도록, 접근이 쉽도록, 시공 작업에 방해되지 않는 곳 위치
② 가설도로 : 부지에 노반과 보조기층 깔고 임시로 설치 시 다짐효과가 있음

6. 현장관리
(1) 공정관리
① 시공관리 3대 목표 : 공정관리(공사기간 단축), 품질관리(품질유지), 원가관리(경제성)
② 공정계획 절차
: 시공순서 결정 → 공사기간 산정 → 시공속도 균등배치 → 각 공정 시간 내 진행 → 공기 내 공사종료
(공정표 작성하여 관리하고 총건설비(직접비+간접비)가 최소로 되는 경제적인 최적공기가 되도록 한다.)

(2) 품질관리

① 기능과 목적

품질관리 기능	품질관리 목적
1. 품질의 설계	1. 시공능률의 향상
2. 공정의 관리	2. 품질 및 신뢰성의 향상
3. 품질의 보증	3. 설계의 합리화
4. 품질의 시험	4. 작업의 표준화

② 품질관리 대상(5M) : 사람(Men), 재료(Materials), 기계(Machines), 자금(Money), 공법(Methods)

③ 품질활동의 목적 : 시공능률의 향상, 품질 및 신뢰성의 향상, 설계의 합리화, 작업의 표준화

④ 조경공사의 품질관리 : 시공 전, 시공 중, 시공 후로 구분하여 적용하고 식물을 다루므로 보강공사나 재시공이 생기지 않도록 하는 것이 중요하다.

(3) 원가관리

① 원가관리 지표 : 실행예산과 실제 시공비를 대조하여 차액분석, 공사예산편성

② 자금조달계획 : 수급인의 시공수입(선급금, 중간 기성금, 준공금), 조달계획(자금 지출 시기는 발생시점보다 늦으므로 계획조정하고 부족액의 조달계획을 세워 자금관리 해야 함)

(4) 안전관리

① 재해의 원인 : 인적원인(심리적, 생리적, 노약자, 복장의 불비), 물적원인(구조, 재료 및 안전설비의 불완전, 정비·점검 및 수리 불량, 급속한 시공, 예산부족, 공기상의 불합리)

② 안전대책 : 자연재해 방지, 시공 중·후 자연환경의 보전대책 검토, 시설이나 구조물의 안전성 확보 검토, 노동재해 방지 검토, 안전관리기구 구성, 안전교육 실시, 현장점검, 응급시설 완비 등

(5) 노무관리, 자재관리, 자금관리, 장비관리

① 노무관리 : 시공계획에 따른 인부들을 효과적으로 배치하고 작업반장 등으로 관리

② 자재관리 : 시공에 필요한 자재를 시간에 맞추어 필요한 장소에 최소의 비용으로 공급하는 관리

③ 자금관리 : 경제적으로 시공하기 위해 재료비, 노무비, 그 밖의 장부 기록해 분석하여 관리

④ 장비관리 : 공사에 사용되는 기계, 장비의 공정에 맞춘 효율적 이용에 관한 관리

Chapter 03. 조경식재 및 시공

08. 공종별 공사

01. 조경재료 일반

1. 재료와 제품
① 재료 : 물건을 만드는데 사용되는 물질, 가공하지 않는 그대로의 것
② 제품 : 재료를 이용하여 만든 물품, 특정 기능을 갖는 목적물
③ 조경자재산업 : 조경수 조경식재공사, 조경시설물

2. 재료의 표준 규격화
① 한국산업표준(KS) : 산업표준화법에 근거하여 만든 국가표준
② 국제표준 : 국제표준화기구(ISO)로 품질경영규격, 환경경영시스템 규격 등이 있다.

3. 조경재료의 일반적 성질
① 역학적 성질 : 강도, 경도, 강성, 소성, 탄성, 점성
② 물리적 성능 : 비중, 흡수, 함수, 투과, 반사
③ 화학적 성능 : 화학반응 및 화학약품에 의한 부식, 변질
④ 내구성능 : 산화, 변질, 재해, 충해
⑤ 내화성능 : 연소, 발연, 인화
⑥ 감각적 성능 : 색채, 명도, 오염
⑦ 생산성능 : 생산성, 가공성, 공해, 운반

02. 조경재료별 특성과 공사

1. 목재와 목공사

(1) 목재의 특성

① 목재의 장점

㉠ 가볍고 운반이나 다루기 쉽다.

㉡ 가공이 쉽고 외관이 아름답다.

㉢ 중량에 비해 강도가 크고, 열·소리·전기 등의 전도성이 작다.

㉣ 온도에 대한 팽창, 수축이 비교적 작다.

② 목재의 단점

㉠ 가연성이며, 부식성이 크다.

㉡ 함수량의 증감에 따라 팽창, 수축하여 변형, 균열이 생기기 쉽다.

㉢ 재질, 강도 등의 균질성이 적다.

㉣ 크기에 제한을 받는다.

(2) 목재의 규격

① 치수표시 방법

㉠ 제재치수 : 톱날의 중심간 거리를 목재치수로 호칭(구조재, 일반재)

② 목재의 규격

㉠ 목재 정척 : 1.8m(6자), 2.7m(9자), 3.6m(12자) 즉 1자 = 30cm

(3) 목재 재적 계산법

① 단위기준

㉠ 미터법 $1m^3$ = 1m × 1m × 1m = 1,000 dm^3 (1 dm^3 = 1,000 cm^3 = 0.2995재)

㉡ 척관법 1재(사이) = 1치 × 1치 × 12자 = $0.12m^3$

(4) 목재 방부법

① 표면 탄화법 : 목재의 표면을 불에 그을려서 표면을 탄화시킨 것(처리 간단, 가격 저렴, 탄화부분에 습기 침입 쉬워 효과의 영속성 적음)

② 약제 도포법 : 외부의 습기, 균류, 충류의 침입을 막기 위해 목재의 건조한 표면에 약제를 칠하는 방법 (페인트, 바니스, 크레오소트, 타르, 아스팔트)

③ 약제 주입법 : 방부제 속에 목재를 담가두는 방법(크레오소트, C.C.A 방부)

- C.C.A 방부 특징(크롬, 구리, 비소의 화합물을 고압으로 처리)

: 목재를 제작치수로 제단하고 마감 후에 방부처리, 방부효과 크고 지속성 크고 냄새 없고 취급용이, 비바람에 강하고 수중에서 효과 크다.

(5) 목재 함수율

$$W = \frac{W_1 - W_2}{W_2} \times 100 \ (W: 함수율, \ W_1: 건조전중량, \ W_2: 전건중량)$$

① 전건중량 : 환기가 양호한 건조기 속에 100~105℃로 건조시켜 함량에 도달했을 때 중량

② 목재 세균 번식 함수율

    ㉠ 적당세균 : 30~60%

    ㉡ 미약세균 : 25% 이하

    ㉢ 세균 없음 : 22~23% 이하

(6) 목재의 강도

① 비중이 높은 → 낮은 순서

  : 참나무 → 떡갈 → 단풍 → 벚나무 → 느티 → 낙엽송 → 소나무 → 밤나무 → 전나무 → 삼나무 → 오동

② 압축강도 높은 → 낮은 순서

  : 참나무 → 낙우송 → 단풍 → 벚나무 → 느티 → 전나무 → 떡갈 → 소나무 → 삼나무 → 오동 → 밤나무

③ 휨강도 높은 → 낮은 순서

  : 참나무 → 단풍 → 벚나무 → 느티 → 낙우송 → 전나무 → 떡갈 → 소나무 → 오동 → 밤나무 → 삼나무

2. 석재와 석공사

(1) 석재의 특성(풍부한 지하자원을 가지고 있는 우수한 조경소재)
  ① 용도 : 자연 상태 그대로, 건축구조용, 돌쌓기, 포장용, 외관장식용
  ② 단점 : 자체 중량이 커 운반 경비가 많이 들고, 평지가 아니면 작업조건이 불리
  ③ 개발품 : 단점 보완으로 콘크리트 인조석, FRP(유리섬유강화플라스틱) 인조석

(2) 석재의 분류
  ① 형상별 분류
    ㉠ 판석 : 두께 15cm 미만, 너비가 두께의 3배 이상 / 각석 : 너비가 두께의 3배 미만
    ㉡ 다듬돌 : 각석, 주석과 같이 일정 규격으로 다듬어져 건축, 포장공사에 쓰임 / 막다듬돌 : 다듬돌 규격 치수 가공에 필요한 여분치수 가진 돌
    ㉢ 견치돌 : 정사각형으로 다듬어진 돌 / 깬돌 : 견치돌보다 치수가 불규칙하고 뒷면이 없는 돌
    ㉣ 깬 잡석 : 모암에서 일차 폭파한 원석을 파쇄한 돌 / 사석 : 막 깬돌 중 유수에 견딜 수 있는 중량 가진 큰 돌
    ㉤ 야면석 : 천연석으로 표면 가공하지 않은 것, 운반이 가능하고 공사용으로 사용
    ㉥ 호박돌 : 호박형의 천연석, 지름이 18cm 이상 / 조약돌 : 가공하지 않은 천연석, 지름 10~20cm의 계란형 돌
    ㉦ 굵은 자갈 : 가공하지 않은 천연석, 지름 7.5~20cm / 자갈 : 천연석, 지름 0.5~7.5cm의 둥근 자갈
    ㉧ 굵은 모래 : 지름 0.25~2mm 알맹이 돌 / 잔모래 : 지름 0.05~0.25mm 알맹이 돌
  ② 석재의 종류
    ㉠ 화강암
      - 강도 매우 높음, 내구성과 내산성 높음
      - 흡수성 떨어짐, 자연풍화 및 마모에 강함
      - 사방공사용, 축석용 석재 생산
    ㉡ 수성암
      - 퇴적층이 판상형태 가짐
      - 강도 떨어짐, 준경석과 연석이 많음
      - 흡수성 높음, 풍화되기 쉬움
      - 석질 치밀하고 부드러워 가공용이
      - 토목용 석재
    ㉢ 대리석
      - 실내장식재
      - 탄산석회가 주성분 → 산성에 약함
      - 조직치밀, 연마효과 높음
      - 강도 높음, 비중이 큼, 가격 비쌈
      - 내구성 떨어짐, 쉽게 풍화

(3) 가공석의 종류
  ① 마름돌 : 긴 면에서 직사각형 육면체 되게 다듬은 돌 / 견치돌 : 돌쌓기공사에 많이 사용
  ② 대리석 : 원석을 2~5cm 두께로 톱켜기 한 돌 / 인조석(모조석) : 시멘트의 일종, 씻어 긁어낸 후 잔다듬한 모조석
  ③ 사괴석 : 15~25cm 정도 각석으로 한식 건물 바깥벽담, 방화벽에 사용 / 장대석 : 네모지고 긴 석재로 전통공간의 후원, 섬돌, 디딤돌에 사용
  ④ 판석 : 두께 15cm 미만, 폭이 두께의 3배 이상으로 궤도용으로 사용 / 각석 : 폭보다 길이가 긴 직육면체형으로 구조용
  ⑤ 경계석 : 포장면을 구획하는 것으로 두께 10~30cm, 너비 10~250cm, 길이 100cm의 화강석 규격품

(4) 정원석
  ① 정원석 형태
    ㉠ 입석 : 서 있는 것 / 평석 : 밑이 평평한 것
    ㉡ 환석 : 둥글둥글한 것 / 각석 : 삼사각형
    ㉢ 사석 : 비스듬히 누운 돌 / 횡석 : 눕혀 놓은 것
    ㉣ 와석 : 소가 누워있는 모양
  ② 디딤돌
    ㉠ 크기 : 한발용 직경 25cm, 두발용 50~60cm
    ㉡ 두께 : 10~15cm, 간격: 8~10cm, 중심거리: 50cm, 지표보다 3~6cm 높아지도록 앉힌다.

(5) 석재 다듬기
  ① 혹다듬질 : 메다듬질, 큰 망치
  ② 정다듬 : 거친정, 고운정, 줄정
  ③ 도드락다듬 : 도드락 망치, 평탄작업
  ④ 잔다듬 : 날망치, 면다듬
  ⑤ 물갈기 : 기계갈기, 손갈기
  ⑥ 표면 가공형태 거친순서 : 혹두기 > 정다듬 > 도드락 다듬 > 잔다듬

(6) 석축공
  ① 석재판붙임 : 외관이 아름답고 내구성 있게 하기 위해 우수한 원석 가공해 제작, 화강석판석 붙이기, 대리석 붙임
  ② 자연석 쌓기 : 수직적 구조물에 자연석을 수직, 사선으로 사면이 되도록 설치(못의 호안, 축대, 벽천)
  ③ 돌쌓기 :
    * 메쌓기(뒷채움을 하지 않고 돌과 흙을 뒤섞어서 일종의 구조를 만듦)
    * 찰쌓기(뒷채움 콘크리트를 사용, 줄눈 모르타르 발라서 시공, 2~3m^2마다 1개의 비율로 지름 3~6cm 물빼기관 설치)

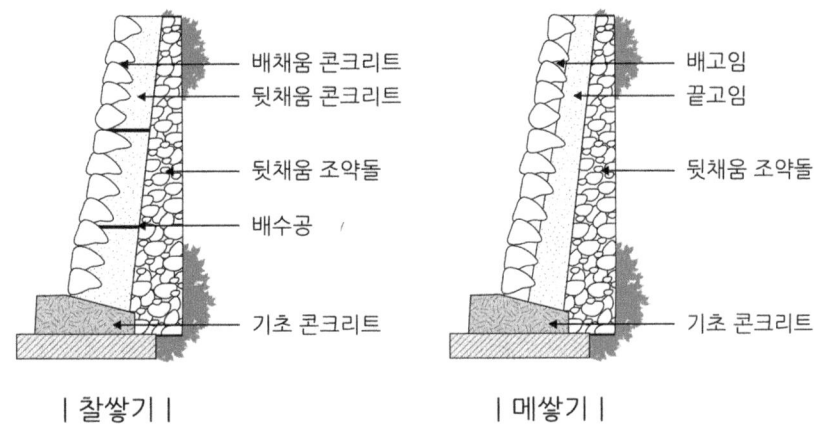

| 찰쌓기 | | 메쌓기 |

3. 콘크리트재와 콘크리트 공사

(1) 시멘트 : 교착재(결합재)의 총칭으로 포틀랜드 시멘트가 대표적

① 시멘트 특성 : 석회암에 진흙과 광석찌꺼기를 섞어 1,000~1,200℃에서 가열해 만듦

  단위: 포대, 1포대 = 40kg, 시멘트 $1m^3$ = 1,500kg, 응결시간 : 초결 1시간, 종결 10시간

② 시멘트 종류

  ㉠ 포틀랜드 시멘트 - 보통포틀랜드 시멘트: 조경공사로 많이 사용

   - 백색 포틀랜드 시멘트 : 치장용, 구조용
   - 조강 포틀랜드 시멘트 : 공사를 서두를 때, 겨울철 공사에 적합(28일 강도를 7일 만에 만듦)
   - 중용열 포틀랜드 시멘트 : 수화작용에 의한 발열량을 낮게 하는 것이 목적, 조기강도는 낮으나 장기강도가 크며, 체적의 변화가 적어 균열이 적다, 내침식성과 내구성이 강함, 댐·도로포장용·방사능 차단·Mass 콘크리트에 사용

  ㉡ 혼합시멘트 - 실리카 포틀랜드 시멘트: 방수용으로 사용

   - 플라이 애쉬 시멘트 : 알의 모양이 둥글어서 동일한 장기강도 얻을 수 있고, 워커빌리티가 좋아짐으로 사용 수량을 적게 할 수 있다.
   - 고로시멘트 : 광재를 공기 중에서 냉각시켜 부순 것을 포틀랜드 시멘트·크링커와 혼합·분쇄해 분말로 만든 것, 초기강도는 적지만 팽창이 적고 화학작용에 대한 저항성이 크며, 응결시 발열량이 적다. (해수, 하수, 공장폐수 접하는 공사에 적합)

③ 시멘트 경화과정 : 수화작용(시멘트에 물을 가하면 화학변화를 일으켜 새로운 화합물을 만드는 작용) → 응결과정 (수화작용에 의해 점차 굳어지는 상태) → 경화과정(응결 끝낸 시멘트가 더욱 조직을 견고히 강도를 증가시켜가는 과정)

④ 시멘트 강도의 영향인자

  - 사용수량   - 분말도
  - 풍화   - 양생조건

⑤ 시멘트 저장

  - 지표에서 30cm 이상 이격, 방습처리
  - 개구부 설치×
  - 3개월 이상 저장 시멘트 → 재시험 실시 후 사용
  - 선입선출
  - 창고주위 → 배수도랑
  - 시멘트 13포대 미만 쌓기

(2) 골재

① 크기

  ㉠ 잔골재(모래) : 5mm 채에 쳐서 85%이상 통과하는 골재
  ㉡ 굵은골재(자갈) : 5mm 채에 쳐서 85%이상 남는 골재

② 형성원인에 따른 분류
　　㉠ 천연골재 : 강모래, 강자갈, 바다모래, 바다자갈, 육지모래, 육지자갈, 산모래, 산자갈 등
　　㉡ 인공골재 : 부순모래, 부순자갈 등
　　㉢ 산업부산물 이용골재 : 고로슬래그 부순모래, 고로슬래그 부순자갈
　　㉣ 재생골재 : 콘크리트 폐기물 분쇄한 부순모래, 부순자갈
③ 비중에 따른 종류
　　㉠ 보통골재 : 전건비중 2.5~2.7 정도(강모래, 강자갈, 부순모래, 부순자갈 등)
　　㉡ 경량골재 : 전건비중 2.0 이하의 천연 화산재, 경석, 인공의 질석, 펄라이트 등
　　㉢ 중량골재 : 전건비중 2.8 이상으로 중정석, 철광석 등에서 얻은 골재
　　　* 전건비중 : 전건밀도 대 물의 밀도 비, 전건: 건조한 것
④ 골재 공극률 : 잔골재 공극율(30~40%), 공극율이 적은 골재 사용한 콘크리트는 수밀성, 내구성 증가

(3) 시멘트 혼화재료
① 혼화재 : 시멘트량의 5% 이상, 시멘트의 성질을 개량할 목적으로 사용하는 재료
　　㉠ 종류 : 플라이애시, 고로슬래그 분말, 인공 포졸란류
　　㉡ 효과 : 콘크리트 수화열 저감효과, 워커빌리티 증진, 초기강도의 저하, 장기 강도 증진
　　㉢ 팽창재 : 수축균열 방지효과
　　㉣ 플라이애시 : 유동성 개선, 장기강도 개선, 수화열 감소, 콘크리트 수밀성 향상
② 혼화제 : 시멘트량 1% 이하의 약품으로 소량사용
　　㉠ A.E제 : 독립된 공기를 콘크리트 중에 균일하게 분포해 가동성 좋아지게 함, 콘크리트 내구성 증가
　　㉡ 분산제 : 시멘트 입자를 분산시켜 콘크리트 워커빌리티를 증대하며 단위수량 감소시킴
　　㉢ 방수제 : 방수필요한 곳에 사용/포졸란: 해수에 대한 화학적 저항성, 수밀성 개선
　　㉣ 경화촉진제 : 수중콘크리트에 사용
　　㉤ 지연제 : 수화반응 지연시켜 응결시간 늦춤

(4) 콘크리트의 배합
① 배합표시방법
　　㉠ 절대용적배합 : 콘크리트 1m³당 절대용적(ℓ)로 표시하는 기본 방법, 시멘트·잔골재·굵은 골재를 용적으로 배합 (철근콘크리트=1 : 2 : 4, 무근콘크리트= 1 : 3 : 6)
　　㉡ 표준계량용적배합 : 콘크리트 1m³당 시멘트 포대수, 골재 단위용적중량으로 표시
　　㉢ 중량배합 : 콘크리트 1m³당 중량(kg)으로 표시, 절대용적배합의 재료량에 비중 곱해서 계산
② 콘크리트 공사 순서
　　: 콘크리트 배합 → 비비기 → 운반 → 치기(타설) → 다지기 → 보양

(5) 콘크리트 공사 관련용어
① 블리딩 : 아직 굳지 않은 시멘트풀, 모르타르 및 콘크리트에 있어서 물이 윗면에 솟아오르는 현상으로 재료 분리의 일종 (콘크리트 친 후 물이 위로 2~4시간 정도 스며 나오는 현상)
② 슬럼프 테스트 : 콘크리트 작업의 워커빌리티를 측정하는 방법, 콘크리트 위에 무거운 물건을 떨어뜨려 내려앉는 높이(cm)로 측정해 표시
③ 워커빌리티(시공연도) : 반죽질기에 의한 작업의 난이도 정도 및 재료분리에 저항하는 정도 = 시공성
④ 성형성(플라스티시티) : 재료분리가 일어나지 않으며, 거푸집형상에 순응하여 거푸집 형태로 채워지는 난이정도
⑤ 피니셔빌리티(마감성) : 골재의 최대치수에 따르는 표면정리의 난이정도=마감작업의 용이성 정도
⑥ 물과 시멘트 비(W/C) : 물과 시멘트의 중량비에 따라 콘크리트 강도 결정하는 것(물과 시멘트의 중량백분율)
W/C = 물무게 / 시멘트무게 × 100 = 40~70%
⑦ 콘크리트 흡수율 : 15~22%
⑧ 레미콘 : 굳지 않은 상태의 콘크리트

(6) 콘크리트 성질
① 소요강도를 얻을 수 있을 것
② 적당한 워커빌리티를 가질 것
③ 균일성을 유지하고 내구성이 있을 것
④ 경제적일 것

(7) 콘크리트 특성
① 장점 : 압축강도 큼, 내화성·내수성·내구성 높음
② 단점
 - 중량 큼
 - 인장강도 작음
 - 수축에 의한 균열
 - 보수, 제거 곤란

(8) 콘크리트 양생
① 양생온도 : 15 ~ 30℃(20℃ 전후)
② 절대안정상태 유지
 - 여름 : 3 ~ 5일
 - 겨울 : 5 ~ 7일

(9) 철근공사
① 개요 : 인장응력이 강한 철근+압축응력이 강한 콘크리트를 결합
② 철근재료 : 원형철근, 이형철근, 고장력 이형철근

4. 금속재와 금속공사

(1) 금속의 장단점

① 장점 : 강도·경도·내마모성 등 역학적 성질이 뛰어나다, 고유의 특유한 광택을 갖는다, 전성과 연성이 높다, 변형과 가공이 자유롭다, 역학적 결점을 합금을 통해 개선 가능하다.

② 단점 : 비중이 커서 재료의 응용범위가 제한된다, 산소와 쉽게 결합해 녹이 발생한다, 제작비용이 과다하다.

(2) 금속의 종류

① 철금속 : 순철, 탄소강, 주철, 스테인리스강, 표면처리강

② 비철금속 : 구리, 황동, 청동, 알루미늄

(3) 금속 부식방지 표면 피복법

① 페인트, 바니시 등 도료 사용

② 아스팔트, 콜타르 등 광유성재 도포

③ 아연도금이나 주석도금

④ 인산염 용액에 금속을 담가 표면에 피막 형성

(4) 금속제품

① 철구조용 : 형강, 봉강, 판재, 선재

② 보강철물 : 볼트, 너트

③ 바탕철물 : 와이어메쉬

5. 점토 및 타일과 조적공사

(1) 점토 제품의 종류

    ① 점토벽돌 : 점토나 고령토 등을 원료로 성형, 건조, 소성시켜 만든 벽돌

    ② 타일 : 점토 또는 암석의 분말을 성형, 소성하여 만든 박판제품의 총칭

    ③ 테라코타 : 구운흙으로 붉은 도기 점토를 반죽해 상대적으로 낮은 800~900℃에서 소성한 제품

(2) 조적공사

    ① 재료의 종류

        ㉠ 보통벽돌 : 형상대로 틀에 넣어 성형, 가열온도에 따라 광채벽돌, 생벽돌 생성

          (표준형: 190 × 90 × 57mm, 기존형: 210 × 100 × 60mm)

        ㉡ 내화벽돌 : 열에 강해 1580℃ 이상에서 연소

        ㉢ 시멘트 벽돌 : 보통벽돌보다 강도는 약하나 고압 성형한 고압시멘트벽돌

    ② 벽돌공사의 장·단점

        ㉠ 장점 : 풍화에 강, 내화·내구성이 있다, 시공용이, 형태와 색채가 자유롭다, 화학작용에 대해 저항력이 강하고, 미관상 보기 좋다.

        ㉡ 단점 : 형태가 작아 쌓는 시간이 많이 걸린다, 숙련공이 필요하며 횡력에 약하다.

    ③ 벽돌쌓기 방법

        ㉠ 영국식(구조가 가장 튼튼함), 프랑스식(매단에 길이쌓기, 마구리쌓기를 번갈아 쌓기)

        ㉡ 길이쌓기(굴뚝 등 빈 장벽 쌓기에 적합), 마구리쌓기

        ㉢ 반 장 쌓기(0.5B), 한 장 쌓기(1.0B), 1장 반 쌓기(1.5B), 2장 쌓기(2.0B)

    ④ 벽돌쌓기 유의사항

        ㉠ 벽돌을 10분 이상 물에 담가 충분히 흡수시킨 뒤 사용

        ㉡ 1회 쌓는 높이 1.2m(20단) 이하, 12시간 경과 후 다시 쌓기

        ㉢ 줄눈은 가로 세로 10mm가 표준

        ㉣ 모르타르 배합비- 보통 1 : 3, 중요한 곳 1 : 2, 치장줄 1 : 1(2)

6. 합성수지, 미장 및 도장재와 공사

(1) 합성수지 : 원료(석탄, 석유, 천연가스 등)를 인공적으로 합성시켜 얻은 고분자 물질

　① 종류(대표적 4대 합성수지)

　　: PVC(염화비닐 수지), PS(폴리스틸렌 수지), PP(폴리프로필렌 수지), PE(폴리에틸렌 수지)

　② 성질 :

　　㉠ 내열성 약하고 열에 의한 팽창수축이 심해 연소 시 유독가스 발생, 내후성이 약하고 외부공간에서 취약함.

　　㉡ 내마모성이 약해 외부 공간에서 흠이 나기 쉽다.

　　㉢ 가공성·가방성 높으며 내약품성은 콘크리트나 강보다 우수하다, 전기절연성 우수, 외관이 자유롭고, 접착성이 좋다.

　③ 조경용 합성수지 제품 : 합성수지 매트 및 네트, 합성목재, 잔디보호 매트 및 투수성 플라스틱 포장재, 배수 및 저류시설, 막 구조용 섬유

(2) 도장재

재료	종류
페인트	수성페인트
	유성페인트
	에나멜페인트
	녹막이페인트
바니시	유성 바니시 / 휘발성 바니시
합성수지 도료	에폭시 수지도료
	합성수지 에멀션 페인트
특수도료	방청도료
	본타일
	단청 도료

* 녹방지 도료 : 알미늄 분도료, 연단도료, 산화철도료, 광명단

7. 기타 옥외포장재, 생태복원재

(1) 옥외포장재

① 분류

㉠ 생산소재에 따른 분류 : 자연재료, 인공재료

㉡ 제조방식에 따른 분류 : 혼합물계(아스팔트계, 콘크리트계, 수지계, 흙, 목질계), 도포계(우레탄, 수지모르타르), 제품계(소형고압블록, 석재타일, 점토바닥벽돌, 벽돌, 고무블록, 잔디블록)

② 재료별 특성

㉠ 아스팔트 콘크리트 포장 : 경제성, 내구성 높아 도로, 주차장, 자전거도로, 산책로, 광장 등에 사용

㉡ 콘크리트 포장 : 가장 일반적 포장으로 공원, 도로, 주차장, 자전거도로, 산책로, 광장에 사용

㉢ 블록 포장 : 소형고압블록(보행로, 주차장, 광장), 점토바닥벽돌(보행로, 광장, 휴게공간), 벽돌(보행로, 정원), 목재블록(정원, 휴게공간, 데크)

(2) 생태복원재

① 식물 부산물 : 분쇄한 짚, 매트, 롤, 페지, 멀칭재 등

② 식물 발생재 : 식물의 지엽부와 목질부를 혼합하여 재활용

③ 목재 : 목재 멀칭재, 목재 침상, 다공성 목편, 콘크리트 블록, 목재 블록

④ 콘크리트 : 다공질 콘크리트 블록(녹화가능), 공동 콘크리트 투수 블록

⑤ 석재 : 개비온, 돌망태, 자연석, 화산석

⑥ 합성수지 : 합성수지 네트, 매트, 주머니, 잔디보호 플라스틱 포장재

03. 공종별 공사

1. 포장공사

(1) 포장의 종류

① 용도별 종류 : 차량전용도로포장, 보행자전용도로포장, 관리용도로포장, 자전거전용도로포장, 주차장 포장, 운동장 포장

② 사용재료별 종류

㉠ 인공재료 : 아스팔트, 시멘트 콘크리트, 벽돌, 콘크리트 블록, 타일

㉡ 자연재료 : 호박돌, 조약돌, 자연석·판석 포장, 마사토 포장

③ 재료별 포장방법

㉠ 흙다짐 : 정구장, 배구장, 배드민턴장 등 운동장 포장, 공원산책로, 자연공원, 등산로 등의 도로포장에 적용

㉡ 블록포장 : 보도, 주차장, 광장, 퍼골라 바닥, 옥상 등 모든 단위포장재료 포함

㉢ 합성수지포장 : 운동장(육상경기장, 정구장, 배구장), 건물옥상 등 바닥포장

㉣ 인조잔디포장 : 운동장, 실내골프장, 옥상 등

㉤ 투수콘 포장 : 공원, 유원지도로, 주차장, 자전거도로, 산책로 등

㉥ 아스팔트, 콘크리트포장 : 보도, 자전거도로, 공원내 도로, 광장, 주차장 등

㉦ 탄성고무칩 포장 : 어린이 놀이터

㉧ 우레탄 포장 : 경기장 트랙

2. 배수공사

(1) 배수계획

① 배수 종류 : 표면배수(지표에서의 물의 관리, 운반 저장 처리), 심토층 배수(지하수의 관리, 조절, 보호)

② 배수 방법 : 명거배수(배수구를 지표면에 노출 시킨 배수), 암거배수(배수관을 지하에 매설하여 처리하는 배수)

③ 배수 계통

　㉠ 직각식 : 배수관거를 하천에 직각으로 연결하여 배출하는 방법(비용저렴, 수질오염 우려)

　㉡ 선형식 : 지형이 한 방향으로 집중되어 경사를 이루거나 하수처리관계상 한정된 장소로 집중시키는 방식

　㉢ 방사식 : 지역이 광대해 한 곳으로 모으기 곤란할 때 방사형 구획으로 집수하고 별도로 처리하는 방식, 관로가 짧고 가늘다.(시공비 절감, 하수처리장이 많아 부담)

　㉣ 집중식 : 사방에서 한 지점을 향해 집중적으로 흐르게 하여 처리하는 방식, 저지대의 배수에 사용

　㉤ 차집식: 우천시 하천으로 방류, 맑은 날 차집거를 통해 하수처리장 처리 후 방류

　㉥ 평행식: 고지구와 저지구로 구분해 배관하는 방식(고지구는 자연유하, 저지구는 양수배수)

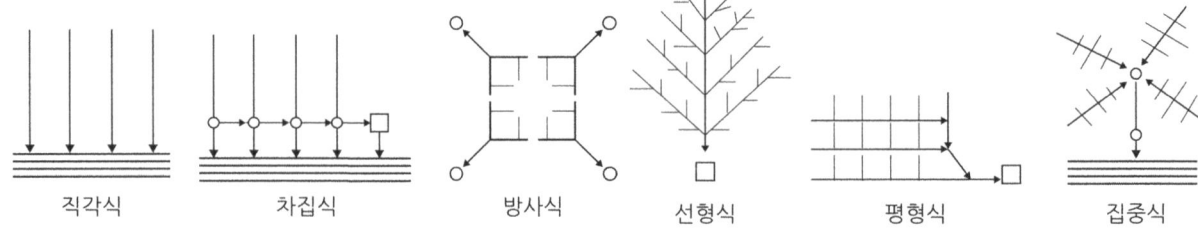

직각식　　차집식　　방사식　　선형식　　평형식　　집중식

(2) 우수량

① 강우강도 : 단위시간 동안 내린 강우량(mm/hr)

② 유출계수 : 유출량과 강우량의 비율로 1년 단위의 비율이나 1시간, 1분 등의 단위시간의 비

유출계수 = 최대우수유출량 / 강우강도 × 배수면적

지역	공원 광장	잔디밭 정원	삼림지구	상업지역	주거지역	공업지역
유출계수	0.1~0.3	0.05~0.25	0.01~0.2	0.6~0.7	0.3~0.5	0.4~0.06

(3) 지하우수배수관 설계

① 배수관거 : 우수를 지표 유입구에서 집수시켜 처리, 하수처리장이나 토구로 운반하는 밀폐된 도관

② 최소관경 : 오수관거 및 우수토실의 오수관(200mm 이상), 우수관거 및 합류관거(250 mm 이상)

(4) 심토층 배수설계 : 지표면에서 투수층을 따라 움직이면서 흐르는 물

① 심토층 배수의 역할

　㉠ 진흙과 같은 불투성 토양의 물 제거

　㉡ 낮은 평탄지의 지하수위 저감

　㉢ 불안정한 지반 개선, 일시적 표면유출 방지

　㉣ 기초벽 등으로부터 스며나오는 물 제거

② 심토층 배수의 배치유형
    ㉠ 어골형 : 전지역의 배수가 균일하게 요구되는 평탄한 지역(경기장, 운동장, 놀이터), 주선을 중앙에 경사지게 배치하고 지선을 비스듬히 실치
    ㉡ 즐치형 : 지선을 주선과 직각 방향으로 일정한 간격으로 평행하게 배치, 넓고 평탄한 지역의 균일한 배수에 사용, 어골형과 혼합사용 가능
    ㉢ 선형 : 주선이나 지선의 구분 없이 1개의 지점으로 집중되게 설치, 지형적으로 침하된 곳이나 경사진 소규모 지역에 사용
    ㉣ 차단형 : 경사면 내부에 불투수층이 있어 우수의 배출이 안 되거나 사면에서 용출되는 물을 제거 위한 방법. 도로의 사면에 많이 적용, 도로를 따라 수로형성
    ㉤ 자연형 : 지형의 기복이 심한 소규모 공간, 물이 정체된 평탄지 배수촉진을 위해 설치(국부적인 곳의 배수), 지형에 따라 자연 등고선 고려해 주관설치, 주관중심으로 양측에 지관설치

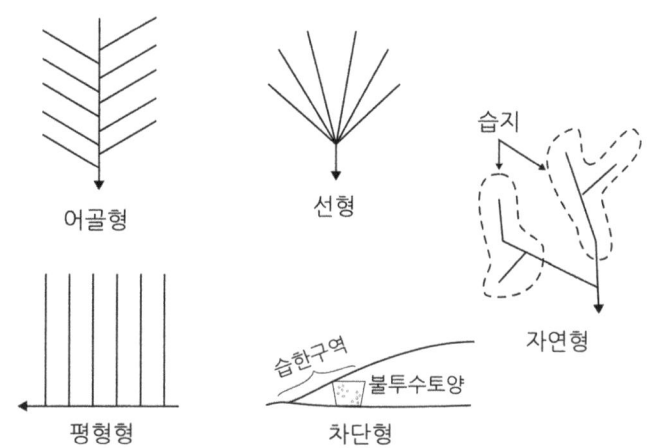

3. 관수공사

(1) 관수의 종류

① 낙수식 관수 : 물이 깊게 흡수되어 뿌리가 깊은 교목 및 관목류에 사용(시설비는 많이 드나 물을 절약)

② 살수식 관수 : 살수기에 의한 관수로 초화류나 잔디 등 밀식되어 있는 경우에 적합

(2) 살수기

① 살수기의 종류

　㉠ 분무살수기 : 고정된 동체와 분사공만으로 된 가장 간단한 살수기(좁은 잔디지역, 불규칙한 지역)

　㉡ 분무입상살수기 : 물이 흐를 때 동체가 입상관에 의해 분무공이 지표면 위로 올라오게 된 장치

　㉢ 회전살수기 : 살수를 위한 분무공을 1개 또는 여러 개를 가짐(원형이나 분원형으로 살포)

　㉣ 회전입상살수기 : 살수기에 회전 및 입상기능이 복합된 것

(3) 살수관개시설 설계

① 관수량 결정 : 토양의 보수력, 살수 중에 일어나는 수분의 손실량과 잔디의 생육에 따른 증산량에 따라 좌우

　㉠ 잔디, 관목숲의 요구량 : 보통기후에서 1주에 25mm(따뜻한 기후에서 1주에 45mm)

　㉡ 골프코스 : 그린 50mm, 페어웨이 25mm

② 살수기 배치간격 : 삼각형 배치가 가장 효과적인 균등계수(85~95%)를 가짐, 간격(살수 작동직경의 60~65%)

③ 살수 강도 : 토양종류, 경사, 피복식생, 기후나 바람 등 조건에 따라 결정(보통 10mm/hr가 적합)

④ 급수원에 따른 분배방법

　㉠ 직선분배 : 운반거리가 짧은 급수관로에 효율적

　㉡ 환상식 분배 : 급수원으로부터 관수요구점까지 2개의 분배선에 의해 제공, 살수계통의 관경을 감소시키고 압력 손실을 2개의 분배선에 균등배분

　㉢ 이중급수원 분배 : 두 지점의 급수원에서 2개의 분배선으로 관수하여 시설보수 및 유지관리 용이

4. 수경시설 기타 일반 토목공사

(1) 수경시설

① 분수와 풀(설계시 고려사항)

㉠ 규모 : 전체적인 공간 환경에 적합한 수경시설의 크기, 용량 결정

㉡ 수반 : 적정 물 깊이 35~60cm

㉢ 단 : 미끄럽지 않게 수면차이 고려해 단 설치

㉣ 립과 월류보 : 떨어지는 물의 효과 다루는 방법

* 립 : 떨어지는 물의 난류와 희게 보이는 물의 효과(바닥면에 흐르는 물)

* 월류보 : 물의 많은 용량을 부드러운 면으로 흐르게 하는 효과(풀 가장자리의 단 위로 흘러 넘게)

② 연못

㉠ 바닥처리 : 진흙다짐처리(진흙, PE필름, 자갈 등 처리), 콘크리트 바닥처리

㉡ 월류구(overflow)는 수면 높이를 조절하는 장치로 위 가장자리로부터 약 10cm 되는 곳에 만들고, 배수구 설치 (급수구 보다 낮게 설치)

㉢ 퇴수, 급수시설 : 퇴수구높이는 표준수면과 같게, 급수구는 그 보다 높게 하며 노출되지 않게

(2) 전기시설 공사

① 광원의 종류와 특성

종류	백열전구	할로겐램프	형광등	수은등	나트륨등
용량	2~1,000W	500~1,500W	6~110W	40~1,000W	20~400W
용도	엑센트조명, 투광조명	경기장, 광장(투광조명)	옥내외, 전반조명, 국부조명	높은 천장, 투광조명, 도로조명	도로조명, 터널조명
광색	적색	적색	백색	청백색	등황색, 황백색

② 터널조명

- 입구조명 : 200lux 유지해야 한다.

③ 주택 및 인도조명

㉠ 가로등 높이 : 4m 초과하면 안됨

㉡ 등주의 간격 : 60cm보다 작게

④ 고속도로 조명

㉠ 1개 기둥당 3~6개 전구로 등주가 높고 등이 밝아야 한다.

㉡ 고압수은 형광등, 고압나트륨램프 사용

㉢ 전지역 50lux 비추도록 한다.

5. 운반 및 기계화시공

(1) 기계화시공의 장점

① 공사기간의 단축이 가능하다.
② 공사의 품질이 향상된다.
③ 대규모 공사에서 공사비가 절감된다.
④ 안전사고를 감소시킬 수 있다.

(2) 건설기계 종류

① 불도저 : 단거리 절토, 성토, 정비, 흙 운반작업에 사용
② 백호 : 기동력이 가장 좋으며 굴삭작업, 대형목 이식, 자연석 놓기 등 조경공사에 가장 많이 사용된다.
③ 로더 : 불도저의 속도를 보완한 것
④ 덤프트럭 : 기동성이 좋아 원거리 수송에 적합하고, 흙·모래·자갈 등을 운반하기에 적당하다.
⑤ 크레인 : 중량물을 수직으로 올리고 내리는 기계로 대형수목 및 자연석 적재, 운반, 쌓기, 놓기에 사용
⑥ 진동 콤펙터 : 포장공사에 널리 사용하는 하항력 다짐기계

6. 도로공사

(1) 도로계획

① 노선계획

㉠ 가장 완만한 구배의 노선 선택
㉡ 오르막 구배가 급하면 우회하며 되도록 직선으로 설계
㉢ 건조 용이, 통풍이 쉬운 곳 용이, 지하수 대책 고려
㉣ 하천과 되도록 직각으로 교량건설

(2) 도로의 설계요소

① 도로폭원의 재요소

㉠ 차도 : 차량 통행에만 쓰이는 목적의 도로, 대체로 3.0~3.75m
㉡ 보도 : 시가지 간선도로에는 보도 설치한다.(폭원 : 차도전체폭의 1/4)
㉢ 노견 : 고장차 대비, 완속차·사람 대피, 도로표지 및 전주 등 노상시설 설치(0.5~1m)
㉣ 분리대 : 4차선 이상 도로에서 중앙분리대 설치, 차도폭원 14m 이상일 때 고려
㉤ 노상시설대 : 차도폭원 14m일 때 노상시설 있으면 1m 이상, 없으면 0.5m 이상으로 설치

(3) 도로설계의 재요소

① 횡단구배 : 노면 종류에 상관없이 배수를 위해 차도를 향해 편구배 2% 표준
② 종단구배 : 노면의 중심선에서 경사를 가지고 표시하며 노면배수위한 최소구배 0.5%
③ 시거 : 전방을 내다볼 수 있는 거리(정지시거, 피주시거, 고속도로의 추월시거)
④ 선형(곡선부) : 평면선형을 말하며 평면도상에 나타난 도로중심선의 형상(단곡선, 복합곡선, 배향곡선, 반향곡선)

㉠ 곡선반경 : 곡선부분에서 자동차가 직선부와 같이 안전하게 주행할 수 있는 곡선반경
㉡ 편구배 : 원심력에 대한 보정으로 차량의 회전반대방향으로 구배를 높이는 것

Chapter 03. 조경식재 및 시공

09. 조경적산

01. 수량산출

1. 토공량

① 토량변화율 : 토량체적변화율 L = 흐트러진상태의 체적(m^3) / 자연 상태의 체적(m^3),

C = 다져진 상태의 체적(m^3) / 자연 상태의 체적(m^3), L값은 1보다 크고 C값은 1보다 작다.

*토량환산계수

기준이 되는q \ 구하는 Q	자연상태의 토량	흐트러진 상태의 토량	다져진 후의 토량
자연상태의 토량	1	L	C
흐트러진 상태의 토량	1/L	1	C/L
다져진 후의 토량	1/C	L/C	1

② 되메우기 : 터파기한 장소에 구조물 설치한 후 잔여공간에 파낸 흙을 되메우는 작업

되메우기토량 = (터파기체적 - 기초부체적) × 체적변화율C

③ 잔토처리 : 터파기 한 흙에서 되메우기하고 남은 잔여토량을 버리는 작업

잔토처리량 = 터파기 체적 - 되메우기 체적

④ 터파기 계산공식

독립기초파기	$A = \dfrac{h}{6}\{(2a+a')b + (2a'+a)b'\}$		독립기초 터파기
줄기초파기	$A = \dfrac{a+b}{2}h \times \ell$		줄기초 터파기
양단면평균법	$V = \dfrac{l}{2}(A_1 + A_2)$		l : 양단면간 거리 A_1, A_2 : 양단면의 면적
중앙단면법	$V = A_m \times \ell$		A_m : 중앙단면 면적 ℓ : 양단면간의 거리
각주공식	$V = \dfrac{l}{6}(A_1 + 4A_m + A_2)$		l : 양단면간 거리 A_1, A_2 : 양단면의 면적 A_m : 중앙단면 면적
점고법	$V = \dfrac{1}{4}A(h_1 + h_2 + h_3 + h_4)$		A : 수평저면적 h_1, h_2, h_3, h_4 : 각점의 수직고
거형분할식	$V = \dfrac{A}{4}(\Sigma h_1 + \Sigma h_2 + \Sigma h_3 + \Sigma h_4)$		A : 수평저면적 $\Sigma h_1 \sim \Sigma h_4$: 각정점의 높이합
삼각형분할식	$V = \dfrac{A}{3}(\Sigma h_1 + 2\Sigma h_2 + 3\Sigma h_3 \cdots + 8\Sigma h_8)$		A : 수평저면적 $\Sigma h_1 \sim \Sigma h_8$: 각정점의 높이합
등고선법	$V = \dfrac{h}{3}\{A_1 + 4(A_2 + A_4 + \cdots + A_{n-1})$ $+ 2(A_3 + A_5 + \cdots + A_{n-2}) + A_n\}$		h : 등고선 간격, n : 단면수 $A_1 \sim A_n$: 등고선으로 둘러싸인 면적

2. 기계장비의 시공능력 산정

인력운반	$Q = N \times q$ $N = \dfrac{VT}{(120L + Vt)}$ $Cm = \dfrac{120L}{V} + t$	Q : 1일 운반량(m³, kg) N : 1일 운반회수 Cm : 1회 운반소요시간 q : 1회운반량(m³, kg) T : 1일 실작업시간(450분) L : 운반거리(m) t : 적재, 적하소요시간(3분) V : 왕복평균속도(m/hr)
목도운반	운반비 $= \dfrac{M}{T} \times A\left(\dfrac{120L}{V} + t\right)$	M : 필요한 목도공의 수(인) T : 1일 실작업시간(450분) L : 운반거리(m) V : 왕복 평균속도(km/hr) t : 준비작업시간(2분), 목도공 1회운반량: 40kg 경사지 환산거리 : 환산계수×L
불도저	$Q = \dfrac{60q \times f \times E}{Cm}$ $q = q^0 \times e$ Cm = 전진시간+후진시간+기어변속시간(0.25분)	Q : 시간당 작업량(m³/hr) q : 삽날의 용량(m³) q⁰ : 거리를 고려하지 않는 삽날 용량(m³) e : 운반거리 계수 f : 토량 환산 계수 E : 작업효율 Cm : 1회 사이클 시간(분)
백호우 로더	$Q = \dfrac{3600q \times K \times f \times E}{Cm}$	Q : 시간당 작업량(m³/hr) q : 버킷의 용량(m³) f : 토량 환산 계수 E : 작업효율 K : 버킷 계수 Cm : 1회 사이클 시간(초)
덤프트럭	$Q = \dfrac{60q \times f \times E}{Cm}$ $q = \dfrac{T}{r^t} \times L$ Cm = 적재시간 + 적하시간 + 왕복시간 　　+ 대기시간 + 적재함 덮개 설치 및 　　해체시간	Q : 1시간당 흐트러진 상태의 작업량(m³/hr) q : 흐트러진 상태의 덤프트럭 1회 적재량(m³) r^t : 자연상태에서의 토석의 단위중량(ton/m³) T : 덤프트럭의 적재용량(ton) L : 토량 환산계수에서의 토량변화율 f : 토량 환산 계수 E : 작업효율(0.9) Cm : 1회사이클시간(분)

롤러	$Q = \dfrac{1000 \times V \times W \times E \times D \times f}{N}$ $A = \dfrac{1000 \times V \times W \times E}{N}$	Q : 시간당 다짐토량(m³/hr) V : 다짐속도(km/hr) E : 작업효율 f : 체적환산계수 A : 시간당 다짐면적(m²/hr) W : 롤러의 유효폭(m) D : 펴는 흙의 두께(m) N : 소요다짐횟수
경운기	$Q = \dfrac{60 \times q \times f \times E}{Cm}$ $Cm = (\dfrac{L}{V_1}) + (\dfrac{L}{V_2}) + t$	Q : 1시간당 작업량(m³/hr) q : 흐트러진 상태의 경운기 1회 적재량(m³) f : 토량 환산 계수 E : 작업효율(0.9) Cm : 1회사이클시간(분) V1 : 적재시 속도(m/분) V2 : 공차시 속도(m/분) L : 거리(m) t : 적재 적하시간(분)
이동식 임목파쇄기	93.25kW용 Q = 6.0(m³/hr) 354.35 ~ 402.84kW용 Q = q × K × S × E	Q : 시간당 파쇄능력(m³/hr) q : 354.35kW의 시간당 표준파쇄량(m³/hr) 　　= 26(m³/hr) K : 임목파쇄기의 규격별 능력계수 E : 작업효율 S : 임목파쇄기의 스크린계수

3. 벽돌 수량산출(표준규격 벽돌 기준수량)

(m²당, 단위: 매)

벽돌두께＼벽두께	0.5B	1.0B	1.5B	2.0B	2.5B	3.0B
210*100*60기존형	65	130	195	260	325	390
190*90*57표준형	75	149	224	298	373	447

(할증률: 시멘트 벽돌: 5%, 붉은 벽돌: 3%, 내화 벽돌: 3%)

4. 수목 및 잔디량

① 규격표시

　㉠ 수목 형상에 따라 H × B, H × W, H × R로 표시하며 수종 및 규격별로 산출한다.(단위: 주)

　㉡ 잔디 및 초화류 : 피복(식재) 면적(m²)으로 계산하며, 잔디는 뗏장수로 계산하기도 한다.

구분	규격(cm)	식재기준
평떼	30 × 30 × 3	1m²당 11매
줄떼	10 × 30 × 3	1/2줄떼 : 10cm 간격, 1/3줄떼 : 20cm 간격

02. 표준품셈, 일위대가표

1. 수량산출의 개념, 목적
: 시공현장에서의 소요재료, 물량을 집계한 것으로 총공사비 산정의 중요과정

① 종류
  ㉠ 설계수량 : 실시설계, 상세설계도에 따라 산출한 것
  ㉡ 계획수량 : 설계도에 명시되지 않은 시공계획 수립상 소요되는 수량
  ㉢ 소요수량 : 손실량을 예측해 부가한 할증수량

2. 수량산출기준
① 수량은 C.G.S 사용(센티미터 - 그램 - Second)
② 수량단위, 소수위는 표준품셈단위표준에 준한다.
③ 소수점 한자리까지 구하고 4사5입
④ 순서에 따라 계산, 분수마다 값 구해 합산, 소수 2자리까지 계산한다.

3. 재료 및 금액의 단위
① 재료 : C.G.S원칙
  ㉠ 모래, 자갈 : 단위수량 m^3, 소수 2위까지 사용
  ㉡ 조약돌 : 단위수량 m^3, 소수 2위까지 사용
  ㉢ 모르타르, 콘크리트 : 단위수량 m^3, 소수 2위까지 사용

4. 할증량
① 재료의 할증 : 손실량을 예측해 재료비를 단가에 할증량을 포함한 소요량 곱해서 산출(조경용 수목, 잔디 : 10%)
② 품의 할증
  ㉠ 법정 근로시간 : 1일 8시간, 1주에 40시간, 1주에 12시간 한도로 연장근무가능
  ㉡ 소운반 운반거리 : 20m 이상일 때 할증, 경사면 소운반거리 = 직고 1m를 수평거리 6m로 계산

5. 조경관련 품셈
① 정의 : 공사 목적물의 달성을 위해 단위 물량당 소요하는 노력과 물질을 수량으로 표시한 것
   건설교통부에서 표준품셈을 제정하여 시행
② 조경공사에 주로 적용하는 표준품셈
  ㉠ 자연석 공사(톤당)
    - 자연석 놓기(조경공 2인 + 보통인부2인)
    - 자연석 쌓기(조경공 2.5인 + 보통인부 2.5인)
  ㉡ 잔디공사
    - 평떼(보통인부 0.069인, 떼 뜰 경우 0.06인)
    - 줄떼(보통인부 0.062인, 떼 뜰 경우 0.03인)/
    - 전면파종(특별인부 0.015인)

6. 일위대가표 작성

① 일위대가 : 재료의 단위 규격 당, 노무의 단위 인당 필요한 수량을 표를 만드는 것

　㉠ 기초일위대가 : 수량산출 없이 표준품셈에서 적용되는 항목을 추출해 작성(터파기, 콘크리트, 거푸집)

　㉡ 단위일위대가 : 기 산출된 단위공종별 수량에 단가 또는 기초일위대가를 곱하여 작성한 것

② 일위대가표 작성

　㉠ 시비(관목)

(식재면적 100m²당)

품목	규격	단위	수량	단가	금액	비고
비료		kg	100			비료의 종류는 지역 여건에 따라 선택
고형복합비료	유기질	개	200			
조경공	산림용	인	0.3			
보통인부		인	0.8			
계						

03. 공사비 산출

1. 공사비

① 재료비 : 직접재료비 + 간접재료비 - 작업부산물

② 노무비 : 직접노무비 + 간접노무비

③ 경비 : 전력비, 운반비, 기계경비, 특허권사용료 등

④ 일반관리비 : 공사업체를 지속하기 위해 발생하는 비용으로 순공사비 합계의 6%를 초과할 수 없다.

⑤ 기타경비 : (재료비 + 노무비) × 6% 정도

⑥ 이윤 : (순공사원가 + 일반관리비 - 재료비) × 9~15%

⑦ 세금 : (순공사원가 + 일반관리비 + 이윤) × 10%

⑧ 총공사비 : 순공사원가(재료비 + 노무비 + 경비) + 일반관리비 + 이윤 + 세금

Chapter 03. 조경식재 및 시공

10. 기본구조 역학

01. 구조설계의 개념과 과정

1. 구조설계의 개념

① 구조설계 : 구조물을 형성시키기 위한 구조계획, 구조물의 부분산정, 도면의 작성 등
② 구조역학 : 구조물에 어떤 외력을 가했을 때 일어나는 응력 및 변형 등에 대한 역학적 관계 규명
③ 구조계산 : 구조설계의 핵심으로 구조물을 역학적으로 해석하고 설계하는 과정

2. 구조계산순서

① 하중산정 : 구조물에 작용하는 하중을 종류에 따라 적용
② 반력산정 : 하중에 의해 구조물의 각 지점에 발생하는 힘
③ 외응력 산정 : 외력에 의해 구조물에 발생되는 역학적 작용력
④ 내응력 산정 : 구조물 내부에 생기는 외력에 저항하는 힘
⑤ 내응력과 재료의 허용응력 비교

02. 힘과 모멘트

1. 힘(P,W), 단위(kg, ton)
: 정지 물체의 이동, 이동물체의 방향 변경, 속도 변경 등의 원인이 되는 것

2. 힘의 3요소
① 크기 : 축척에 의한 선분의 길이로 표시
② 방향 : 화살표의 선분의 기울기로 표시
③ 작용점 : 선분위의 한 점으로 표시

3. 모멘트(M)
: 어떤 점을 중심으로 회전하려고 하는 힘의 회전능력
① 크기 : 힘의 크기와 회전점으로부터 힘의 작용선까지의 수직거리의 곱
   $M = P \times \ell$ (모멘트는 힘의 크기와 거리에 비례)
② 부호 : 정(+) : 시계방향, 부(-) : 반시계방향

03. 구조물

1. 하중의 종류
① 이동하중 : 구조물 위를 이동하는 하중
② 고정하중 : 구조물 자신의 무게, 구조물 위에 정지된 물품의 무게
③ 집중하중 : 하중이 한 점에 집중하여 작용
④ 분포하중 : 일정 면적, 길이에 동일한 세력으로 분포(등분포하중)

2. 지점과 반력
① 지점반력 : 구조물에 하중이 작용할 때 반작용으로 각 지점에 생기는 힘
   - 수직반력(V), 수평반력(H), 모멘트반력(M)

3. 구조물의 정지조건
① 외력과 반력의 평형 : 구조물이 이동이나 회전을 하지 않고 정지되어 있는 상태
② 외력과 내력의 균형 : 구조물의 파괴되지 않고 안전하게 하중을 지탱하는 상태

4. 구조물의 역학적 분류(안정과 불안정)
① 내적안정 : 외력에 의해 구조물이 변형되지 않는 경우
② 내적불안정 : 외력에 의해 구조물이 변형되는 경우
③ 외적안정 : 외력에 의해 구조물이 이동되지 않는 경우
④ 외적불안정 : 외력에 의해 구조물이 이동되는 경우

04. 부재의 선택과 크기결정

1. 보의 종류
① 단순보 : 한 단은 회전지점, 타단은 이동지점인 보
② 캔틸레버보 : 한 단은 고정단, 타단은 자유단인 보
③ 내민보 : 단순보에서 한 단 또는 양단을 지점 밖으로 내밀어 자유단의 캔틸레버를 가진 보
④ 고정보 : 보의 양단을 메워 넣고 고정한 것
⑤ 겔버보 : 보를 3개 이상의 지점으로지지, 단순보와 내민보를 조합한 것

2. 외응력
: 구조물이 외력을 받아 평형을 이루고 있을 때 부재의 임의의 단면에 생기는 저항력
① 종류
　㉠ 곡(휨)모멘트 : 부재 단면에 생기는 모멘트로 부재를 휘게 하는 작용
　㉡ 전단력 : 단면력의 재축에 직각방향 성분으로 재축에 직각으로 부재를 절단하려는 작용
　㉢ 축력 : 구조물상의 한 점에서 부재를 축 방향으로 압축, 인장하려고하는 외력의 세력
　㉣ 열모멘트 : 부재의 축선에서 이탈하여 축과 직교하는 하중

3. 내응력
: 외력의 상태에 따라 변화한 후 원래의 상태로 돌아가려고 하는 물체 내에 생긴 힘
① 특성 : 내응력의 합은 외응력의 크기와 같다.
② 종류
　㉠ 곡응력 : 보에 작용하는 외력들이 축에 직교하고 단면의 대칭축 내에 있을 때 대칭 곡 모멘트로 인해 보의 단면 내 생기는 곡응력
　㉡ 전단응력 : 축에 직교방향으로 직교하려는 성질
　㉢ 비트는 응력 : 축에 수직압력으로 꼬이는 현상으로 전단응력의 일종
　㉣ 편심응력 : 대칭축이 없는 단면에 편심축력이 작용할 때 부재 단면내에 생기는 응력과 같은 것

4. 담장의 구조설계
(1) 담장
　① 담장 붕괴의 원인
　　㉠ 기초파괴, 전도
　　㉡ 전도에 의한 파괴
　　㉢ 기초의 부동침하
　　㉣ 균열

5. 데크의 구조설계

① 설계하중계산 : 데크의 모양에 따라 나누어 각 면적에 하중을 곱하여 전체하중 산출

② 구조재 단면의 결정 : 반력, 최대전단력, 최대휨모멘트를 산출하여 최대값보다 낮아서 안전한 검증한다.

6. 옹벽의 안전성 검토

① 옹벽의 안정조건

    ㉠ 활동에 대한 안정 : 활동에 대한 안전율 1.5~2.0, 활동력과 저항력의 비교로 안정성 검토

    ㉡ 전도에 대한 안정 : 회전모멘트와 저항모멘트 비교로 안정성 검토, 안전율 2.0

    ㉢ 침하에 대한 안정 : 최대압축응력이 지반의 허용지지력보다 큰 경우 지반면 보완

② 옹벽에 작용하는 토압

    ㉠ 주동토압 : 압력으로 회전하거나 왼쪽으로 약간 이동 → 배토증가 → 파괴

    ㉡ 수동토압 : 옹벽을 배면쪽으로 밀면 배토 압축받아 압축이 커져서 파괴될 때의 압력

    ㉢ 정지토압 : 주동·수동토압이 평행이룰 때

③ 옹벽의 배수

    ㉠ 배수구를 옹벽의 저부에 설치

    ㉡ 옹벽 상부로의 강우침투 차단

    ㉢ 벽면에 수평 수직으로 1.5~2.0m^2 마다 직경 5~10cm 배수공 설치

    ㉣ 옹벽의 배수공 위치에 자갈 또는 쇄석으로 필터층 설치

    ㉤ 옹벽의 뒷채움 시 다짐 및 배수가 용이한 양질의 토사 사용

Chapter 04. 조경관리 및 생태계 관리

01. 조경관리의 운영 및 인력관리

01. 운영관리계획

1. 운영관리의 계획
① 운영관리의 시스템 : 효율적·합리적 관리를 위해 예산·조직·기능·제도 등의 표준화나 기준화 필요
② 이용조사 : 이용자수의 계측, 연간, 월별, 계절별, 요일별, 시간별 이용상황, 이용형태 등 조사
③ 양의 변화 : 조성비의 0.8~1.2% 경비 소요
④ 질의 변화 : 양호한 식생의 확보, 개방된 토양면의 확보

2. 운영관리의 체계
① 관리조직 : 생활공간의 쾌적성 요구, 관리대상물의 다양함과 사회적 변화에 대응하는 인적, 기술적 관리체계 확보
② 관리인원 : 관리작업, 내용의 계량화, 단순화하여 각 작업별 1ha당 소요인원 산출
③ 예산 : 축척된 자료에 의한 합리적, 객관적 관리계획에 입각해 잡을 것

3. 운영관리의 방식
① 직영방식 : 관리주체가 직접 운용관리
　㉠ 적용대상 : 재빠른 대응이 필요한 업무, 연속해서 행할 수 없는 업무, 진척상황이 명확하지 않고 검사하기 어려운 업무, 금액이 적고 간편한 업무, 일상적으로 행하는 유지관리 업무
　㉡ 장·단점

장 점	단 점
*관리책임이나 책임소재 명확 *긴급한 대응 가능 *관리실태의 정확한 파악 *관리자의 취지가 확실히 발현 *임기응변적 조치 가능 *이용자에게 양질의 서비스 가능 *애착심을 갖고 관리효율의 향상에 노력	*업무의 타성화 *관리직원 배치전환 곤란 *인건비의 필요 이상 소요 *인사정체의 우려 *관리비의 상승 우려 *업무자체의 복잡화

② 도급방식 : 관리전문 용역회사나 단체에 위탁
　㉠ 적용대상 : 장기에 걸쳐 단순잡업을 행하는 업무, 전문지식·기능·자격을 요하는 업무, 규모가 크고 노력과 재료 등을 포함하는 업무, 관리주체가 보유한 설비로는 불가능한 업무, 직영의 관리인원으로 부족한 업무
　㉡ 장·단점

장 점	단 점
*규모가 큰 시설 등의 효율적 관리 가능 *전문가의 합리적 이용 가능 *단순화된 관리 가능 *양질의 서비스 가능 (전문적 지식, 기능, 자격) *장기적으로 안정되고 관리비용 저렴	*책임의 소재나 권한의 범위 불명확 *전문업자의 활용 가능성 불충분

02. 유지관리계획

1. 연간작업계획

	작업종류	작업시기
식재지	전정(상록)	5~6월, 9~10월
	전정(낙엽)	7월 중순~8월, 11월 중순~3월
	관목다듬기	5월~11월(생울타리)
	시비	6월, 12월~3월
	병충해 방지	5월~9월
	제초	4월~11월
	관수	6월~8월
	줄기감기	5월
	방한	4월, 11~12월
잔디밭	잔디 깎기	5월~10월
	뗏밥 주기	4월, 2~3월
	시비	4월~9월, 2~3월
	병충해 방지	4월, 6월~9월, 3월
	제초	4월~10월
	관수	7월~9월
자연림	잡초 베기	6월~10월
	병충해 방지	4월 중순~7월
	고사목 처리	연중
	가지치기	4월, 8월~3월
화단	식재교체	4월~12월, 3월
	제초	5월~12월
	관수	연중

2. 시설정비 보수계획

시설의 종류	구조	계획보수	보수사이클
원로·광장	모래자갈 포장	노면수정 자갈보충	반년~1년 1년
분수		전기·기계 점검 물교체, 청소	1년 반년~1년 3~4년
퍼골러	철재 목재	도장	3~4년
벤치	목재 플라스틱 콘크리트	도장 도장	2~3년 3~4년
담장·등	파이프제 울타리 철사울타리	도장	2~3년 3~4년
안내판	철재 목재	안내글씨 교체	3~4년 2~3년
가로등		전주도장 전주청소	3~4년 1~3년

3. 재해안전대책

(1) 사고의 종류

① 설치하자에 의한 사고 : 시설의 구조자체 결함, 시설설치·시설배치의 미비

② 관리하자에 의한 사고 : 시설의 노후 파손, 위험장소에 대한 안전대책미비, 시설의 쓰러짐·떨어짐

③ 이용자, 보호자, 주최자의 부주의에 의한 사고

④ 자연재해 등에 의한 사고

4. 안전대책

(1) 사고방지대책

① 설치하자에 대한 대책 : 시설의 구조자체, 설치미비, 배치미비 등으로 생긴 사고는 철거, 개량, 보강 조치

② 관리하자에 대한 대책 : 시설관리업무의 체계화로 빠른 조치, 안전기준 설정, 점검사항 만들어 점검

③ 이용자, 보호자, 주최자의 부주의에 대한 대책: 시설 개량, 안내판 등 이용지도

(2) 사고처리

① 사고자의 구호

② 관계자에의 통보

③ 사고 상황의 파악 및 기록

④ 사고책임의 명확화

(3) 보상대책 : 피해자에 대한 손해배상

5. 레크레이션 관리

(1) 부지에 생태적 악영향 미치는 요인

① 반달리즘　　　　② 과밀이용　　　　③ 무지

(2) 레크레이션 관리체계 세 가지 기본요소

① 이용자　　　　　② 자원　　　　　　③ 관리

Chapter 04. 조경관리 및 생태계 관리

02. 조경식물 관리

01. 정지 및 전정

1. 정지·전정 정의, 목적, 효과
① 정의
  ㉠ 정지 : 수목의 수형을 유지 또는 보존하기 위해 줄기나 가지의 생장을 조절하여 목적에 맞는 수형을 조성
  ㉡ 전정 : 수목의 관상, 개화·결실, 생육조절 등 조경수의 발육을 위해 가지나 줄기의 일부를 잘라내는 정리 작업
② 목적 : 미관상의 목적, 실용상의 목적, 생리상의 목적
③ 효과 : 수관을 균형 있게 발육시켜 수형의 아름다움 유지, 수관내부의 병충해 억제 및 가지 발육촉진, 개화와 결실유도, 건전한 생육도모, 기능적 목적 효과 제고

2. 정지·전정의 목적에 따른 분류
① 조형을 위한 전정 : 수목의 특성 및 자연과 조화미, 개성미, 수형 등을 환경에 이용
② 생장을 조정하기 위한 전정 : 병충해 입은 가지 제거해 생장 조정, 묘목 육성 시 자르거나 다듬어 생장 촉진, 추위에 약한 수종·과수 묘목 등 주간 잘라 곁가지 강하게 생육
③ 생장 억제 위한 전정 : 수목의 일정한 형태 유지(산울타리 다듬기, 소나무 새순 자르기, 활엽수의 잎 따기) 필요 이상으로 생육되지 않게 전정(도로변 가로수), 맹아력이 강한 수종의 성장억제, 소나무 순꺾기, 순따기와 잎따기의 도장 억제
④ 갱신을 위한 전정 : 노목의 묵은 가지 정리
⑤ 생리조정을 위한 전정 : 이식 후 수분의 균형을 위한 가지와 잎의 제거
⑥ 개화·결실을 촉진시키기 위한 전정

3. 정지·전정의 효과
① 수관을 구성하는 주지와 부주지, 측지를 균형 있게 발육시켜 각 수종 고유의 수형과 아름다움 유지
② 수관내부에 햇빛과 통기로 병충해 억제 및 가지의 발육 촉진
③ 화목이나 과수의 경우 개화와 결실을 충실하게 유도
④ 도장지나 허약지 등을 제거하여 건전한 생육 도모
⑤ 수목의 형태 및 크기의 조절로 정원과 건축물의 조화 도모
⑥ 수목의 기능적 목적인 차폐·방화·방풍·방진·방음 등의 효과 제고

4. 정지·전정의 도구
① 사다리 : 큰키나무에 사용
② 톱 : 큰 가지나 노목의 갱신에 사용
③ 전정가위 : 조경수목이나 분재의 전정에 사용
④ 적심가위 : 순치기 가위, 끝순, 햇순, 수관 내부의 약한 가지에 사용
⑤ 적과가위 : 꽃눈이나 열매를 솎을 때, 과일의 수확에 사용
⑥ 고지가위 : 높은 곳의 가지나 열매 채취 시 사용
⑦ 산울타리 전정가위 : 산울타리의 가지나 잎을 다듬을 때 사용

5. 정지·전정의 시기

① 일반적 전정시기

 ㉠ 낙엽활엽수 : 잎이 단단해진 7~8월, 낙엽 후 10~12월, 신록이 굳어진 3월

 ㉡ 상록활엽수 : 이른 봄 3월, 9~10월

 ㉢ 침엽수 : 한겨울 피한 11~12월, 이른 봄

② 수종별 전정시기

전정시기	수 종	비 고
봄전정 (4, 5월)	상록활엽수	새잎 날 때
	침엽수	순꺾이
	봄꽃나무	직화 후
	여름꽃나무	이른 봄
	산울타리	5월말
	과일나무	이른 봄
여름전정 (6, 7, 8월)	낙엽활엽수	약 전정
	일반수목	도장지, 포복지, 맹아지
가을전정 (9, 10, 11월)	낙엽활엽수 일부	동해 주의
	상록활엽수 일부	남부 지방
	침엽수 일부	묵은 잎
	산울타리	2회 전정
겨울전정 (12, 1, 2, 3월)	일반수목	굵은 가지 전정
	교차지, 내향지, 역지	가지식별 가능

③ 전정을 하지 않는 수종

침엽수	독일가문비, 금송, 히말라야시더, 나한백
상록활엽수	동백, 치자, 굴거리, 녹나무, 태산목, 팔손이, 남천, 다정큼, 월계수
낙엽활엽수	느티, 팽나무, 회화, 참나무류, 백목련, 튤립, 수국, 떡갈

6. 정지·전정의 방법

① 정지·전정 시 고려사항

　㉠ 주변 환경과 조화 이루어야

　㉡ 수목의 생리·생태적 특성 파악해야

　㉢ 가지의 세력을 평균화하고 수목의 미관 유지시켜야

② 정지·전정의 일반원칙

　㉠ 무성하게 자란 가지 제거

　㉡ 지나치게 긴 가지 제거

　㉢ 수목의 주지는 하나로 자라게 유도

　㉣ 도장지 제거

　㉤ 역지, 수하지 및 난지 제거

③ 정지·전정의 기술

　㉠ 굵은 가지치기 : 다음에 생장할 수 있는 눈을 하나도 남기지 않고 기부로부터 바싹 가지를 자르거나 줄기의 길이를 줄이는 방법

　㉡ 가지 길이 줄이기 : 수형의 생장속도를 억제하거나 수형의 균형유지, 수령, 신초, 강도 등을 고려해 필요 이상 자란 가지의 길이를 줄이는 방법

　㉢ 가지 솎기 : 밀생상태에 놓여있는 잔가지나 불필요한 도장지 등 밑동으로부터 쳐내는 작업(2~3년에 한번 실시)

　㉣ 부정아 유도 : 수목을 젊어지게 하는 동시 크기를 작게 하기 위해 실시, 산울타리 조성용 수목과 전정에 강하고 부정아가 생기기 쉬운 나무에 적용

　㉤ 정부 우세성 고려 → 상부 강하게, 하부 약하게

　㉥ 위 → 아래, 오른 → 왼쪽

　㉦ 수관다듬기(생울타리, 관목)

　　- 수형위주전정

　　- 개화목적

　　- 결실목적

02. 시비

1. 결핍된 양분의 현상과 보정

① 토양비료의 다량원소

	특징	결핍현상	시비방법
질소 (N)	*단백질 구성 *뿌리줄기, 잎의 발육 생장	* 활엽수 : 조기낙엽, 갈변 * 침엽수 : 침엽이 짧다.	* 토양 : 1~2 kg/100m² * 엽면 : 1ℓ당 1 kg
인(P)	*핵산, 효소의 구성 *조직 튼튼	* 조기낙엽, 개화지연, 열매 크기 작다.	* 사질토 : 1~2 kg/100m² * 점토 : 2~4k g/100m²
칼륨 (K)	*단백질합성, 수분조절 *뿌리, 가지 생육촉진	* 황화현상 * 끝부분 고사 * 과일수량 감소	* 사질토 : 2~8 kg/100m² * 점토 : 8~15 kg/100m²
칼슘 (Ca)	*세포 튼튼, 꽃 화아형성	* 잎의 백화, 엽선이 뒤틀림 * 뿌리 끝 부분 고사	* 알칼리성 = 황산칼슘 → 사질토 : 40~75kg/100m² * 황산칼슘 → 점토 : 75~150 kg/100m²
마그네슘 (Mg)		* 활엽수 : 잎이 얇아져 부스러짐, 조기낙엽 * 침엽수 : 잎 끝부분 변함	* 토양 - 사토 : 12~25 kg/100m² 　　　- 점토 : 25~75 kg/100m² * 엽면 : 100ℓ당 25 kg 희석
황(S)		* 활엽수 : 잎이 짙은 황록색 * 침엽수 : 잎 끝이 황색	(황산칼슘) - 사토 : 5~8 kg/100m² 　　　　　- 점토 : 8~12 kg/100m²

② 토양비료의 미량원소

	결핍현상	시비방법
붕소(B)	*활엽수: 잎이 적색, 열매는 쭈그러지고 고사 *침엽수: 정아, 측아가 고사	*토양 - 사토 : 0.2~0.5 kg/100m² 　　　- 점토 : 0.5~1.0 kg/100m² * 엽면시비 - 100ℓ당 0.125~0.250 kg
구리(Cu)	*활엽수: 크기가 작다 *침엽수: 어린침엽 고사, 조기 낙엽	*토양 - 사토 : 0.25~1.5 kg/100m² 　　　- 점토 : 1.5~5 kg/100m² *엽면시비 -100ℓ당 0.5~0.8 kg
철(Fe)	*활엽수: 어린잎 황화, 조기낙엽·낙과 *침엽수: 백화현상	*토양 - 사토 : 12 kg/100m² 　　　- 점토 : 18 kg/100m² *엽면시비 - 100ℓ당 0.5 kg
망간(Mn)	*활엽수: 잎이 황색, 엽맥에 녹색 선 *침엽수: 철 부족현상	* 토양 - 2~10 kg/100m² * 엽면시비 -100ℓ당 0.25~1.0 kg
몰리브덴 (Mo)	*활엽수: 질소 부족현상	* 토양 - 2~20 kg/100m² * 엽면시비 - 100ℓ당 10~100 kg
아연(Zn)	*활엽수: 잎의 황색, 엽폭 좁고, 낙엽 *침엽수: 가지와 잎이 매우작고 황색	* 토양 - 1 kg/100m² * 엽면시비 -100ℓ당 0.125~0.25 kg

2. 시비방법

① 표토시비법 : 땅의 표면에 직접 비료 주는 방법, 시비 후 관수, 질소시비에 적당

② 토양내시비법 : 시비목적으로 땅을 갈거나 구덩이를 파고 비료성분을 직접 토양내부로 유입시키는 방법, 구덩이 깊이 25~30cm, 폭 20~30cm, 간격 0.6~1.5m 정도 설치
(방사상시비, 윤상시비, 전면시비, 대상시비, 선상시비)

③ 엽면시비법 : 비료를 물에 희석하여 직접 나뭇잎에 살포, 미량원소 부족 시 효과적, 이식목의 활착과 동해회복에 효과적, 물 100ℓ당 60~120㎖의 비율로 희석해 사용

④ 수간주사법(수간주입법) : 시비가 곤란한 경우나 효과가 낮은 경우 사용, 수액이동과 증산작용이 활발한 4~9월의 맑은 날에 실시, 거목이나 경제성 높은 수목에 적당

3. 시비시기

① 기비(밑거름, 지효성) : 늦가을 낙엽수 10월 말~11월 말, 땅이 얼기 전까지, 2월 말~3월 말 잎 피기 전

② 추비(덧거름, 속효성) : 수목 생장기인 4월 말~6월 말까지

③ 화비 : 낙화 후, 열매를 딴 후 수세회복을 위해 시비하는 속효성 비료

03. 제초 및 관수

1. 제초
① 잡초 분류
- ⊙ 1년생 : 돌피, 명아주, 바랭이, 마디풀, 쇠비름, 포아풀류
- ⓒ 다년생 : 우산풀, 토끼풀, 쑥, 서양민들레, 괭이밥류, 질경이류, 크로바

② 제초
- ⊙ 물리적 : 인력제거, 깎기, 경운, 유기물이나 비닐, 왕모래 사용
- ⓒ 화학적 : 접촉성 제초제, 이행성 제초제, 토양소독제 사용

③ 제초제
- ⊙ 선택성 제초제 : 2.4D, butachlor, 벤타존
- ⓒ 비선택성 제초제 : 근사미, 그라목손, 글라신액제, 카라크액제
- ⓒ 발아전 제초제 : 시마지, 데브니놀, 론스타, 스톰프, 시드론, 베네핀, 론파
- ⓔ 광엽 경엽처리제 : 2.4D, MCPP, 반벨 및 반벨디, 밧사그란

④ 제초제 사용방법
- ⊙ 액제 : 제초제를 물에 녹여 조제해 액제로 만든 것
- ⓒ 유제 : 기름에 녹는 약제를 녹여 사용
- ⓒ 수화제 : 물에 잘 녹지 않는 약제를 다른 물질을 첨가해 물에 잘 퍼지게 조제한 것
- ⓔ 입제 : 약제에 중량제를 섞어 입자로 조제한 것

2. 관수
① 관수시기 판단요령
- ⊙ 기온 5℃이상, 토양온도 10℃ 이상인 날이 10일 이상 지속될 때 관수
- ⓒ 토양 건습정도, 잎의 광택과 색상변화 관찰로 판단
- ⓒ 증산흡수율 측정, 엽면의 온도 측정

② 관수방법
- ⊙ 지표면 관수 : 인공살수
- ⓒ 엽면 관수 : 잎에 관수하는 것, 이식목의 활착, 노거수에 효과적

③ 관수시기 : 구름낀 날, 일출 일몰시

④ 관개방법
- ⊙ 침수식 관개 : 수간의 주위에 도랑을 파서 측방에서 수분공급
- ⓒ 도랑식 관개 : 여러 그루의 수목을 중심으로 도랑을 설치하여 급수
- ⓒ 점적식 관개 : 지표나 지하에 구멍이 난 특수한 구조의 파이프를 연결해 수분공급
- ⓔ 지하 관개 : 지하에 유공관 설치해 관개
- ⓜ 살수관개 : 스프링클러식, 일시에 큰 면적 관수, 균일한 관수
  고정식(분무살수기, 분무입상살수기), 회전식(회전살수기, 회전입상살수기)

04. 병해충방제

1. 병해

(1) 병원의 종류

① 생물성 원인 : 전염성병(기생성병)

1. 바이러스	진딧물 매개체, 아카시 모자이크병
2. 파이토플라즈마	빗자루병(대추, 오동)
3. 세균	세균무름병, 풋마름병, 목썩음병
4. 곰팡이	녹병, 흰가루병, 가지마름병, 그을음병, 묘입고병, 검은무늬병, 시들음병, 회색곰팡이병
5. 종자식물	겨우살이
6. 선충	소나무 시들음병, 뿌리혹선충병

② 비생물성 원인(비전염성병, 비기생성병)

㉠ 부적당한 토양조건·기상조건에 의한 병

㉡ 유해물질에 의한 병

㉢ 기계적 상해

(2) 수목의 주요 병징

색깔변화	황화, 위황화, 은색화, 백화, 자색화, 적색화, 청변, 얼룩
천공	세균, 균류, 동해
위조	시듬 현상
괴사	세포, 조직
위축	기관 크기
비대	비대병
기관의 탈락	낙엽병
암종	혹
빗자루 모양	병든 소지의 총생
잎마름	엽고병, 적고병, 통고병
지고	가지 끝 고사
동고 및 부란	국소적 고사
분비	액즙, 점질물
부패	조직 썩음

(3) 병원체의 전반

① 전반방법

바람	잣나무털녹병균, 밤나무줄기마름병균, 밤나무흰가루병균
물	묘목의 입고병균, 향나무적송병균, 근두암종병균
곤충, 소동물	오동·대추나무빗자루병균, 포플러모자이크병균, 뽕나무오갈병균
종자	오리나무갈색무늬병균, 호두나무갈색부패병균
묘목	잣나무털녹병균, 밤나무근두암종병균
식물체 영양번식기관	포플러·아카시아모자이크병균, 오동·대추나무빗자루병균
토양	묘목의 입고병균, 근두암종병균
기타방법	병든뿌리와 접촉 / 벌채 후 병원균 잠재

② 기주식물 및 중간기주

병명	기주식물 (녹병포자·녹포자세대)	중간기주 (여름포자·겨울포자세대)
잣나무털녹병	잣나무	송이풀·까치밥나무
소나무혹병	소나무	졸참나무·신갈나무
소나무잎녹병	소나무	황벽나무·참취·잔대
잣나무잎녹병	잣나무	등골나무·계요등
포플러녹병	낙엽송	포플러
전나무잎녹병	전나무	뱀고사리
배나무붉은별무늬병	배나무·모과나무	향나무(여름포자세대 없음)

(4) 식물병의 방제법

① 예방법

비배관리	질소비료 과잉 : 동해, 상해 받기 쉬움 황산암모니아 : 토양 산성화 인산질, 가리질 비료 : 전염병 발생 적게 함
환경조건 개선	토양전염병: 일광부족, 토양습도 부족시 발생
전염원 제거	병든 가지, 잎 제거해 소각
중간기주 제거	잣나무 털녹병 : 송이풀 까치밥나무 포플러 입녹병 : 낙엽송
윤작실시	연작에 의한 병 : 침엽수 입고병, 오리나무 갈색무늬병, 오동나무 탄저병, 뿌리혹 선충병
식재식물 검사	검사와 필요시 소독멸균 조치, 내병성 확인
종묘소독	유기수은제, 티람제, 캡단제
토양소독	클로로피크린, 포르말린, 티람제
임업적 방제	수종선택, 종자 산지, 묘목 취급, 식재방법, 벌채시기

② 치료법
  ㉠ 내과적 요법 : 약제주입, 살포, 뿌리의 흡수작용 이용
   - 옥시테트라사이클린 : 대추나무·오동나무빗자루병, 붉나무·뽕나무오갈병
   - 사이클로헥시마이드 : 잣나무털녹병, 낙엽송끝마름병, 소나무류잎녹병
   - 베노밀 : 밤나무줄기마름병
   - 스트렙토마이신·테라마이신 : 근두암종병예방
  ㉡ 외과적 요법 : 병환부 잘라내고 보강
   - 가지 : 석회황합제·크레오소트로 소독 후 페인트·접밀·발코트 방수
   - 줄기 : 발코트 도포 후 크레오소트타르(크레오소트1:콜타르3) 또는 크레오소트와 아스팔트의 등량혼합물 도포, 동공 시 시멘트나 아스팔트, 수지 등 충전
   - 뿌리 : 자줏빛날개무늬병, 흰빛날개무늬병, 뿌리썩음병 등의 토양전염성병에 감염되었을 경우 죽은 뿌리를 잘라내고 토양살균제용액으로 뿌리의 노출된 부위를 씻고 살균제 용액을 관주

③ 살균제
  ㉠ 동제(보르도액) : 1차 전염이 일어나기 1주일 전에 살포(6-12식 석회보르도액, 4두식 보르도액)
  ㉡ 유기수은제 : 종자소독에 한해 사용
  ㉢ 황제 : 무기황제(석회황합제, 황), 유기황제(지네브제, 마네브제, 퍼밤제, 지람제, 티람제, 아모밤제)
  ㉣ 유기합성살균제 : PCNB제, CPC제, 캡탄제

④ 농약희석 물의 양 구하기

$$\text{물의 양} = \text{원액 용량} \times \left(\frac{\text{원액 농도}}{\text{희석 농도}} - 1\right) \times \text{원액 비중}$$

(5) 식물의 주요 병해와 방제약제

	병징	피해수목	방제약
흰가루병	잎에 흰곰팡이	사철, 단풍, 배롱, 밤, 참, 감, 느티, 물푸레	톱신수화제, 석회유황합제, 지오판수화제200배, 포리독신
탄저병	갈색반점, 장마철 어린묘목	녹, 오동, 호두, 아카시, 감, 대추, 동백	만코지수화제, 보르도액, 디프라탄
잎녹병	황백색 주머니 포자	잣, 소, 전, 버드, 향	석회황합제1000배, 지네브수화제 600배
입고병	갈색, 토양 감염	소나무류	종자소독, 토양소독, 관수, 배수, 통풍
털녹병	황색가루 줄기에	가시나무류, 잣나무류	만코지수화제600배 중간기주 제거
잎마름병	갈색반점, 장마철	밤, 감, 소, 편백	만코지수화제500배
그을음병	해충 배설물 기생	소, 주목, 대, 감	메치온수화제
빗자루병	마이코플라즈마균	오동, 대추, 벚	파라티온유제, 메티유제1000배
갈색무늬병	갈색 병반	무궁화, 라일락, 굴거리, 개나리	만코지수화제, 마네브수화제

2. 충해

(1) 조경식물 주요해충

흡즙성 해충	깍지벌레류	메티온유제, 메카밤유제, 디메토유제
	응애류	테디온유제, 디코풀유제, 벤지란유제, 다노톤유제
	진딧물류	메타유제, 마라톤유제, 아시트수화제, 펜토유제
식엽성 해충	노랑쐐기나방, 독나방, 솔나방, 잣나무넓적잎벌레, 참나무 재주나방, 텐트나방	
	흰불나방디프액제, 메프수화제	
천공성 해충	미끈이하늘소, 박쥐나방, 소나무좀, 측백하늘소	
	메프유제, 테라빈수화제, 파라티온	
충영형성해충	밤나무혹벌	꼬리좀벌, 상수리좀벌, 노랑꼬리좀벌
	솔잎혹파리	오메톤유제, 포스팜액제
묘포해충	거세미나방, 땅강아지, 풍뎅이류, 복숭아명나방	
	마라톤유제, 디프제, 파라티온유제	

(2) 소나무의 3대 해충

① 솔나방 : 마라톤유제수관, 이프액제, 파라티온

② 소나무좀 : 천적인 개미불이, 줄침노린재 이용

③ 솔잎혹파리 : 5월초 테믹 15% 뿌리부근에 살포, 성충우화기에 나크 3% 지면에 살포

-천적(산솔새, 솔잎혹파리먹좀벌, 혹파리등뿔먹좀벌, 혹파리살이먹좀벌 등)

(3) 해충방제

① 생물적 방제 : 기생성·포식성 천적, 병원미생물

② 화학적 방제 : 살충제, 생리활성물질

③ 임업적 방제 : 내충성 품종, 간벌, 시비

④ 기계적·생리적 방제 : 포살, 유살, 차단, 박피소각

(4) 대표적 살균제

① 동제(구리제)보르도액

㉠ 보호살균제로 효력이 뛰어나고 저렴

㉡ 삼나무붉은마름병, 소나무묘목잎마름병, 활엽수의 각종 반점병·잿빛곰팡이병·녹병 등 지상부를 침해하는 병에 적용

② 유기수은제

㉠ 직접살균제로 효과가 뛰어나나 독성이 커 종자소독에만 인가

③ 황제(유황제)
  ㉠ 무기황제 - 석회황합제 : 흰가루병과 녹병, 깍지벌레 방제, 수목의 휴면기에 살균과 살충을 겸함
  ㉡ 무기황제 - 황 : 흰가루병과 녹병 방제
  ㉢ 유기황제 - 지네브제 : 각종 탄저병, 녹병, 낙엽송끝마름병
  ㉣ 유기황제 - 마네브제 : 지네브와 동일
  ㉤ 유기황제 - 퍼밤제 : 각종 녹병, 흰가루병, 점무늬병
  ㉥ 유기황제 - 지람제 : 퍼밤제와 동일
  ㉦ 유기황제 - 티람제 : 종자소독과 토양소독, 소나무설부병
  ㉧ 유기황제 - 아모밤제 : 각종 녹병, 흰가루병, 잿빛곰팡이병
④ 유기합성살균제
  ㉠ PNCB제 : 리조토니아균에 의한 입고병, 흰비단병, 흰빛날개무늬병, 설부병
  ㉡ CPC제 : 유기염소제의 일종, 목재의 변색 및 부후 방지에 사용, 석회황합제와 혼합해 월동병해방제를 위한 휴면기살포제로 효과적
  ㉢ 캡탄제 : 종자소독과 잿빛곰팡이병, 모잘록병
⑤ 항생물질제
  ㉠ 미생물의 대사생산물을 주성분으로 하고, 세균성병에 유효한 것과 진균성병에 유효한 것으로 구분
  ㉡ 사이클로헥시마이드 : 잣나무털녹병, 낙엽송끝마름병, 소나무잎녹병
  ㉢ 옥시테트라사이클린 : 파이토플라스마에 의한 오동나무·대추나무빗자루병, 뽕나무오갈병, 복숭아·자두세균성구멍병
  ㉣ 스트렙토마이신, 아그리마이신 : 감귤·매실궤양병, 복숭아세균상구멍병, 자두검은점무늬병
⑥ 항바이러스제(리바비린) : 항바이러스 작용을 하는 합성 뉴클레오시드제로 병든 식물체에 살포하거나 주입하여 바이러스의 증식 억제

3. 노거수목 관리

(1) 상처치료

굵은 가지자르기 → 절단면에 도료 발라 부패방지

(2) 뿌리보호

① 나무우물(tree wall) 만들어 산소공급

② 뿌리 보호판 설치

(3) 동공처리단계

깨끗이 닦아내기 → 공동내부 다듬기 → 버팀대 박기 → 살균, 치료하기

(4) 동공충전제

종류 : 합성수지(에폭시수지, 폴리우레탄고무, 불포화 폴리에스테르수지)

(5) 수간주입 및 수간주사

: 병충해 걸린 나무나 수세 약한 나무의 회복 위해

① 주입시기 : 수액이동이 활발한 5월초~9월말 사이 증산작용이 활발하고 맑게 갠 날 실시

② 방법 : 수간주입(나무 밑 근처에 구멍을 앞뒤로 비스듬히 뚫어 주입), 주간주사(주사기 바늘을 줄기의 물관부에 찔러 약제 공급)

05. 동해방지(저온 및 고온의 해)

1. 저온의 해(한해)
① 한상 : 식물체 내에 결빙은 일어나지 않으나 한랭으로 인해 생활기능이 장해를 받아 고사에 이르는 것
　동해 : 식물체의 조직 내에 결빙이 일어나 조직이나 식물체 전체가 고사되는 것
② 상해의 종류
　㉠ 만상 : 초본에 식물의 발육이 시작된 후 0℃ 이하로 갑자기 기온이 하강해 식물체에 해를 주게 되는 것
　　(회양목, 말채, 피라칸사, 참나무류, 물푸레, 미국팽나무)
　㉡ 조상 : 늦가을 계절에 맞지 않는 추운 날씨의 서리에 의한 피해
　㉢ 동상 : 겨울동안 휴면상태에 생기는 피해
③ 한해 대상 수종 : 질소비료의 혜택을 입은 수종, 늦가을에 생장을 많이 한 수목
④ 한해 현상
　㉠ 상렬 : 수액이 얼어 부피가 증가해 수관의 외층이 냉각·수축하여 수선방향으로 갈라지는 현상
　㉡ 풍렬(cup-shake) : 건조에 의한 균열로 목재의 나이테를 따라 나타나는 결함
　㉢ 상해옹이 : 수목의 수간, 가지, 갈라진 지주 등에서 발생하는 해
⑤ 월동작업
　㉠ 줄기 싸주기 : 수분증발 억제, 병충해 방제효과
　㉡ 뿌리덮개 : 수분증발 억제, 잡초방지 효과
　㉢ 방풍 : 바람으로 인한 수분 증발 방지
　㉣ 방한 : 기온 5℃ 이하일 경우 짚싸주기, 뿌리덮개, 동해방지덮개 등
　㉤ 뗏밥주기
⑥ 월동방법
　㉠ 성토법 : 월동 약한 관목, 수간을 30~50cm 흙으로 성토
　㉡ 피복법 : 지표를 20~30cm 두께로 낙엽, 왕겨, 짚으로 피복
　㉢ 매장법 : 석류, 장미류에 사용. 뿌리전체를 파내 60cm 깊이의 땅에 묻음
　㉣ 포장법 : 내한성 약한 낙엽화목류에 이용, 짚감기
　㉤ 방풍법 : 내한성 약한 상록교목, 담·방풍벽·비닐·짚 이용
　㉥ 훈연법 : 늦가을, 초봄에 내리는 서리피해 방지나 싹이 나온 후 급강하 온도 조절
　㉦ 관수법 : 서리 내렸을 때 아침 일찍 관수해 서리 녹임
　㉧ 시비조절법 : 질소질 비료를 사용하지 말고 인산질 비료중심으로 사용

2. 고온의 해
① 고온의 해 종류
　㉠ 일소(피소) : 강한 직사광선에 의해 잎이나 줄기에 변색이나 조직의 고사가 발생, 수피가 평활하고 코르크층이 발달하지 않은 수종에 쉽게 발생
　㉡ 한해 : 건조로 인한 수분의 결핍으로 생기는 피해, 가뭄이 장기간 계속될 때 토양의 수분부족으로 인해 발생
② 한해 대책
　㉠ 관수 : 이른 봄과 6월에 물받이 만들어 관수
　㉡ 갈아엎기 : 수분 증발 억제
　㉢ 퇴비 : 건조토양 시 퇴비로 토양 보수력 증가
　㉣ 차광 : 작은 유목이나 관목에 사용
　㉤ 짚깔기(멀칭) : 가뭄방지
　㉥ 수피감기 : 가뭄과 겨울철 수피 동해 예방

06. 실내 조경식물 관리

1. 온도조절
: 적정온도 유지, 냉난방기구의 간접 영향유도

2. 수분, 습도조절
: 잎면에 분무기 살수, 소형분수와 안개분수 활용

3. 용기
: 배수구와 물받이가 있거나 배수층 만들어 사용

4. 배수
: 펄라이트, 자갈, 숯 등 배수층을 만든다.(플랜터의 1/3까지 배수층 조성)

5. 관리
① 병해충 입은 식물은 제거 또는 방제하여 조속히 처리
② 배수이상 또는 누수발생시 방수처리
③ 냉난방기 방향조절

07. 기타 관리사항

1. 잔디관리

(1) 번식방법

① 종자번식 : 대부분 잔디
- 장점 : 비용저렴, 균일하고 치밀한 잔디면 조성, 작업용이
- 단점 : 조성시일이 오래 걸리고, 조성 시 까지 답압이 없어야 하며, 파종기가 제한적이고, 경사지파종이 어렵다.

② 영양번식
- 장점 : 짧은 시일 내에 조성가능, 공사시기 제한 없음, 조성공사가 매운 안전하고 경사지도 가능
- 단점 : 비용이 많이 들고, 공사기간이 많이 소요

(2) 잔디조성 단계

전반적 토목공사 → 표면 준비, 표토 준비 → 발아전 제초 → 파종 → 줄떼 및 평떼 → 분사파종 → 조성 후 관리

(3) 잔디지역 토양 : pH 6.0~7.0

(4) 관수, 배수

① 관수 시 물이 20~30cm 깊이로 들어가게
② 한번에 25~30mm관수, 이른 아침·늦은 오후에 실시

(5) 잔디 깎기

① 시기 : 난지형(6~8월 2회, 9월 중 1회), 한지형(4월 1~2회, 5~10월 주 1회씩)
② 유의사항
  ㉠ 잘려진 잎은 긁어모아 걷어낼 것, 깎은 뒤에 거름주기
  ㉡ 깎는 빈도와 높이는 규칙적으로
  ㉢ 단계별 자르기(처음에 높게~차츰 짧게)
③ 깎는 높이
  ㉠ 골프장 그린의 벤트 그래스 : 3~4mm
  ㉡ 한국잔디, 캔터키 블루그래스 : 12~37mm
  ㉢ 정원용 한지형 : 50mm / 한국잔디 : 30~40mm

(6) 잔디의 제초

① 물리적 방제 : 인력제거, 깎기, 경운
② 화학적 방제
  ㉠ 발아전 제초제 : 시마진, 데브리놀, CAT, TCTP, PCP(잡초 발아하기 전, 3월 말~4월 중순)
  ㉡ 광엽 경엽처리제 : 2.4D, MCPP, BPA, TCBA, 반벨, 반벨디
  ㉢ 비선택적제초제 : 근사미, 그라목손(겨울철 잔디 휴면중 사용)

③ 잔디 깎는 기계

　　㉠ 핸드(hand)모어 : 인력으로 작동, 50평 미만의 면적에 사용

　　㉡ 그린(green)모어 : 골프장의 그린, 테니스코트 등 잔디면이 섬세한 곳에 사용

　　㉢ 로터리(rotary)모어 : 골프장 러프, 공원의 수목지 등 50평 이상의 면적에 사용

　　㉣ 어프로치(approach)모어 : 잔디품질을 좋게 유지해야하는 넓은 면적에 사용, 속도가 빠름

　　㉤ 갱(gang)모어 : 골프장, 운동장, 경기장, 3000~5000평 이상의 대면적에 사용

(7) 잔디의 시비

① 잔디용 비료

　　㉠ 속효성 비료 : 황산암모늄, 질산암모늄, 요소 등

　　㉡ 완효성 비료 : IBDU, UF, SCU, 퇴비 등

② 시비시기 : 한국형 잔디: 봄과 여름 / 서양잔디: 봄과 가을

③ 시비량 : 질소(N) : 인산(P) : 칼륨(K) = 3 : 1 : 2

(8) 잔디의 객토(뗏밥)

① 시기 : 한지형(이른 봄, 가을), 난지형(늦봄~초여름)

② 횟수 : 잔디 생육 왕성할 때 1~2회

③ 객토량 : 두께 2 ~ 4mm 정도, 다시 줄 때는 15일 경과 후

④ 흙성분 : 세사2+토양1+유기물

⑤ 객토의 목적

　- 노출된 지하줄기보호

　- 지표면 평탄화

　- 잔디표층상태 좋게

　- 부정근, 부정아 발달(잔디생육원활)

⑥ 방법 : 뗏밥이 잔디사이에 잘 스며들도록 빗자루로 쓸어준다.

(9) 기타 재배관리방법

① 통기작업 : 단단한 토양에 구멍을 내어 허술하게 채우기

② Slicing : 칼로 토양을 베어주는 작업(잔디의 포복경, 지하경을 잘라 통기작업)

③ Spiking : 못 같은 것으로 구멍 내는 작업, 회복시간이 짧다.

④ Rolling : 표면정리작업, 습해·건조의 해를 받지 않게 봄철 들뜬 토양을 눌러주는 것

(10) 잔디의 병충해와 방제

한국 잔디병	고온성병	녹병	등황색반점, 포자발생 / 영양불균형, 답압, 배수불량 / 다이젠, 석회황합제, 보르도액
		황화병	원형 황화현상 / 고온건조, 일조부족, 심한 풀깎기, 객토과다 / 우스프론, 메르크론, 오소사이드
		입고병	잎 끝 갈변 시듬 / 그늘진곳, 통풍불량, 잔디포장 / 메르크론, PCP 90% 수화제
		반엽병	담갈색 반점 / 질소과용, 과도한 깎기 / 우스프론, 다이젠
	저온성병	후라리움 패치	원형 황화현상 / 저온다습, 질소비교과잉 / 다이젠, 마네브수화제

서양 잔디병	고온성병	문고병	잎이 쳐지며 미끌 / 질소과다, 고온다습
		백색 부패병	고온다습 / 오소사이드
		황갈 반점병	15cm 병반 / 큰 기온차, 고온다습 / 다이젠, 적절시비
		면부병	잎이 땅에 눕는다. / 고온다습, 곰팡이균 / 지상부 건조
	저온성병	설부병	회색~갈색변조, 줄기와 잎 고사 / 오소사이드, 세레산
		후라리움 패치	원형 황화현상 / 저온다습, 질소과잉 / 다이젠, 마네브수화제

2. 초화류관리

(1) 토양관리

① 통기, 배수, 보수, 보비, 병충해, 잡초방제

② 유기물질 : 토탄류, 짚, 왕겨, 줄기, 목재부산물, 동식물 노폐물

③ 토양배합 - 밭 흙 : 유기물질 : 굵은 골재 = 1 : 2 : 2(중점토), 1 : 1 : 1(중간토), 1 : 1 : 0(경점토)

(2) 시비방법 : 전면시비, 측면시비, 엽면시비

(3) 월동관리

① 보온막 설치 : 식물을 비닐이나 짚으로 씌우기

② 가온 : 온실이나 불을 피워 온도를 높여줌

(4) 병충해방제

① 초화류 주병해

㉠ 곰팡이에 의한 병 : 흰가루병, 그을음병, 녹병, 묘입고병

㉡ 세균에 의한 병 : 세균성무름병, 풋마름병, 목썩음병

㉢ 바이러스에 의한 병 : 구근류 / 잎에 주름살, 위축

② 충해 : 진딧물, 응애, 깍지벌레, 나방류, 파리류에 의한 병

3. 비탈면 관리

(1) 비탈면 보호시설공법

① 식생공

㉠ 종자뿜어붙이기공: 종자, 비료, 토양에 물을 섞어 뿜어 붙이기

㉡ 식생매트: 종자, 비료를 붙인 매트를 피복해 녹화

㉢ 평떼붙임공: 평떼는 비탈면 전면에 붙여 떼꽂이로 고정

㉣ 식생띠공: 종자, 비료를 부착한 띠 모양의 종이를 일정 간격으로 삽입(인공줄떼공법, 피복효과 빠름)

㉤ 줄떼심기공: 성토비탈면에 적용, 길이 30cm 너비 10cm의 반떼 심기

㉥ 식생판공: 종자와 비료 섞은 판 깔아 붙이기(판이 두꺼워 객토효과)

㉦ 식생자루공 : 종자, 비료, 흙을 자루망에 넣어 비탈면 수평으로 파낸 골속에 넣어 붙이기(급경사지, 풍화토 지반시공에 적합)

㉧ 식생구멍공 : 비탈면에 일정 간격 구멍파고 혼합물을 채워 넣는 공법(비료유실이 적고 점질토나 절토 비탈면에 적합)

② 구조물
　㉠ 돌붙임 및 블록붙임공 : 완구배로 접착력이 없는 토양, 식생이 곤란한 풍화토나 점토의 경우
　㉡ 콘크리트판 설치공 : 암의 절리가 많은 지역
　㉢ 콘크리트 격자형블록 및 심줄박기공 : 유수가 있는 절토비탈면, 표준구배보다 급한 성토 비탈면, 표면이 무너질 우려가 있는 경우
　㉣ 시멘트 모르타르 및 콘크리트 뿜어붙이기공 : 용수가 없고, 붕괴 우려가 없는 지역에 적석이 예상되는 암, 식생이 부적당한 곳
　㉤ 편책공법 : 식생이 생육되기까지 비탈면의 토사유출을 방지하기 위해 일시적으로 사용
　㉥ 비탈면 돌망태공 : 비탈면에 용수가 있어 토사유출우려가 있는 경우
　㉦ 낙석방지망공 : 절토비탈면이 길어 낙석우려가 있는 곳, 3m×3m 망

(2) 비탈면 유지관리
　① 식생공에 의한 비탈면 유지관리
　　- 년 1회 이상 시비(약한 농도로 여러 번 시행
　　- 잡초제거·풀베기(초장 10cm이상 6~10월)
　　- 관수·병충해 방제
　② 구조물에 의한 비탈면보호공의 유지관리
　　- 보호공 자체의 노후화
　　- 비탈면 자체의 변형
　　- 균열, 파손, 꺼짐, 용수 등 상황파악 후 보수

4. 옹벽 관리

(1) 옹벽의 유형 및 구조

　① 중력식 옹벽 : 돌쌓기, 무근 콘크리트 사용. 보통 4m이하 옹벽

　② 반중력식 옹벽 : 중력식 옹벽을 철근으로 보강한 것

　③ 역 T형 옹벽 : 옹벽 높이가 약간 높은 철근 콘크리트 옹벽

　④ L형 옹벽 : 경제성이 높은 5m내외의 옹벽

　⑤ 부벽식옹벽 : 안정성 중시한 철근콘크리트 옹벽으로 5~7m 높이 옹벽

　⑥ 지지벽 옹벽 : 부벽식보다 안정성이 떨어짐

　⑦ 블록옹벽 : 콘크리트 블록을 사용해 중량이 가벼워 비탈면 구배를 높이거나 뒷채움을 두껍게 조성 할 때

　⑧ 돌 쌓기 옹벽 : 자연석, 잡석, 깬돌을 사용해 메쌓기, 찰쌓기 한 것

(2) 파손형태 : 경사, 침하 및 부등침하, 이음새 어긋남, 균열, 이동, 세굴

(3) 보수 및 유지관리

　① 석축옹벽

　　㉠ 균열 : 배수구를 만들어 토압감소, 재시공

　　㉡ 구멍 : 뒷면 이상 없을 시 콘크리트로 채움, 뒷면 이상 있을 시 부분재시공

　　㉢ 옆으로 넘어지려 할 때 : 콘크리트 옹벽설치(뒷면토압이 옹벽에 비해 클 경우), 세굴부분 채우고 콘크리트나 사석암으로 성토(석축기초의 세굴현상)

　② 콘크리트 옹벽(앞으로 넘어질 우려가 있을 때)

　　㉠ P.C 앵커공법 : 기존 지반의 암질이 좋을 때 P.C앵커로 넘어짐 방지

　　㉡ 부벽식 콘크리트 옹벽공법 : 기초지반이 암이고 기초가 침하될 우려가 없을 때 옹벽 전면에 부벽식 콘크리트 옹벽 설치

　　㉢ 말뚝에 의한 압성토공법 : 옹벽이 활동을 일으킬 때 옹벽 전면에 수평으로 암을 따서 압성토하는 공법

　　㉣ 그라우팅 공법 : 옹벽에 보링기로 구멍을 뚫고 충전재를 삽입하고 뒷면의 지하수를 배수구멍에 유도시켜 토압을 경감 시키는 방법

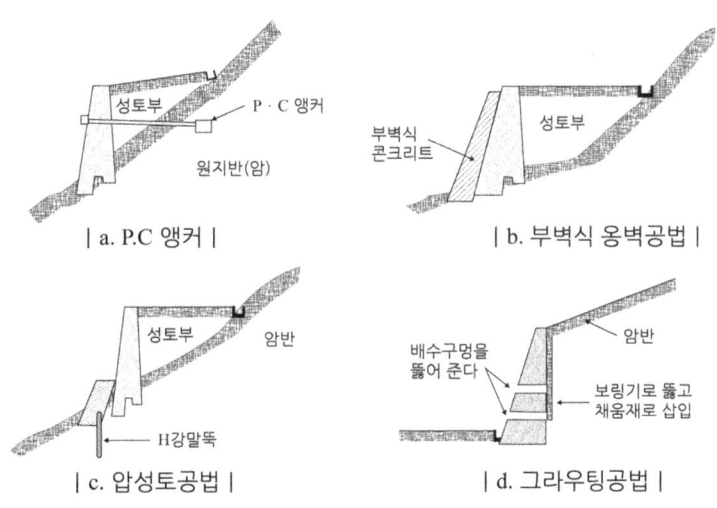

| a. P.C 앵커 | | b. 부벽식 옹벽공법 |

| c. 압성토공법 | | d. 그라우팅공법 |

Chapter 04. 조경관리 및 생태계 관리

03. 시설물의 특수관리

01. 시설물 관리 개요

1. 유지관리의 목표
① 조경공간과 시설을 깨끗하고 정돈된 상태 유지
② 경관미 있는 시설과 공간 조성·유지
③ 안전한 환경조성 유지
④ 유지관리를 통한 쾌적함, 휴게, 오락 기회 제공

2. 유지관리와 시간, 인력, 장비, 재료의 경제성
: 시간절약, 인력절약, 장비의 효율적 이용, 재료의 경제성

3. 시설물 유지관리 고려사항
① 이용밀도, 날씨, 지형
② 감독자 기술수준
③ 조경시설 이용 프로그램
④ 이용자의 시설물 파손행위

02. 기반시설물 관리

1. 배수시설

(1) 표면배수 : 강우에 의해 흐르는 물 또는 인접지역에서 원지내로 유입된 물을 처리하는 배수형태

　① 측구(gutter) : 도로상이나 인접부지의 우수물을 다른 배수처리지점으로 이동시키는 도랑

　　- 종류 : 토사측구, 잔디 및 돌붙임측구, 콘크리트 측구

　② 빗물받이홈(집수구) : 배수되는 물을 한 곳에 모아 다시 배수계통으로 보내는 배수시설

　③ 배수관, 도수관 : 다른 집수구나 배수지로 흘려보내는 관

　④ 맨홀 : 지하배수관거의 점검 및 청소, 전력이나 통신 케이블 관로의 접속과 수리를 위해 사람이 출입하는 통로

(2) 지하배수

　: 표면배수시설에 의해 이동시킨 물이 집수시설에 모아져 다시 지하배수시설에 의해 이동

　① 시설구조

　　㉠ 암거배수시설 : 배수관거에 의해 지표수를 지하로 처리하는 시설

　　㉡ 유공관배수시설 : 심토층에서 용출되는 물이나 지표수가 지하로 침투한 물을 차단해 배수하는 시설

　　㉢ 맹암거배수시설 : 자갈, 모래층으로 구성된 배수시설

(3) 비탈면배수

　① 시설구조

　　㉠ 비탈면 어깨 배수구 : 비탈면 인접지역에서 흘러 들어오는 것을 차단

　　㉡ 종배수구 : 비탈면 자체에 내리는 강우를 흘러내리게 하는 것

　　㉢ 소단배수구 : 비탈면 소단에 가로로 받아 종배수구에 연결하여 배수

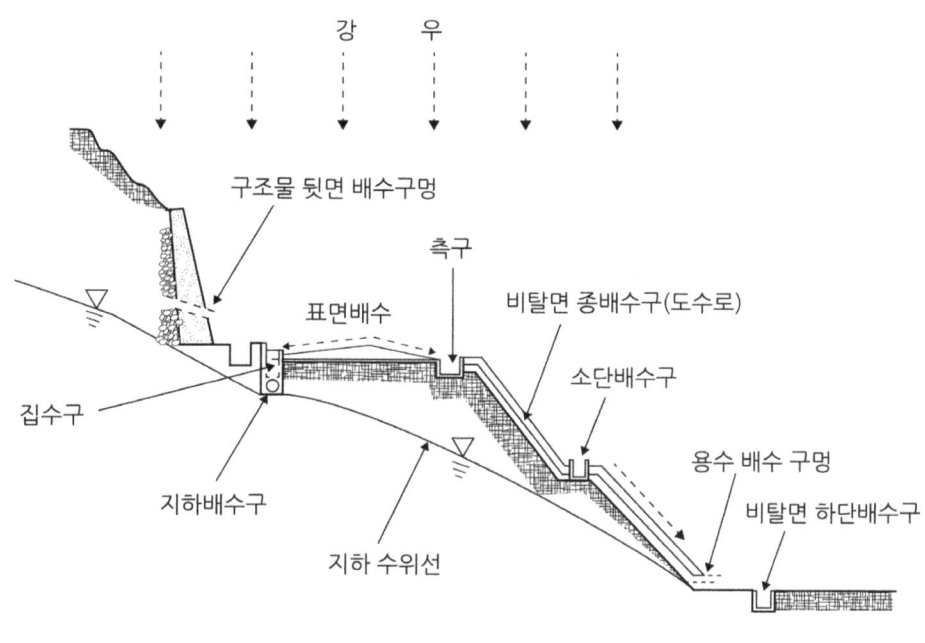

| 배수의 유형 |

2. 도로 및 광장 포장공사

(1) 용도별 포장유형

① 자전거 및 관리용 차량도로 : 아스팔트콘크리트 포장, 시멘트콘크리트 포장

② 보도, 광장, 원로 : 블록포장(평판블록, 인터록킹블록, 벽돌 등), 타일포장, 화강석 및 자연석 평판포장, 토사포장

(2) 토사포장(토사·풍화토·자갈 및 쇄석·세사 포장)

① 포장방법 : 기존의 흙바닥을 고른 후 다짐하거나 자갈이나 깬돌에 모래·점토를 적당히 섞은 혼합물(노면자갈)을 30~50cm 다짐

　(노면자갈 = 자갈 30~50mm 55~75% + 모래 2~0.07mm 15~30% + 점토 0.07 이하 5~10%)

② 보수, 시공방법

　㉠ 개량 : 지반치환공법, 노면치환공법, 배수처리공법

　㉡ 보수 : 흙먼지방지(살수, 약품살포, 역청재료의 혼합)

　　노면요철부처리(노면 횡단경사 3~5% 유지, 노면자갈 1~4 회 / 1년 보충)

　　동상, 진창흙 방지(배수시설로 지하수위 저하)

　　도로배수(배수불량지역에 토사측구 굴착)

(3) 아스팔트 콘크리트 포장

① 점검

　㉠ 노면상황조사 : 균열조사, 요철조사

　㉡ 노면 상세조사 : 처짐량, 균열, 요철, 미끄럼저항, 침하량, 마모, 박리조사

② 파손원인

　㉠ 균열 : 아스콘 혼합물의 배합불량, 아스팔트 노화, 기층 지지력 부족, 포장두께 부족, 시공이음새 불량

　㉡ 국부적 침하 : 기초 노체의 시공불량, 노상지지력 부족 및 불균일

　㉢ 파상의 요철 : 기층·보조기층 및 노상의 연약에 따른 지지력 불균일, 아스팔트의 과잉, 아스콘 입도 불량 및 공극력 부족

　㉣ 노면연화 : 아스팔트량의 과잉, 골재의 입도불량 및 공극률 부족

　㉤ 박리 : 표층의 품질불량, 지하수위가 높은 곳, 차량의 기름 떨어짐

③ 보수, 시공방법

　㉠ 패칭공법 : 균열, 국부적 침하, 부분적 박리에 적용(일시적 응급보수 공법)

　　- 파손부분 4각형 따내기 → 깨끗이 쓸어내고 텍코팅 → 아스팔트(가온, 상온)혼합물 투입 → 롤러, 콤팩터, 래머 등으로 다지기 → 표면에 석분이나 모래 살포

　㉡ 표면처리공법 : 차량통행이 적고 균열정도와 범위가 심각하지 않은 훼손포장에 적용(일시적 응급보수 공법), 골재 또는 아스팔트만으로 균열부분을 메우거나 덮어 씌워 재생

　　- 균열부분 쓰레기·먼지 제거 → 아스팔트 도포 → 균열부에서 나오는 혼합물 제거

ⓒ 덧씌우기 공법 : 균열·파손장소를 패칭과 같은 방법으로 부분보수한 뒤 새로운 포장면 조성
- 기존 포장면층의 청소 → 텍코팅 → 아스팔트 혼합물포설
ⓔ 파상요철에 의한 훼손 : 튀어나온 부분 깎기 → 쇄석살포 → 전압(심할 경우 덧씌우기로 시공)
ⓜ 박리 : 패칭이나 덧씌우기공법을 적용하며 경미한 경우 메우기법으로 처리
 * 텍코팅 : 시공한 아스콘이나 중간층 위에 새로운 아스콘층을 시공하기 전에 위아래 두 개 층의 접착을 위해 역청재료를 살포하는 것

(4) 시멘트 콘크리트 포장
① 파손원인
ⓐ 콘크리트, 슬래브 자체의 결함
ⓑ 노상, 보조기층의 결함
② 파손형태 : 균열, 융기, 단차, 마모에 의한 바퀴자국, 박리, 침하
③ 보수 및 시공
ⓐ 줄눈 및 표면의 균열 : 설계 부적합, 시공양생의 불량, 노상·노반의 불량, 노화, 결빙
- 충전법(겨울시공 금지) : 청소 → 접착제살포 → 충전재주입 → 건조한 모래 살포
ⓑ 콘크리트 슬래브 꺼짐 : 노상·노반의 결함, 표면균열로 우수가 침투하여 노반의 파손으로 발생
ⓒ 표면박리 : 저온(-5℃이하)에서 오랫동안 지속된 경우에 발생, 약간의 훼손인 경우 접착제, 시멘트풀 등을 바르고, 심할 경우 시멘트모르타르나 아스팔트모르타르 바르기

(5) 블록포장
① 포장유형 : 재료나 제품에 의해 구분
ⓐ 시멘트 콘크리트 : 콘크리트 평판블록, 벽돌블록, 인터록킹블록
ⓑ 석재료 : 화강석 평판블록, 석판블록
ⓒ 목재료 : 목판블록
② 파손원인 : 블록 자체 파손, 블록포장의 요철·블록과의 단차·포장표면의 만곡
③ 보수 및 시공방법
보수 위치 및 영향권 결정 → 블록 제거 및 재사용재 분리 → 안정모래층 및 노반층 보수 → 기계전압 → 모래층 수평 고르기(두께 5m 정도) 후 블록깔기 → 가는 모래로 이음새 채우기

03. 편익 및 노후시설물 관리

1. 간판 및 표지시설

(1) 표지판 유형

① 유도표지 : 장소의 지명, 장소의 방향, 거리 표시

② 안내표지 : 탐방대상지 위치, 거리, 소요시간, 방향 등 대상지 안내도

③ 해설표지 : 문화재나 유물의 배경과 가치의 중요성 설명

④ 도로표지 : 통행상 금지, 제한을 전달해 도로사용 규칙 주지

(2) 표지판의 재료 및 점검항목

재료	특성	점검항목
목재	자연조화, 내구성 약	부패, 뒤틀림
석재	자연조화, 내구성 강, 가공난이, 용도한정	파손, 금
금속재	내구성 강, 주조성, 가공·조립용이, 퇴색	파손, 뒤틀림, 찌그러짐
콘크리트재	다양한 제작, 목재 효과	금, 갈라짐, 파손, 기초의 노출
합성수지재 (아크릴, 플라스틱)	내구성 약	금, 파손, 흠

(3) 유지관리

① 전반적 관리

  ㉠ 청소 : 포장도로, 공원에서는 월1회, 비포장도로는 월2회

  ㉡ 도장 : 2~3년에 1회

② 보수, 교체 : 접합부분 이완 시 잘 조이며, 부품 마모나 녹슨 것은 교체

  글자, 사인 등 손상 시는 수정, 보수, 도장이 벗겨진 경우 재도장

2. 벤치, 야외탁자

(1) 재료별 특징

재료	장점	단점
목재	감촉, 전도율, 수리용이, 모양	파손, 습기취약, 병충해, 내화력
철재	튼튼, 가공용이, 무게와 안정감, 내구성	찬 느낌, 기온민감, 녹
콘크리트재	형태조작, 표면처리 다양, 내구성, 경제적, 유지관리	감촉 딱딱, 파손부위, 알칼리성분
합성수지재	자유로운 디자인, 색채유지	보수곤란, 강도요구
도기재	색채와 무늬, 청결유지, 창조적 조형	부분보수
석재	견고, 내구성, 외관, 유지관리	제작과 운반, 감촉, 고비용

(2) 목재관리

　① 목재 기본적 성질에 의한 보수방법

　　㉠ 온도와 습도 : 파손부분 제거 후 나무못박기, 퍼티채움, 교채

　　㉡ 균류에 의한 피해 : 유상·유용성·수용성 방균제 살포. 부패부분 제거 후 나무못박기, 퍼티 채움, 교체

　　㉢ 충류에 의한 피해 : 유기염소·유기인계통의 방충제 살포. 부패된 부분 제거 후 나무못박기, 퍼티 채움, 교체

　② 유지관리

　　㉠ 부패되었을 경우

　　　- 충류 : 건조재 가해 충류(가루나무좀류, 개나무좀류, 빗살수염벌레류, 하늘소류), 습윤제 가해(흰개미류), 목재 방충제 종류(유기염소계통, 유기인계통, 붕소계통, 불소계통)

　　　- 균류 : 포자상태로 공기중에 존재, 목재표면에 떨어져 적당수분·온도 주어져 발아

　　　　목재 방균제 : 유상 방부제(타르, 크레오소트), 유속성 방부제(유기수은 화합물, 클로로 페놀류), 수용성 방부제 (C.C.A, F.C.A.P)

　　㉡ 갈라졌을 경우 : 페인트 및 이물질 제거 → 퍼티채움 → 샌드페이퍼로 마무리 → 조합페인트나 바니스 도장처리

(3) 콘크리트재 부분 유지관리

　① 균열부 보수

　　㉠ 표면 실링(sealing)공법 : 0.2mm 이하의 균열부에 적용. 와이어브러시청소 후 에어컴프레셔로 먼지 제거, 에폭시계 재료를 폭5cm, 깊이 3mm정도로 도포

　　㉡ V자형 절단공법 : 균열부 표면을 V자형으로 잘라낸 후 충전재를 채워 넣는 방법, 표면실링보다 확실한 공법 누수방지를 위해 30~40cm 간격으로 지수재(폴리우레탄계 수경성 발포재)사용

　　㉢ 고무(gum)벽식 주입공법 : 시멘트반죽에 고분자계 유제나 고무유액을 혼입하여 균열부에 주입하고 24시간 이상 양생

　② 연약부 보수 : 시공불량에 의한 공극, 동결융해작용, 알칼리골재반응 등에 시멘트계 재료를 사용

　　㉠ 시멘트 모르타르에 의한 보수

　　　- 기존 콘크리트의 조골재 표면이 노출된 곳까지 모래 분사 후 고압수 청소, 기존 콘크리트의 연결제로 중력비 1 : 1의 조강시멘트 또는 세사 2mm 이하의 모르타르 사용, 보수모르타르의 혼화제는 유동화촉진제, AE제 사용

　　㉡ 콘크리트 뿜어붙이기에 의한 보수

　　　- 바탕처리는 규사를 사용한 모래분사가 가장 효과적, 연결제 불필요, 뿜어붙이기층은 1회당 2~5cm, 보수에는 건식법을 사용해 호스로 공급

　③ 전면 재시공 : 부분보수 곤란한 경우, 전면재시공이 경제적인 경우, 보수하였을 때 미관이 크게 손상될 경우 적용

(4) 철재부분

① 인위적 파손관리 : 나무망치로 원상복구, 부분절단 후 교체

② 온도, 습도 부식관리 : 샌드페이퍼로 닦아낸 후 도장, 부분절단 후 교체

(5) 석재부분

① 파손부분 : 접착시킬 양면을 에틸알콜로 세척 후 접착제사용, 접착 후 경화될 때까지 고무로프로 고정, 접착완료 후 노출된 접착제는 메틸에틸케톤세척제로 닦아내고 면다듬질

② 균열부분

- 작은 균열 : 표면실링공법 적용,
- 큰 균열 : 고무압식공법 적용

(6) 합성수지재, 도기재 관리 : 파손된 제품은 부분보수가 곤란하므로 교체

3. 유희시설

(1) 유희서설의 유형

고정식	정적놀이시설	그네, 시소, 회전그네
	동적놀이시설	정글짐, 철봉, 미끄럼틀, 비탈면오르기, 늑목, 수평대
	조합놀이시설	조합놀이대, 미로, 놀이벽, 조각놀이
이동식	구성놀이	모래성, 구조물 만들기 놀이형식

(2) 유지관리

① 전반적 관리 : 해안의 염분, 대기오염이 현저한 지역에서는 철재, 알루미늄 등의 재료에 강력한 방청처리 하고 파손우려가 있거나 파손시설물은 보호조치 후 즉시 보수

② 보수 및 교체

㉠ 철재 유희시설

: 도장이 벗겨진 곳에는 방청처리 후 재도장, 회전부분의 정기적 구리스 주입과 베어링 마모 시 교체

㉡ 목재 유희시설

: 더러워진 부분은 정기적으로 도색, 도장이 벗겨진 부분은 즉시 방부처리

㉢ 콘크리트재 유희시설

: 구조물의 자체침하, 경사 또는 균열이 생긴 경우 즉시 보수, 박리로 철근이 노출된 경우 철근보강 후 보수 콘크리트와 모르타르 보수면의 도장은 3주 후 충분히 건조한 상태에서 도장(3년에 1회 재도장)

㉣ 합성수지재 유희시설

: 마모되기 쉽고 자외선, 온도변화로 퇴색·비틀림·휨 등이 쉽게 생겨 강도저하 시 교체

4. 조명시설

(1) 광원의 유형과 특성

백열등	* 수명 짧고, 효율 낮음, 열 발생, 소형 * 광속 유지력 우수, 색채연출 가능
형광등	* 청명한 색채, 빛이 둔하고 흐림, 발광과 효율 유지 못함
수은등	* 수명 길다.
금속할로겐등	* 빛 조절, 색채연출, 고출력의 높은 전압
나트륨등	* 높은 열효율, 투시성, 높은 설치비, 경제적 유지관리

(2) 옥외등주의 특성

등주재료	장점	단점
철재	내구성 강, 펜던트 부착 용이	방부처리, 무겁다.
알루미늄	부식 저항력, 유지관리, 경량, 경제적 비용	내구성, 펜던트 부착 곤란
콘크리트재	유지관리, 부식 강, 내구성 강	무겁다. 중장비, 부속물 부착 곤란
목재	전원적, 초기 유지관리 용이	방부처리

(3) 유지관리

① 형광등, 수은등, 고압나트륨등은 전용의 조광형안정기로 1주당 광속조절

② 나트륨등은 1개의 등주에 2개의 등기구를 설치해야 경제적

③ 등기구 청소는 1년에 1회이상, 3~5년에 1번씩 도장

04. 건축물관리

1. 건축물 제비용 백분율
유지관리비 75%, 건설비 20%, 준비 계획비 3%, 설계비 2%

2. 건물과 설비 유지관리 접근방법
① 보수관리 위주 : 문제점의 해결을 중심으로, 예산부족 시 사용, 비경제적
② 예방관리 위주 : 사전 발견과 예방조치를 중심, 경제적, 초기 비용 많이 듦

3. 예방 유지관리 작업의 분담
① 구역별 분담 : 일정구역내의 건물을 개인에게 분담(대규모공원, 오락시설단지에 적합)
   - 장점 : 예방이 수월, 현장보수용이, 대상지 특성 파악 용이해 융통성 부여
   - 단점 : 개인능력의 한계로 전문적이지 못함
② 분야별 분담 : 분야별 기술자가 조를 이루어 작업
   - 장점 : 각 특성에 따라 인력배치가 융통적
   - 단점 : 대상지가 넓고 친숙도가 적다, 책임한계가 불명확, 인력낭비

Chapter 04. 조경관리 및 생태계 관리

04. 이용관리계획

01. 공원이용관리

1. 이용자 관리

① 이용지도 : 공원 내 조례에 의해 금지되어 있는 행위의 금지, 주의, 이용안내, 레크리에이션 지도, 상담 등으로 이용자가 쾌적하고 편리하게 이용할 수 있도록 배려하는 것

　㉠ 사례 : 공원자원봉사계획, 놀이공원

　㉡ 이용지도 구분 : 공원녹지 보전(금지되어있는 행위의 금지 및 주의), 안전·쾌적이용(위험행위의 금지 및 주의, 특수 시설 혹은 위험 시설의 올바른 이용방법 지도), 유효이용(이용안내, 레크리에이션활동에 대한 상담·지도)

　㉢ 이용지도 방법 : 지도원 / 표지, 간판, 팜플렛 / 상담창구, 교실개최

　㉣ 이용자 요구 : 놀이지도, 놀이방법, 식물·원예지식 지도, 정보전달, 교양내용

② 행사

　㉠ 행사개최 형태 : 공공적 목적(교통안전, 도시녹화, 자연보호 등 캠페인), 체력, 건강향상, 오락(운동회, 축제, 쇼), 문화향상(전람회, 연주회, 연극, 강연회, 심포지엄 등)

　㉡ 유의사항 : 시설이 설치목적에 맞을 것, 관계법령 준수, 예산에 맞는 내용 설정, 대안 만들어 놓을 것

③ 홍보, 정보제공 : 홍보지, TV, 라디오, 영화, 기자 발표, 소책자, 간행물

④ 의견청취 : 이용자 모니터제도, 설문조사, 시설견학, 시정간담회, 이용자에 의한 운영위원회 설치

2. 주민참가

: 주민이 결정과정에 참가해 주민자신과 관련행정당국과의 의견을 조정하는 것

① 종류

　㉠ 주민과 대화(요구형 → 토의형) : 주민조직과의 대화, 간담회, 현지사찰

　㉡ 행정 참가(대결형 → 협력형) : 물가안정시민회의, 고속자동차선 검토 전문위원회, 주민연락협의회

　㉢ 정책 참가(주민참가의 정책형성) : 내일의 도시를 생각하는 시민회의, 시민심포지엄, 교통심의회, 그린시민회의

② 주민참가 조건

　㉠ 규모 및 전문성이 주민의 수탁능력을 넘지 않을 것

　㉡ 주민참가에 의해 효과가 기대될 것

　㉢ 운영상 주민의 자발적 참가, 협력을 필요요건으로 할 것

　㉣ 주민참가에 있어서 이해의 조정과 공평심을 가질 것

③ 주민참가 활동

- 청소, 제초, 병충해 방제, 관수, 시비, 화단식재
- 어린이놀이지도, 놀이기구점검, 시설기구 대출
- 금지행위·위험행위 주위
- 공원녹화관련 행사, 레크레이션 행사 개최
- 공원관리 관련 제안·규칙제정

02. 레크리에이션 시설이용관리

1. 레크리에이션 관리의 개요
① 개념 : 이용자들의 쾌적한 레크리에이션활동과 녹지공간의 만족스러운 이용을 최대한 보장, 레크리에이션자원을 유지·보수할 수 있게 하기 위한 관리행위
② 일반적 원칙
  ㉠ 이용자의 문제가 바로 유지관리의 문제
  ㉡ 이용자의 레크리에이션 경험의 질이 중요
  ㉢ 접근성은 이용자의 레크리에이션이용에 결정적인 영향을 준다.
③ 레크리에이션관리의 목표설정 기준 : 경제적 효율성, 균형성, 공공적 요구에 부응하는 것
④ 레크리에이션 공간관리의 기본전략
  ㉠ 완전방임형 관리전략 : 원시적인 방법, 오늘날 과잉 이용공간에는 적용 못함
  ㉡ 폐쇄 후 자연회복형 : 부지 악화 발생 시 자연이 스스로 회복할 수 있도록 하는 것, 시간이 많이 걸리고 이용자들의 불만 발생, 자원중심형 자연지역에 적용
  ㉢ 폐쇄 후 육성관리 : 폐쇄 후 집중 육성관리(외래종 도입, 토양통기작업, 시비 등)
  ㉣ 순환식 개방에 의한 휴식기간 확보 : 충분한 시설과 공간이 추가적으로 확보되었을 때 가능
  ㉤ 계속적인 개방, 이용 상태 하에서 육성관리 : 최소한의 손상이 발생한 경우에 유효하며 가장 이상적인 방법

2. 레크리에이션 관리의 체계
① 옥외 레크리에이션 관리체계의 세 가지 기본요소 : 이용자, 자연자원기반, 관리
② 레크리에이션 관리체계의 주요기능 관점에서의 세 가지 부체계
  ㉠ 이용자 관리 : 이용자의 레크리에이션경험과 질을 극대화하기 위한 사회적 환경관리
  ㉡ 자원관리 : 모니터링과 프로그램으로 두 가지 단계의 작업으로 구성
  ㉢ 서비스관리 : 이용자를 수용하기 위해 물리적인 공간을 개발하거나 특정 서비스를 제공하는 것

3. 레크리에이션부지의 관리
① 도시공원녹지의 관리
  ㉠ 특징 : 이용자중심형 공간임으로 이용자 레크리에이션요구도에 주안점
  ㉡ 식물관리 : 수목관리(식생이 대상), 수림지관리(식물공간 형성 목적), 잔디관리(활동목적 잔디와 장식관상 목적 잔디), 초화류관리(식재, 관리로 나눔)
  ㉢ 시설관리 : 시설의 기능을 충분히 발휘하고, 쾌적한 이용을 하기 위한 것
  ㉣ 설비관리 : 급·배수 설비, 처리시설, 전기설비
② 자연공원지역의 관리
  ㉠ 특징 : 자원중심형 공간으로 자원보전에 관점을 두며, 모니터링이 중요
  ㉡ 이용자 손상의 관리 : 레크리에이션에 의한 손상, 이용자에 의한 손상
  ㉢ 모니터링 : 지표 설정, 측정 기법의 신뢰성, 위치설정의 합리성
  ㉣ 산쓰레기 관리 : 대상지 특성파악, 이용자 특성파악, 장려보상의 선택

4. 레크리에이션 수용능력

① 분류 발전과정

La Page	Chubb Ashton	O'riordan	Aldredge	Penfold	Godschal & Parker
1.생물학적 수용능력 2.미학적 수용능력	1.수용능력 2.공간적 수용능력	1.환경적 수용능력	1.시설 수용능력 2.자원내구 수용능력 3.이용자 수용능력	1.물리적 수용능력 2.생태적 수용능력 3.심리적 수용능력	1.환경 수용능력 2.제도적 수용능력 3.지각적 수용능력

② 레크리에이션 수용능력의 결정인자

    ㉠ 고정적 결정인자 : 특정 활동에 대한 참여자의 반응정도, 필요한 사람의 수, 필요한 공간의 최소면적

    ㉡ 가변적 결정인자 : 대상지 성격과 크기·형태, 대상지 이용의 영향에 대한 회복능력

③ Knudson(1984)의 수용능력 산정 시 고려 요인

    ㉠ 자원기반 특성 : 지질, 토양, 지형, 방향, 식생, 기후, 물, 동물

    ㉡ 관리 특성 : 정책, 관리, 설계

    ㉢ 이용자 특성 : 이용자 심리, 설비 유형, 사회적 관심 및 이용 패턴

④ 수용능력과 관리

    ㉠ 관리목표 : 다양한 레크리에이션 기회의 제공을 위해 공간의 물리적, 생태적, 사회적 조건들을 관리 프로그램을 통해 조성, 유지, 발전시키기 위한 지침

    ㉡ 이용자 태도 : 관리자 선호 공간과 이용자 추구 공간은 다르다.

    ㉢ 물리적 자원에 영향 : 이용에 의한 변화를 어느 정도까지 허용할 것인가.

⑤ 수용능력과 관리기법

관리유형	방법	구체적 조절기법
부지관리	부지강화 이용유도 시설개발	내구성 바닥재료 도입, 관수·시비·재식재, 내성 강한 수종의 교체, 장애물 설치(기둥, 담장, 가드레일), 보행자동선·교량 등 설치, 조경(식재, 패턴), 공중위생시설 설치, 숙박시설 개발, 활동위주 시설개발(캠핑, 피크닉, 보트장, 놀이·운동시설
직접적 이용제한	정책강화 구역별 이용 이용강도 제한 활동 제한	세금 부과, 구역감시 강화·그린벨트, 상충적 이용의 공간적 구분, 시간대별 이용, 순환식 이용, 예약제 도입, 휴식년제 적용, 접근로의 이용제한, 이용자수의 제한, 이용시간의 제한, 캠프파이어 제한, 취사금지, 낚시 및 사냥의 제한
간접적 이용제한	물리적 시설개조 이용자 정보제공 자격요건 부과	접근로의 증설 및 감소, 집중이용 장소의 증설 및 감축, 구역별 특성 홍보, 이용자들에게 생태학의 기본개념 교육, 일반적인 이용패턴을 홍보, 일정 입장료 부과, 탐방로·구역 및 계절 등에 따른 이용요금의 차등 부과

⑥ 레크리에이션 시설 수용력

㉠ 전체 공원 면적 $= \sum \dfrac{\text{공원 이용자 수} \times \text{이용율} \times \text{1인당 활동 면적}}{\text{유효면적율}}$

㉡ 동시수용력 = 방문객 수 × 최대일률 × 회전율 × 서비스율

㉢ 동시체제 이용자 수 = 최대일 이용자 수 × 회전율

㉣ 회전율

체재시간	3	4	5	6
회전율	1/1.8	1/1.6	1/1.5	1/1.4

Chapter 04. 조경관리 및 생태계 관리

05. 생태계

01. 생태계

(1) 생태계 구조와 기능

1) 생태계 개념과 특성

① 개념 : 생물 공동체와 무기적 환경이 상호 의존관계를 유지하면서 균형과 조화를 이루는 자연의 기능적 체계

② 특성 : 해양생태계, 육상생태계, 호소생태계, 초지생태계, 삼림생태계, 육수생태계

2) 생태계 구조

① 구성요소

- 생물적 구성요소 : 개체군(어떤 공간 차지하는 같은 종으로 이루어진 생물개체의 집단, 동일 생태계 내에서 생활하는 같은 종의 생물집단),

군집(특정 환경에서 함께 사는 생물의 모임, 개체군의 집단. 생산자, 거대소비자, 분해자)

> * 생산자 : 독립영양성 생물(녹색식물, 녹조류 등, 독립영양계 생물), 가장 많은 생체량 가짐, 무기물질을 영양물질로 이용, 광에너지를 화학에너지로 전환시켜 포도당에 저장
> * 거대소비자(소비자) : 종속영양성 생물(초식동물, 육식동물), 종속영양계 생물
> * 분해자 : 소동물(미세소비자), 사체 분해, 종속영양계 생물

- 비생물(무생물)적 구성요소 : 무기물, 유기화합물, 물리적 요소(빛, 온도, 수분, 토양, 기후, 공기), 무기물질, 유기물질

> * 베르그만의 법칙 : 포유류의 몸 크기는 온도와 상관관계를 나타낸다는 법칙(추운 지방 동물은 따뜻한 지방 동물보다 몸 크기가 크다.)
> * 알렌의 법칙 : 같은 종의 항온동물에서는 한랭지방에서 서식하는 개체의 몸의 돌출부가 온난지방의 개체의 것보다 비교적 작은 현상

② 생태계의 기능적 구성요소

- 에너지회로, 먹이사슬, 시·공간적 다양성, 영양염류의 순환, 발달과 진화, 제어

3) 제한요인 · 최소량법칙 · 내성법칙

① 제한요인 : 생물 유지 환경인자 중 효율적·생산적 성장 방해하는 소수의 요소

> * 블랙만의 한정요인설 : 광합성 속도는 광합성에 영향을 미치는 여러 요인 중에서 최저상태로 존재하는 요인에 의해 결정된다.

② 리비히의 최소량의 법칙 : 식물 필요원소(양분)에 대해 생육에 필요한 최소한의 양, 가장 소량으로 존재하는 요소에 식물의 생육이 지배를 받는다.

③ 쉘포드의 내성의 법칙 : 생태계에서 생물체의 분포와 풍부도를 조절하는 비생물적 환경요인들의 최고와 최저치가 있는데 그 사이의 내성범위에서만 살아갈 수 있다는 것.

(2) 개체군과 군집

1) 개체군

① 의의 : 주어진 시간에 주어진 공간을 차지하고 있는 같은 종 개체들의 모임
  (메타개체군 : 일시적이고 유동적이 개체군의 체계)

> * 엘리의 효과 : 개체군의 크기가 일정 이상을 유지해야 종 사이에 협동이 이루어져 최적 생장과 생존을 유지한다. 이러한 개체군의 특징이 엘리의 효과이다.
> * 개체군의 크기가 작아지면서 생기는 현상
>   - 유전적 다양성과 변이성의 소실
>   - 유전적 부동
>   - 근친 교배의 증가
>   - 진화적 유연성의 감소

② 개체군의 특징 : 밀도, 출생률, 사망률, 연령분포, 생물번식능력, 분산, 생장형

2) 군집

① 의의 : 특정지역 또는 특정한 물리적 서식지에서 생활하고 있는 개체군의 집합체, 물질대사의 재편성을 통해 통합된 단위로서 기능적 특성 가짐.

② 군집의 유형

독립성	- 고차군집 : 비교적 높은 독립성을 갖고 있는 규모가 크고, 조직이 안정된 군집 - 저차군집 : 주위 집단에 의존하고 있는 군집
형태	- 개방군집 : 삼림처럼 다른 군집과 혼합해 존재하는 형태 - 폐쇄군집 : 동굴처럼 뚜렷한 경계 갖는 군집

③ 군집의 속성 : 종조성, 다양성, 층위구조, 먹이사슬

> * 삼림의 층위구조 : 식물군집의 수직 구조 구성 층(교목층, 아교목층, 관목층, 초본층, 지표층, 지중층)
>   - 교목층 ~ 초본층 : 광합성층, 새·곤충 서식
>   - 지표층 : 낙엽, 썩은 나무(선태류, 균류, 곤충류)
>   - 지중층 : 많은 부식질(균류, 세균류, 지렁이)

④ 군집의 구조

- 종조성 : 군집은 일정지역에서 생육하는 특정 여러 개체군의 집합체로 개체군의 상대수도는 각각 다름.
- 상관 : 군집은 층위구조나 공간적 분포유형과 같은 고유한 특징을 갖는다.
- 주기성 : 군집의 구조는 하루·계절을 주기로 반복한다.
- 영양구조 : 군집은 특정 에너지흐름의 유기성을 갖는다.

⑤ 군집의 주요 특성

- 우점종 : 일정 군집 내에서 중요역할수행, 다른 종에 영향을 미치는 종
- 핵심종 : 생태계 종 가운데 종의 다양성을 유지하는데 결정적 역할 하는 동·식물종
  일정 지역의 생태계에서 지배적 영향력 발휘
  생태계 내 생물종 구성과 생태계 기능을 결정하는 중요 요소

- 깃대종 : 한 지역 생태계를 대표하는 중요하고 특징적인 동·식물 의미
  유엔환경회의에서 제시, 그 지역 생태계회복의 개척자적인 이미지를 깃발의 뜻으로 형상화한 것
⑥ 새로운 종의 출현과 그 영향 예측
  - 영향이 없는 경우, 소멸되는 경우, 배척되는 경우, 공존하게 되는 경우
⑦ 군집의 변화
  - 비방향성 변화 : 군집을 일정방향으로 영구적 변화 못시키는 것(일변화, 계절변화, 교체변화)
  - 방향성 변화 : 군집을 일정방향으로 영구적 변화시키는 것(장기적 기후변화, 천이에 의한 극상군집)
⑧ 군집조사 방법 : 전수조사, 방형구법, 재포획법, 제거법, 비구획법

(3) 생태계의 에너지 이동

1) 개요
   ① 에너지의 기원 : 생태계의 에너지는 태양에서 기원
   ② 에너지의 흐름 : 생태계의 에너지흐름은 선적이고 영양단계를 따라 한쪽 방향으로만 흐르는 일방적이다.
   ③ 이용 광선 : 식물이 주로 이용하는 광선의 범위는 파장이 짧은 가시광선부분
   ④ 에너지의 소비 : 생물은 원형질 형성, 조직 갱신과 기초대사 등에 에너지를 이용
   ⑤ 에너지 이용 효율 : 에너지 이용효율은 생산자-소비자-분해자로 갈수록 낮아진다.
   ⑥ 엔트로피 변화 : 먹이사슬이 지속될수록 엔트로피가 증가
   ⑦ 열역학 법칙
     - 열역학 제1법칙(에너지 보존법칙) : 에너지가 한 형태에서 다른 형태로 변환될 수 있지만 에너지를 생산하거나 파괴할 수 없다.
     - 열역학 제2법칙(엔트로피 법칙) : 에너지가 이용가치가 낮은 열로 변환되면서 우주의 엔트로피는 계속 증가함.

   * 엔트로피 : 물질계의 열적상태를 나타내는 물리량의 하나, 엔트로피가 높다 = 쓸모없음을 나타내는 척도

2) 에너지의 흐름
   ① 광합성 작용 : 태양으로부터 생태계로 유입된 일부 복사에너지는 식물 광합성 통해 탄수화물의 화학 에너지로 변환된 후 유기물 분자결합 속에 저장
   ② 호흡작용 : 식물 저장 화학에너지는 생물체 세포 내에서 세포호흡 통해 방출, 방출에너지는 생체유지나 생물학적 일에 사용

(4) 생태계의 상호작용

1) 생물적 요소의 작용

    ① 포식 : 포식자가 다른 피식자를 먹이로 삼는 것, 포식자를 피식자의 천적이라 함.

    ② 공생 : 둘 이상 다른 종들이 친밀한 관계 또는 제휴관계를 가지는 것(상리공생, 편리공생)

    ③ 기생 : 한 쪽의 희생관계, 기생자는 숙주로부터 영양분을 얻음

    ④ 경쟁 : 한 군집 내에 같이 살고 있는 다른 종 또는 같은 종 사이에서 제한된 자원, 공간, 빛, 소비물질 등 놓고 경쟁

    ⑤ 부생 : 죽었거나 죽어가는 생물로부터 에너지를 얻는 상호작용

    ⑥ 중립 : 개체군의 상호관계에서 영향을 받지 않는 관계

    ⑦ 원시협동 : 두 가지 다른 생물종 간 상호작용이 작용하면 모두에게 이롭지만, 작용이 중단되면 서로 무관한 관계가 되는 것(상조공생)

    ⑧ 편해공생 : 어떤 생물종이 다른 생물종에 대해 일방적으로 해로움을 끼치거나 압박하면서 자신은 영향을 받지 않는 경우의 상호작용

2) 생태계의 평형상태

    ① 생장률이 '0'이 되는 상태에서 환경과 개체군의 평형상태가 성립한다.

    ② 평형상태에서는 생산량과 호흡량의 거의 동일해진다.

    ③ 평형상태에서는 구성생물의 종 수가 많아진다.

    ④ 평형상태는 엔트로피가 낮은 상태이다.

3) 성숙된 생태계

    ① 생태계 내의 생물량 증대

    ② 생물연쇄의 복잡화

    ③ 종 다양성의 증대

    ④ 토양의 발달

    ⑤ 염류순환의 폐쇄성 증가

02. 육상생태계

(1) 육상 군집의 구조와 특성

1) 육상 군집의 일반적 구조

   ① 독립영양자, 섭식 소비자, 부생영양자(미세소비자)

   ② 육상의 식생분류

   - 착생식물(기중식물) : 토양 중 뿌리를 갖지 않는 식물(겨우살이)
   - 지상식물(공중식물) : 곧게 뻗은 가지 위에 겨울눈을 갖는 식물(목본식물, 덩굴식물, 착생식물)
   - 지표식물 : 지표면에 겨울눈을 갖는 식물(관목류, 선태류, 이끼류)
   - 반지중식물 : 토양표면이나 표면 바로 밑에 겨울눈 갖는 식물(미역취, 다년생 벼과식물)
   - 지중식물 : 구근 또는 지하줄기 위에 겨울눈 갖는 식물, 다년생 초본식물(튤립, 고사리)
   - 1년생식물 : 1년생 식물

2) 육상 군집의 특성

   ① 생태계 구성 : 한 생물군계 내에 서로 상호작용하는 여러 개의 생태계 존재

   ② 생물군계 : 군집 + 생태계 = 생물군계(바이옴), 생물군계는 군집과 생태계의 상위에 존재하는 생태학적 단위가 됨

   ③ 기후장벽 : 육상 생물군계의 경계는 기후장벽에의 의해 결정됨

   ④ 토양·지리적 장벽 : 비연속성, 자유이동에 대한 지리적 장벽 존재

   ⑤ 물(습도)

   ⑥ 기질의 성질

3) 식생의 분류

   ① 원식생 : 어떤 지역의 원래 자연환경 조건에서 존재했던 식생

   ② 현존식생 : 현재 분포하고 있는 식생

   - 자연식생 : 원시림과 같이 인간 간섭 배제되어 가장 잘 보존된 식생, 지속군락 유지되는 식생
   - 이차식생 : 생리적 스트레스와 물리적 파괴에 의해 교란된 식생, 2차적으로 회복해 가는 천이과정에 있는 식생
   - 대상식생 : 인간의 경제적 활동에 의해 영향 받아 형성된 식생, 농촌경관의 주요 요소(논, 밭, 과수원, 조림지)

   ③ 잠재자연식생 : 어떤 지역에 있어서 인간간섭을 완전 배제하면서 현재 환경조건을 모두 총화하여 자연적으로 발달하게 되는 지속군락, 극상식생 포함

(2) 주요 육상생태계의 특성

1) 툰드라
   ① 분포 : 북반구 수목 북방한계선 이상의 극지방에 펼쳐진 생물군계, 남반구의 아한대 열도에서 나타남
   ② 토양 : 영구동결대의 존재와 수분이 토양 속에 동결된 상태로 존재, 영구동토를 이루고 배수 불량
   ③ 기후 : 1년 중 대부분이 영하 온도, 생육기간은 100일 미만, 강수량은 25cm이하
   ④ 식물과 식생 : 사막과 유사, 물은 풍부, 식물상(20cm이하, 지의류, 사초류, 관목류)

2) 타이가 - 한대침엽수림(북방침엽수림)
   ① 분포 : 툰드라 벗어난 지역 ~ 온대지역의 북한계 지역, 북미와 유라시아에서 넓은 띠 모양 형성하는 생물군계
   ② 토양 : 포드졸 토양(칼슘, 마그네슘, 칼륨이 세탈 되어 메마른 산성토양)
   ③ 기후 : 겨울은 길고 추우며, 생장기간인 여름은 짧고 온난, 연평균 강수량 400~1,000mm, 습윤, 눈 많이 내림
   ④ 식물과 식생 : 교목류 발달(대부분 상록침엽수)

3) 온대낙엽수림
   ① 분포 : 더운 여름과 추운 겨울이 구별, 강수량 많은 곳에 발달, 북미와 중유럽 북부의 침엽수와 활엽수
   ② 토양 : 회갈색 포드졸 토양 발달, 많은 진흙 포함된 부식질 풍부
   ③ 기후 : 계절에 의한 변화가 특징, 겨울 온난, 강설량 적고 생육기간 길어짐
   ④ 식물과 식생 : 활엽수가 많이 분포, 국지적 미기후에 의한 생태계의 격리가 뚜렷이 나타남

4) 열대우림
   ① 분포 : 적도 인근의 고온다습한 기후에 발달한 식생대
   ② 토양 : 노년기 토양, 적토 또는 황토, 산성토양, 대부분 옥시솔
   ③ 기후 : 연간 강우량 250cm 이상 지역에 형성, 1개월 미만의 건기, 어둡고 습한 미기후 형성
   ④ 식물과 식생: 낮은 우점도와 많은 생물종, 종다양성 면에서 가장 우수한 생물군계, 교목 생장, 생태계 내의 물질순환이 매우 빠른 편

5) 초원
   ① 분포 : 대륙 안쪽 다소 건조한 국소지역 중심으로 발생, 북미 중동부 키 큰 초본(초원), 중서부(평원), 남아프리카(펠트), 열대 초원(사바나), 아르헨티나(팜파스), 동유럽 헝가리(푸스타), 러시아(스텝)
   ② 토양 : 몰리솔, 많은 유기물 집적됨, 중성토양, 비옥함
   ③ 기후 : 다양한 기후, 대체로 여름 덥고 겨울은 춥거나 온화
   ④ 식물과 식생 : 축산을 위한 사료 구할 수 있음, 초본류가 우점하는 지역, 다양한 초식동물 서식

6) 사막
   ① 분포 : 산악지대의 비그늘에 의해 이루어진 건조한 지역과 대륙내부에서 나타남
   ② 토양 : 굵은 입자, 중성 또는 약알칼리성, 유기화합물이 적음, 대부분 아리도솔
   ③ 기후 : 매우 건조한 지역에서 발생, 큰 일교차, 다양한 온도
   ④ 식물과 식생 : 북미 네바다사막(선인장, 유카나무, 조수아나무), 사하라(식물이 거의 없음)

(3) 육상생태계의 천이

1) 생태계의 천이

① 의의 : 천이(한 시점에서의 생물상이 시간이 지남에 따라 점차 다른 생물상으로 변화하여 궁극적으로 주위 환경과 조화를 이룸으로써 생물상의 변화가 거의 없어지는 안정상태로 유도되는 과정), 극상(최후 안정된 시기)

② 특징
- 천이는 종구성 변화와 시간에 따른 군집변화 과정을 내포한 군집 발전의 규칙적인 과정이다.
- 천이는 이론적으로 방향성이 있고, 그 결과를 예측할 수 있다.
- 천이는 안정된 군집(극상)에 도달했을 때 완결된다.
- 안정된 군집에서 총생산량이 증가하면 현존량은 일정하게 유지된다.
- 천이가 진행중인 군집에서는 현존량은 적으나 생산력이 크다.→초기 천이단계에서는 생산량이 호흡량보다 많으며 생장이 빠르다.
- 안정된 극상군집에서는 현존량은 많으나 생산력은 적다.
- 생물군집의 변화속도는 천이 초기에 빠르고 극상에 가까울수록 완만해진다.

③ 천이과정 : 나지 - 1년생 풀(초본) - 다년생 풀(초본) - 관목 - 양수림 - 음수림 - 극상림

2) 천이의 유형

① 1차 천이와 2차 천이

1차 천이	* 빙하가 녹아 심각한 토양침식으로 인해 지면에 드러난 바위 * 최근에 식어서 굳어진 용암 * 버려진 포장도로, 포장된 주차장 * 새로 생성된 얕은 연못이나 저수지
2차 천이	* 버려진 농지 * 화재 발생, 벌목된 숲 * 심하게 오염된 개천 * 댐의 건설로 수몰되거나 홍수로 물에 잠긴 곳

- 1차 천이 : 습성천이(물에서부터 비롯되는 천이), 건성천이(건조한 장소에서 시작되는 천이), 중성천이(적습한 토양에서 시작되는 천이)
- 2차 천이 : 기존 식물군집이 외부교란에 의해 기존 식생이 손상된 곳에서 다시 시작하는 천이
- 묵밭천이 : 경작 그만 둔 묵밭에서 진행되는 천이

② 자발적 천이와 타발적 천이
- 자발적 천이 : 생태계 내부적 요인에 의해 기존 식물상의 환경형성작용 자체가 다른 식물종을 불러들이는 원인이 되어 천이가 진행되는 현상
- 타발적 천이 : 생태계의 외부로부터 힘에 의한 환경변화가 일어나고 변화된 환경에 적응하는 식생으로 이어지면서 천이가 진행되는 현상

③ 진행천이와 퇴행천이
- 진행천이 : 벌채된 산림에서 볼 수 있는 천이형태로 생태계의 구조와 기능이 점차 복잡해지면서 안정되는 징후를 보이는 형태의 천이
- 퇴행천이 : 진행천이를 방해하는 외부 또는 내부요인의 작용 받아 진행천이의 반대 성향 띠는 천이로 진행되는 것(군집 속성 단순하고 획일화되는 상태로 향함)

④ 시차적 천이와 지형적 천이
- 시차적 천이 : 생태계 외부 또는 내부의 교란시점이나 정도가 달라 천이단계가 다양해지는 현상
- 지형적 천이 : 미세지형적 조건이 다를 경우 이주·정착하는 수목 종류나 천이 진행속도가 달라지게 되는 천이

3) 산불
① 산불의 종류
- 지표화 : 낙엽, 마른 풀 등 쉽게 점화되고 빠르게 확산되는 경연료가 연소하는 산불
- 수관화 : 불길이 수관으로 연속해서 전파되는 산불
- 지중화 : 두꺼운 유기물층 가진 산림 땅속에서 유기물이 서서히 불꽃 없이 연소되는 산불

② 산불의 영향
- 식생에 미치는 영향 : 기존 수목의 갱신과 새로운 숲 조성, 지피식물 제거로 종자 발아촉진과 양지식물 성장촉진, 하층식생의 제거에 따른 경쟁해소와 밀도감소로 인한 간벌효과, 유기물 연소에 따른 무기영양염으로의 전환과 순환촉진, 병충해 증감, 초원형성과 야생동물의 먹이제공, 산림천이의 조절
- 토양에 미치는 영향 : 지피식물이나 잔재물의 제거로 인한 온도 상승, 지피식생 제거에 따른 바람과 강수에 의한 토양침식 증가, 토양 보수력감소, 공극률 감소, 불투수층 형성으로 인한 강수 침투기능 저하, 표층의 유기물의 연소와 무기영양염류의 농도 증가, 토양 pH 상승, 질소고정 박테리아 증가

(4) 생물 다양성·중요성 및 유지 방안

1) 생물 다양성
① 개념 : 생물종의 다양성, 생물이 서식하는 생태계의 다양성, 생물이 지닌 유전자의 다양성을 총체적으로 지칭하는 말
- 종다양성 : 한 지역 내의 종 다양성 정도를 말하는 것
- 생태계 다양성 : 한 생태계에 속하는 모든 생물과 무생물의 상호작용에 관한 다양성
- 유전적 다양성 : 종내 유전자 변이

② 종다양성에 부여되는 간접가치 : 비소비적 사용가치, 선택가치, 존재가치

> * 종다양성은 군집은 안정성과 성숙도의 척도가 되기도 한다.
> * 종다양성이 높을수록 외부교란으로부터 안정성이 있다.
> * 극지방에서 적도지방으로 갈수록, 고도가 낮아질수록 종다양성은 증가한다.
> * 종다양성은 군집 내부보다 이웃 군집과의 경계부에서 더 높다.

> * 추이대 : 둘 이상의 군집이 만나는 식생의 전이지역
> * 주연부효과(주변효과) : 전이대에서 접하는 두 군집의 종이 모두 서식할 수 있고 양쪽에서 발견되지 않는 독특한 종이 함께 출현해 생물다양성을 증가시키는 효과
> * 전이대 : 주연부의 영향권 내에 있는 두 개 이상의 군집이 서로 겹쳐 있는 지역
> * 주연부 : 2개 이상의 서식처 유형이 만나는 지형

2) 생물 다양성의 훼손과 생물종의 멸종

: 지구규모의 환경변화는 다양한 경로를 통해 국소적인 생태계의 구조와 기능에 영향을 주어 중요한 자원의 손실과 자연재해의 심화를 유발하고 있다.

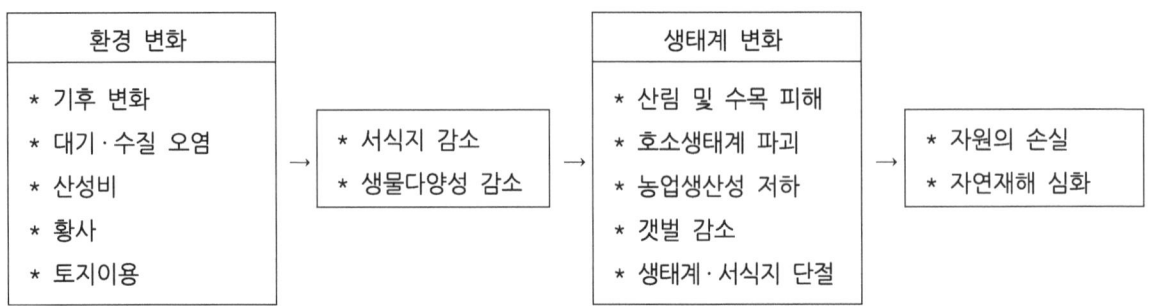

① 멸종의 원인
- 자연적 멸종 : 내재적 수명과 관계, 환경변화에 적응 못한 결과
- 인위적 멸종 : 서식환경 파괴, 남획 및 도살, 외래종의 침입, 화학물질에 의한 오염, 천연자원의 개발, 생태계 수용능력의 초과

② 종 보전
- 절멸종 : 과거 50년간 야외 조사지에서 확인되지 않는 종
- 위기종 : 보호 대책 없으면 가까운 장래에 멸종할 것으로 생각되는 종
- 취약종 : 가까운 장래에 절멸할 위험성은 없으나 확실히 절멸할 가능성 있는 종
- 희귀종 : 개체수가 특히 적은 종
- 불확실종 : 현상 파악이 되지 않아 판단할 수 없는 종

③ 국내 멸종위기 야생동·식물 보전대책
- 특별보호 멸종위기 식물 : 한란, 나도풍란, 광릉요강꽃
- 멸종위기 식물 : 매화마름, 섬개야광나무, 돌매화나무
- 멸종위기 야생동·식물보호를 위한 정책방향 : 서식지 보호를 통한 멸종위기 야생동·식물 보호, 멸종위기종의 밀렵·불법거래로부터의 보호, 멸종위기종 자연복귀를 위한 인공증식 기술개발

3) 생물 다양성의 유지방안

① 생물 다양성 보전대책
- 서식지 보호, 서식지 분획 및 전환금지, 환경오염방지, 남획금지, 현지보존과 장외보존

② 생물권 보존구역의 설정
- 핵심지역 : 중요생태계 포함 지역, 생물 다양성 높은 지역→절대보존지역, 연구 및 학습활동지역
- 완충지역 : 핵심지역 보호할 수 있게 제반 활동 및 통제되는 지역 → 완충지역, 생태관광지역
- 전이지역 : 자연보전과 지속가능한 활동이 함께 이루어지는 지역, 일정수준의 개발이 허용된 지역 → 준완충지역, 환경농업지역

③ 생태계 보전

④ 생태통로
- 정의 : 선형의 생태공간으로 면적공간을 물리적·생태적으로 연결하며 통로로서 기능을 포함
 도로·댐·수중보·하구언 등으로 인해 야생 동·식물의 서식지가 단절되거나 훼손 또는 파괴되는 것을 방지하고 그들의 이동을 돕기 위해 설치되는 인공구조물·식생 등의 생태적 공간이다.

> * 전이생태계 : 서로 다른 생태계를 연결하는 생태계
> * 전이생태계 특징
>   - 연안지역으로 다습한 기후에 적응하는 식물 생육
>   - 수위 변동이 있어 수초들이 번성
>   - 생물다양성이 높음
>   - 이웃한 군락이 서로 영향 주고받아 주연부효과 발생

> * 지속가능한 발전 개념의 생태계 보전목적
>   - 야생생물군집과 자연적 지형 특징 유지
>   - 생물다양성과 생태적으로 다른 지역의 특성 유지
>   - 야생생물개체군 유지
>   - 희귀종이나 개체군 존속 유지, 그들 서식상태 향상
>   - 자연환경 보전 위한 책무와 국제적 책임 충족
> * 식생보전대책
>   - 산림지역 지나는 도로 옆에 임연식생 만들기 위한 식재
>   - 습지 지나는 도로 경우 유수차단을 위해 흙쌓기 대신 고가구조(다리) 설치
>   - 서식환경으로부터 노선 우회하도록(서식파괴 불가피한 경우는 이식 등 조치)

- 종류 : 육교형, 터널형

⑤ 생태복원
- 정의 : 생태계를 교란이 일어나기 이전의 건강한 상태의 생태계로 되돌리는 것
- 목적 : 생태계의 재창출에 의한 서식처의 생물 종다양성 확대와 인간과 자연의 지속적인 공생공존이다.

03. 육수생태계

(1) 육수생태계의 구조와 특성

1) 육수생태계의 구분

　① 유수생태계(하천생태계) : 물의 유입과 유출, 운동에너지 높은 물의 흐름

　② 정수생태계 : 호수, 연못, 인공저수지 및 호수 → 물이 정체, 햇빛이 드는 수생생태계, 자정작용력 및 회복력 낮음

　③ 습지생태계 : 육상생태계와 수생태계 사이 전이지대로 생물 다양성이 매우 높고 가장 높은 생산성 갖는 생태계

　　- 내륙습지(육지, 섬 안의 늪지, 소택지)

　　- 연안습지(만조수위선)

2) 육수생태계의 특징

　① 육수생태계 특징

비교항목	육상생태계	수생태계
제한요소	* 물(강우), 기온	* 용존산소량, 투과 광선량
환경적 요소	* 태양 빛이 강하게 비추고, 바람이 분다. * 산소량은 많으나 수분은 많지 않다.	* 수온변화가 크지 않다. * 유속, 파도 등 물의 흐름이 있다.

3) 육수의 오염

　① 오염물질 발생원

비교	점오염원	비점오염원
정의	* 특정지역에 집중·대량 배출됨 * 파악 가능한 오염원	* 광역지역에 분산되어 배출됨 * 파악 불가능한 오염원
발생원	* 가정하수, 산업폐수, 축산폐수	* 강수 유출수, 농경지 배수, 지하수
영향	* 지표수 유출 거의 없는 갈수시 하천수 수질 악화에 큰 영향 미침	* 지표수 유출 많은 홍수시 하천수 수질 악화의 원인
특징	* 고농도로 한 점에 집중적 배출 * 인위적 활동에 의함 * 생활특성 따라 달라지며, 시간변화, 일간에 따른 변화 있음	* 일간·계절간 배출량 변화 큼 * 발생량 예측과 정량화 어려움 * 기상조건·지질·지형 등 영향이 큼 * 인위적·자연적 활동의 복합에 의함 * 빗물, 지하수 등에 의해 희석·확산되면서 넓은 장소로 배출됨

(2) 유수생태계

1) 하천의 구분과 생물상

구분	비고
도랑 또는 개천	폭 3m 이내
강	폭 3m 이상
여울	하도의 종방향, 소를 지나 수심 작아져 물의 흐름 빠르고 난류인 곳
소	하도의 종방향, 여울 지나 수심 깊고 유속 느린 곳
물의 하향 흐름에 따른 구분	수원구역 → 전이구역 → 범람원구역 상류 → 중류 → 하류
하천의 특색에 따른 구분	산지계류, 중간계류, 하천류

① 산지계류
- 하천 수원지 부근~계곡 급경사 따라 흐르는 계류
- 계절 따라 계류 수량변화 심함, 유속 빠름, 수온 낮음, 용존산소 풍부
- 호흡이 생산보다 큰 종속영양단계

② 중간계류
- 산지계류가 계속되는 하류역
- 하천이 넓어져 나무그늘이 적음, 조류 및 수생식물 의한 생산량 증가되어 독립영양단계

③ 하천류
- 중간계류 아래쪽 ~ 하구, 구배 낮은 평지 흐르는 구역
- 부유물질 퇴적, 수중 영양염 풍부, 군집 다양성 증가
- 빛 투과율 및 수생 광합성 감소해 다시 종속영양단계

2) 하천식생

① 하천식생의 생태적 특성
- 하천식생 구조 : 하천생태계 식생 분포 결정 주요 인자 → 유수, 기층토양, 광선, 영양물질

수생식물역	물속 또는 물 위에 생장, 잎과 줄기 일부가 항상 물에 잠겨있는 식물(침수·부유·부엽식물)
	* 침수식물 : 식물체 전체가 물 속에 잠겨 뿌리를 토양에 고정(물수세미, 검정말, 붕어마름, 말즘, 나사말이말즘)
	* 부유식물 : 물 위에 떠서 사는 식물(생이가래, 부레옥잠, 개구리밥, 좀·물개구리밥)
	* 부엽식물 : 물 밑바닥에 뿌리 고정, 잎만 물 위에 뜨는 식물(수련, 물옥잠, 노랑어리연꽃, 마름, 가래, 자라풀)
정수식물역	뿌리와 줄기하부는 수중이나 토양층에, 줄기와 잎은 수면 위에 있음(연꽃, 갈대, 부들, 줄, 미나리, 애기부들, 물봉선, 보·벗·갈풀, 물억새)
하원식물역	계절적 홍수에 의해 범람시 지반면 위에 초본류 피복
하변림	하천 영향 범위 내에 형성된 수림(버드나무과의 버드나무류, 사시나무류)

- 하천식생의 기능 : 하안보호(홍수시 유속 경감, 생물종 뿌리 → 하안 보호 기능), 하천 경관형성, 녹음효과 및 친수공간 조성, 생태계 보전, 물정화, 대기정화, 종다양성 유지 및 서식처 제공

(3) 정수생태계(유입생태계)

1) 호소의 구분과 생물상

호소의 천이와 식생대

* 호소 : 육지의 움푹 패인 곳에 생긴 정지수역으로 호수와 늪의 총칭
* 호소의 천이 : 호소 중심부 ~ 육상까지 일정 경사도(침수식생 → 부유식생 → 정수식생 → 소택관목식생)
* 식생대의 구성종
  - 침수식생 : 붕어마름, 말즘, 새우가래, 검정말, 물질경이
  - 부유식생 : 연꽃, 마름, 개구리밥, 생이가래
  - 정수식생 : 갈대, 부들, 골풀, 애기부들, 줄, 미나리, 물옥잠, 벗풀, 창포
  - 소택관목식생 : 버드나무

(4) 습지생태계

1) 습지의 정의

   ① 내륙습지 : 육지·섬 안 늪지, 소택지 등

   ② 연안습지 : 만조수위선

2) 습지의 중요성과 기능

   ① 습지의 중요성
   - 육상·수중생태계의 추이대, 다양한 서식환경 제공, 생물종다양성 보전, 환경보전적 기능
   - 람사협약상 습지 등록(창녕 우포늪, 대암산 용늪)

   ② 습지의 기능
   - 다양한 서식환경 제공
   - 풍부한 생산성
   - 기후조절 및 수리·수문학적 기능
   - 오염물질 정화기능

3) 주요 내륙습지의 특징

   ① 늪지 : 생물다양성 높음, 정수식물 우점(갈대, 부들 등)

   ② 습원 : 이탄이 쌓임, 높은 수분함량

   ③ 알칼리습원 : 우세종 → 잎갈나무, 서양측백

   ④ 관목습원 : 여러 관목의 종이 숲을 이루는 습지(층층나무, 버드나무, 자작나무)

   ⑤ 소택지 : 배수가 잘 안됨, 무기질 토양에 목본식물이 우세한 습지

- 침엽수 소택지(잎갈나무, 가문비나무)
- 활엽수 소택지(느릅나무, 물푸레나무, 적단풍, 자작나무)
- 삼나무 소택지(낙우송, 삼나무)

(5) 생태계 보전을 위한 대책

1) 생물다양성 보전

① 개요 : 생물종의 보전에 기여하는 국제협약 → 멸종위기에 처한 야생동·식물종의 국제거래에 관한 협약(CITES), 습지보호에 관한 람사협약, 이동성 동물보호를 위한 본(Bonn)협약

② 생물다양성에 관한 협약의 목적
- 생물다양성의 보전
- 생물자원의 지속적 이용
- 유전자원으로부터 얻어지는 이익의 공평·균등한 배분

③ 생물다양성협약의 주요내용
- 각국의 생물자원에 대한 주권적 권리 인정
- 생물종의 파괴 행위에 대한 규제
- 생물다양성 보전과 합리적 이용 위한 국가전략 수립
- 생물다양성 보전 고려한 환경영향평가
- 유전자원 제공국과 생명공학 선진국과의 공정한 이익 배분
- 유전적으로 변형된 생물체의 안전 관리 등 규정

④ 생물다양성에 보전 조치
- 생물다양성 국가전략의 수립
- 법과 제도 정비
- 생물다양성 조사·연구 강화
- 현지 내 보전조치강화(국립공원, 자연공원, 생태계보전지역, 조수보호구역, 천연보호림, 천연기념물보호구역)
- 현지 외 보전조치강화(종자은행, 유전자은행, 시험관 내 식물조직과 미생물 배양체, 식물원, 동물원)

2) 생태계 보전지역 지정·관리

① 지정조건
- 생태·자연도에 의해 1등급 권역으로 분류 지역
- 자연상태가 원시성 유지, 생물다양성 풍부해 학술적 연구가치 큰 지역
- 지형·지질이 특이해 학술적 연구 또는 자연경관 유지 위해 보전 필요 지역
- 멸종위기야생동·식물 또는 보호야생동·식물의 서식지 도래지 등 보전 가치 있다고 인정되는 지역
- 각종 다양한 생태계 대표할 수 있는 지역, 생태계의 표본지역

② 생태계보전지역
- 야생동·식물특별보호구역
- 자연생태계특별보호구역 및 해양생태계특별보호구역

3) 습지보전대책
① 람사협약 : 이란의 람사에서 채택된 정부간 협약, 습지의 보호를 위한 협약
② 습지등록 : 자연생태계보호지역 지정·관리 중인 대암산 용늪, 자연생태계보전지역 우포늪

04. 지구환경문제와 생태계의 영향

(1) 산성비

1) 산성비가 생태계에 미치는 영향

① 수목의 생장감퇴로 인한 산림 쇠퇴현상 초래

② 토양의 산도증가 및 뿌리에 산성용액 흡수 → 식물체내 단백질 응고·용해시켜 직접적 피해

③ 미생물들이 결핍 → 토양 통기성과 물 침투성 감소 → 식물 뿌리에 직접적 피해

④ 호수나 하천수의 산도증가 → 수생생태계 파괴

⑤ 토양 완충능력 저하 → 비옥도와 생산성 저하

⑥ 토양내 중금속 방출 의한 수질 저하

⑦ 토양미생물 활동 억제 → 토양내 생물지질화학적 순환 저해

(2) 지구온난화(온실효과)

1) 지구온난화의 영향

① 해수면의 상승(대규모 토지 손실, 습지대 감소)

② 기후변동과 생태계 교란(폭풍·홍수 피해 증폭, 고온성 병원균 전염병 발생률 증가, 병충해 농작물 피해 증가)

③ 종 다양성 감소

④ 탄소순환의 변동(이산화탄소 증가)

⑤ 산림·농업에 미치는 영향(한대지역 숲은 병충해 분포 확장, 건조지역은 산불 의한 자연피해 예상, 농업 생태계 부정적 영향)

2) 오존층 파괴가 생태계에 미치는 영향

① 식물의 성장둔화 및 식물 호르몬과 엽록소 피해에 따른 생산성 저하

② 곤충들 피해와 과일류 수확량 감소

③ 식물성 플랑크톤 감소 등 수생생태계 심각한 영향

④ 침엽수로 이루어진 산림생태계에 큰 영향 미침

Chapter 04. 조경관리 및 생태계 관리

06. 생태환경

01. 환경계획의 방법론

1) 생태·녹지 네트워크론

1) 생태네트워크

① 생태네트워크 개념 : 사람이 자연을 이용하는데 있어 공간계획이나 물리적 계획을 위한 모델링 도구(지역적 맥락에서 모든 서식처와 생물종의 보전 및 증진을 목적으로 종합적인 공간상의 계획)

② 생태네트워크의 기능
  - 생물다양성의 보전과 복원, 증진에 기여
  - 오픈 스페이스간에 혹은 서식처간에 야생 생물종의 이동 촉진
  - 지역차원에서 생물종의 소멸비율 최소화, 자연화를 위한 기회를 최대화
  - 파편화되어있는 생태계 및 서식처를 보전

③ 우리나라 생태네트워크

권역 구분	주요 내용
핵심생태지역	백두대간, 국립공원, 4대강, 서·남해안, 비무장지대 등
생태통로지역	핵심생태지역과 인접지역의 생태계를 연결하기 위한 연결통로
생태복원지역	난개발, 환경오염 등으로 훼손된 지역이나 생태적 복원이 필요한 지역

④ 생태네트워크 유형

구분	유형
서식처 및 생물종 특성에 따른 유형	습지·산림·공원·하천/강 네트워크
공간적 특성 및 차원에 따른 유형	국가적·지역적·국제적 네트워크
조성된 모습에 따른 유형	* 가지형 네트워크 : 일정 방향성 갖는 서식처의 특성을 네트워크화 시킬 때(하천) * 원형 네트워크 : 어디든 연결될 수 있는 성격을 가진 서식처를 네트워크화 시킬 때 (도로)

⑤ 효율적인 생태네트워크를 위한 시행방안
  - 비오톱 조사 및 지도화
  - 야생동물 이동통로 설치, 녹도 조성, 다양한 서식처 조성
  - 녹지면적 확대(옥상 및 벽면녹화, 인공지반녹화 등)
  - 임도의 타당성 검토 강화, 임도노선 적정배치
  - 기존 녹지 및 기존 자생수목의 적극적 보전 및 활용
  - 생물지속성 지표종(깃대종)의 설정과 서식가능한 환경 조성

⑥ 생태자연도 : 산·하천·습지·호소·농지·도시·해양 등에 대해 자연환경을 생태적 가치, 자연성, 경관적 가치 등에 따라 등급화해 작성된 지도

⑦ 비오톱 : 생물군집이 서식하고 이동하는데 도움이 되는 소면적의 단위공간 또는 특정 생물군집의 서식지 (생물서식공간, 소생태계)

⑧ 패치 : 국토차원에서 점적으로 분산된 핵심지역들이 집중적으로 분포하는 지역을 중심으로 경계가 있는 일단의 지역

⑨ 생태계 훼손 등급도

1등급(완전파괴)	복원 불가능 지역
2등급(심한 훼손지역)	복원소요시간이 많은 지역(감소면적, 분절정도, 생태훼손이 심함)
3등급(훼손지역)	부분단절 및 생태계 질적 저하 가속 지역
4등급(잠재훼손지역)	생태계 질적 저하 발견 시작, 위협요소의 영향력이 단기간에 나타날 것으로 예상되는 지역
5등급(미약훼손지역)	보전지역 또는 복원의 의미가 없는 지역

2) 도시생태네트워크

①도시생태네트워크 구축의 기본적 접근방법
  - 토지 이용을 중심으로 하는 방법
  - 경관생태학에 의한 방법
  - 생물종의 분포 및 이동에 의한 방법

3) 생태축

① 필요성
 - 생태ㅋ축은 특정종을 위한 서식처, 이동 위한 통로, 격리된 지역의 장애물이나 여과장치, 주변 메트릭스에 환경적·생물학적 영향을 주는 자원
 - 도시 내 생물다양성을 보전하기 위해 서식처간 연결이 필요, 연결성 증대를 위해 생태축 설정이 필수적

② 생태축의 기능과 효과

기능 및 효과	내용
생태적 기능	* 단절된 생태계 연결 통한 생물 이동성 증진 통한 개체군 유지 * 생태계간 에너지, 물질, 동물 이동 증진, 바람통로로서의 기능 * 생물다양성 유지 및 증대 * 다양한 생물종으로 구성된 생태계 구성 → 도시 내 생태계 균형 유지
보전생물학적 기능	* 유전자 풀의 유지 및 근친교배 의한 유전적 악화방지 * 동·식물 서식처 제공 통해 야생동물 보전 기여 * 서식처 파편화에 의한 국지적 종의 고립과 멸종방지
공원녹지적 기능	* 녹지 연결 통한 이용성 및 접근성 증진 * 도시 내 녹지율 증대 * 레크레이션 장소 제공
생활환경적 효과	* 대기오염 및 소음저감 * 도시 미기후 조절 * 녹지에 대한 접근성과 체감녹지율 증대

4) 하천 코리더
   ① 특징
   - 선적 식생대
   - 흐르는 물
   - 습하고 비옥한 토양
   - 잘 발달한 식생
   - 동적인 환경

   ② 기능
   - 육지와 수계의 경계부, 오염물질 흡수 및 흡착, 수생생태계에 필수 물질 공급
   - 부영양화의 억제에 크게 기여(토양과 식생은 유입된 인과 질소 여과)
   - 하천식생의 증발산 증대로 하천 흐름 완화 → 물의 이용가능성 증대, 강수 표면 유출 줄임, 수분의 토양 침투율 증가시켜 홍수 조절
   - 하천식생 → 물 흐름과 침식에너지 감소시켜 둑이나 충적지 침식 완화, 그늘 조성해 수온 조절, 많은 수생동물의 서식에 중요한 변수작용
   - 식생완충지대의 여과기능 → 하천의 오염물질 유입 저감
   - 높은 수온 → 용존산소 저하, 유기물과 폐수의 분해능력 저하, 수생생물의 서식처 지원기능 저하

5) 녹지 조성
   ① 나무와 녹지의 기능

나무의 기능	* 생물 호흡에 필요 산소공급 * 오염된 공기 정화 * 대기 중 습도조절	* 수자원 함양과 토양침식 방지 * 태양열 차단과 감소 * 가로수의 안전장치 기능
녹지의 기능	* 열섬현상과 대기오염 방지 * 소음방지 * 도시경관 조성 * 자연 생태계의 기반으로 야생동·식물의 서식지 제공	* 방풍효과 * 휴식공간 제공

   ② 옥상녹화의 효과
   - 열섬현상 완화
   - 도시미관 향상
   - 건축물 냉·난방 에너지 절감
   - 도심의 정원 이용가능
   - 도시 생물다양성 회복 및 자연생태계 복원에 기여
   - 우수의 체류효과에 따른 홍수방지
   - 대기·수질정화 및 소음경감
   - 건물의 내구성 향상

③ 도시 녹지벨트와 내용

구분	녹화 방법
가로변 녹화	* 가로변 녹지량 확충 * 도시구조물 벽면 녹화 * 보행자 위한 녹화거리 조성 * 수종별 특색 거리 조성 * 가로변 친수공간 조성 * 단절된 녹지의 생태통로 연결 * 자연 계곡수 이용한 수경시설 조성
하천·철도변 녹화	* 도시 하천변 및 시민공원 녹화 * 하천변 조류공원 조성 * 습지 생태공원 조성 * 철도연변 녹화

(2) 생태자연도 작성지침

1) 녹지자연도 등급의 구분

녹지자연도 등급	구분
1등급	* 시가지 : 녹지식생 거의 없는 지구
2등급	* 농경지 : 논·밭 등 경작지구
3등급	* 과수원 : 경작지·과수원, 묘포지 등 녹지 식생 분량 우세 지구
4등급	* 2차초원(A) : 식생의 키가 낮은 2차적 형성 초원지구(잔디군락·인공초지(목장)
5등급	* 2차초원(B) : 식생의 키가 높은 2차 초원지구(갈대, 조릿대군락)
6등급	* 조림지 : 각종 활엽수·침엽수 식생지구
7등급	* 2차림(A) : 1차적으로 2차림이라 불리는 대상식생지구
8등급	* 2차림(B) : 천이의 종반에 이르러 자연림에 가까운 2차림지구
9등급	* 자연림 : 다층 식생사회 이루는 극상림지구·유사한 자연림
10등급	* 자연식생, 고산성 단층의 식물사회 형성 지구

2) 생태자연도 구분

① 1등급 권역

- 멸종위기야생동·식물의 주된 서식지·도래지 및 주요 생태녹지축 또는 주요 생태통로 지역
- 우수한 생태계, 수려한 자연경관 지역
- 주요 식생 유형의 대표지역

- 생물다양성 풍부·특이하고, 보전가치 큰 생물자원 존재·분포 지역
- 자연원시림이거나 이에 가까운 산림·고산초원
- 자연상태이거나 이에 가까운 하천·호소·강하구

② 2등급 권역
- 장차 보전·보호가 필요한 지역, 1등급 권역 외부지역, 제한적 이용·개발 대상 지역

③ 3등급 권역
- 1등급·2등급 권역 및 별도관리지역으로 분류 지역 외 지역 → 개발·이용 대상 지역

④ 별도관리지역
- 산림법에 의한 산림유전자원보호림
- 문화재보호에 의해 천연기념물 지정 구역
- 국토계획 및 이용에 관한 법률에 의한 수산자원보호지구

3) 생태자연도 작성 원칙
① 자연환경보전법에 의한 전국 자연환경조사결과에 기초
② 10년마다 작성 원칙
③ 생태계 급격 변화 등 특별한 사유 발생 지역에 대해 5년 단위로 다시 작성
④ 현지조사 결과에 기초해 작성함 원칙
⑤ 생태자연도 등급 격하 위해 불법·고의로 식생 등 생태계 훼손한 때에 훼손한 날부터 10년간 훼손 전 생태자연도 등급 유지

02. 분야별 환경계획

(1) 공간유형별 환경계획

1) 생태적·환경적 보전가치가 있는 지역

① 녹지자연도 8등급 이상 지역

② 녹지자연도 7등급 중 과도하게 훼손되는 지역

③ 생태계보전지역

④ 생태자연도 1등급 지역

⑤ 조수보호구역

⑥ 습지보호지역

⑦ 천연보호구역

(2) 계획형태별 환경계획

1) 생태도시

① 도시생태계의 일반적 특징

- 인공생태계
- 생태계 자치력이 낮음(외부 생산 에너지원에 의지)
- 종속영양계(에너지 도입해야 유지), 독립 존재 못함
- 상호관계가 매우 적게 일어남(상호관계 파악 어려움)
- 생물다양성 낮아지고 생태계구조는 단순화

② 도시생태계의 구성종 특징

- 자연생태계의 종이나 고차 소비자의 부재
- 인공적 먹이에 의존하는 종의 번식
- 이입종의 정착
- 내오염종이나 난지성종 증가

③ 도시생태계 개선대책

- 물순환 개선
- 물질순환 개선
- 에너지 사용량 억제
- 녹화, 녹지면적 확대와 녹지 질적 개선

④ 생태도시 추구 기본 목표상

- 자연공생형 도시(도시기후 완화, 도시생활 질 향상, 환경부하저감)
- 물순환형 도시(적절한 물순환, 수변공간 조성)
- 에너지 및 자원절약형 도시(에너지 이용 효율 최대화)

⑤ 생태도시 유형

- 생물종 다양성 생태도시

- 자연순환적 생태도시
- 에너지 집약적 생태도시
- 사회적 생태도시

⑥ 생태도시계획 수립시 고려할 도시생태계 특성
- 생물서식공간 보전과 창출
- 생육환경 개선
- 서식공간 연결
- 개체수의 감소

⑦ 생태도시계획 수립 위한 방안
- 물질 순환 이용
- 도시녹지의 생태적 기능 강화
- 투수성 포장률 제고 따른 유출률 감소
- 에너지 절약형 건물 및 도시기온 완화

2) 생태마을

① 생태마을 구성원칙
- 자연환경(건전한 수환경과 녹지공간 보전, 자연경관·서식지 유지·생물다양성 보전 마을)
- 물리적 환경(마을 입지와 공간구조가 자연경관·생태계와 조화)
- 생활·생산양식(에너지 절약형, 순환형 생활양식과 생산양식)
- 주민역량(환경보전 역량 가진 마을)

② 생태마을 계획방안
- 자율적 에너지 공급
- 분산적·자율적 상하수도 시스템
- 생태적 폐기물관리
- 자율적 식량 공급
- 자연과의 연계 - 외부공간과 실내공간의 기온조절

③ 환경부의 자연생태우수마을 선정 기준
- 지역 자연환경 여건 및 경관
- 지역 문화 및 주민활동
- 지역생태계 보전 노력

3) 생태공원

① 생태공원 역할
- 시설로서의 공원역할
- 공지로서의 녹지역할
- 지역생태계를 구성하는 공원녹지 역할

② 생태공원 조성 이론
- 생물학적 다양성 확보
- 생태적 건전성 확보
- 지속가능성의 유지

③ 생태공원 조성계획 수립방향
- 지역의 수용능력 고려한 기본계획 수립
- 다양한 요구의 조화로운 수용
- 지역사회 고려한 계획의 수립

④ 생태공원 조성 기본방향
- 식생생태 복원
- 생태탐방 및 학습(연구)시설 조성
- 생물서식공간(비오톱) 조성

(3) 참여형 환경계획

1) 국제협약 및 의정서

① 기후변화(지구온난화)협약 : 지구 온난화 방지 위한 협약

② 몬트리올 의정서 : 오존층 파괴물질 규제 관한 국제협약

③ 생물다양성 협약 : 지구차원의 생물다양성 파괴에 대한 우려와 보전 위한 국제협약

④ 멸종위기 야생동·식물종의 국제거래에 관한 협약(CITES) : 불법거래·과도한 국제거래로부터 멸종위기 야생동·식물종 보호 위해 국제거래 규제함으로 무분별한 채취 및 포획 방지 위한 국제협약

⑤ 람사협약 : 습지파괴 저지 위한 협약(물새 서식지로 특히 국제적 중요 습지 관한 협약)

⑥ 사막화 방지협약 : 사막화 퇴치하고 한발 피해 완화위한 국제협약

⑦ 산성비관련 국제협약
- 제네바협약 : 대기오염물질 장거리이동에 관한 협약
- 헬싱키 의정서(핀란드) : 유황배출 또는 월경이동 30% 삭감하는 의정서
- 소피아 의정서(불가리아) : 질소산화물 배출 또는 월경이류의 최저30% 삭감 → 장거리 월경 대기오염 조약 의정서

⑧ 오존층 보호 위한 국제협약 : 오존층 보호 위한 "비엔나 협약"과 "몬트리올 의정서"가 있음

⑨ 생물안정성 의정서 : 유전자변형생물체들에 대한 국제이동측면에서 안전성 확보 위해 규정한 생물안정성 의정서

⑩ 바젤협약(스위스) : 유해폐기물 국경간 이동에 대한 인류 건강 위협과 환경파괴 방지 위한 국제협약

Chapter 04. 조경관리 및 생태계 관리

07. 생태복원

01. 생태복원 일반

(1) 생태복원 개념과 서식처 조성과정

1) 생태복원의 대상
   ① 훼손되거나 황폐지역에 기존 식생과 야생 동물의 서식처 회복
   ② 오염지역에 있어 야생 동·식물의 가치 제고
   ③ 변화된 지역에 대해 자생종과 변화 이전 서식한 생물종의 서식처 창출

2) 생태복원 유형
   ① 복원
   ② 복구
   ③ 개선
   ④ 저감
   ⑤ 향상
   ⑥ 창출
   ⑦ 대체
   ⑧ 개조

(2) 생물다양성과 환경포텐셜

1) 환경포텐셜
   ① 환경포텐셜 개념 : 잠재력, 특정 장소에 있어서 종의 서식이나 생태계 성립의 잠재적 가능성 나타내는 개념
   ② 환경포텐셜 구성
      - 입지포텐셜 : 토지 환경조건에 관한 환경포텐셜, 토지적 환경조건이 특정 생태계의 성립에 적당한가 나타내는 포텐셜
      - 종의 공급포텐셜 : 식물의 종자나 동물의 개체 등이 다른 곳으로부터 공급될 가능성을 나타내는 것
      - 종간관계의 포텐셜 : 종간관계의 포텐셜은 종의 생육·서식과의 관계를 나타냄, 모든 생물종은 복잡한 종간관계로 이루어진 생물간 상호작용 함
      - 천이의 포텐셜 : 생태계의 시간적 변화가 어떤 과정을 거쳐 어느 정도 속도로 진행되면, 최종적으로 어떤 모습이 될 것인가 하는 가능성

2) 환경포텐셜의 변화와 복원 가능성
   ① 환경포텐셜의 변화
      - 환경포텐셜 변화요인 : 환경포텐셜은 시간과 함께 변화함

자연적 요인	생태천이, 화산분화, 홍수 등
인위적 요인	지형의 개변, 지하수위의 저하, 식생 파괴에 따른 토양침식 등

02. 생태복원과 환경요인

(1) 토양환경요인

1) 토양특성

① 토양은 다공성 물질, 높은 흡착성

② 토양 간극 중 폐기물이 미생물에 의해 분해

③ 토양 내 점토 입자의 흡착 표면은 미생물 위한 영양소나 탄소 에너지원 보유, 높은 완충성

2) 토양수

① 토양수분장력(수분장력, 수분흡인력) : 토양수분이 갖고 있는 장력

② 토양수분포텐셜 : 단위량의 토양수분이 갖는 에너지

3) 토양유기물

① 토양유기물의 기능

- 토양구조 개량
- 토양 공극과 통기성 증가
- 토양 온도변화 완화
- 토양 보수력 증대
- 무기영양소에 대한 흡착력 증가
- 분해되어 영양소 공급
- 토양미생물이 필요로 하는 에너지 제공

4) 토양 산도

① 산성토양 : 토양용액 반응이 pH7보다 낮은 토양

산성화 원인	탄산, 유기산의 영향
	황산염, 질산염, 염산의 영향

② 알칼리토양 : 교환성 나트륨 함량이 양이온교환용량의 15% 이상인 토양

- 원인 : 강우량 적은 지역에서 규산염 광물의 가수분해 등에 의해 방출되는 나트륨염, 칼슘염, 마그네슘염, 칼륨염이 토양에 집적

5) 토양 기능

① 오염정화 및 물질조절 기능

② 수자원 저수 및 홍수조절 기능

③ 생활공간 및 경관서비스 기능

④ 자연교육·교재 기능

⑤ 식물생산 기능

⑥ 건설자재 및 공업원료 공급기능

(2) 생물환경요인

1) 서식환경 및 서식지

① 해비태드(Habitat) : 생물이 살기 위해 에너지를 얻거나 번식과 월동 등 생활을 하는 장소(비오톱과 흡사)
- 식물은 생육공간 위치를 고정적으로 나타냄, 동물은 생활권을 핵으로 하는 행동권으로 구분
- 해비태드를 조사해 지도상에 표시한 것 → '식물과 동물의 분포도'
- 식물군락의 분포를 지도에 나타낸 것 → '식생도'

② 비오톱(biotop) : 특정 생물군집이 존재할 수 있는 특정 환경조건을 구비한 균질한 공간단위, 생물서식공간으로 대중화, 비오톱은 생물군집+환경조건+지리적 공간단위가 구비되야 함

③ 에코톱(ecotop)
- 지권의 토지속성 중 최소 하나에서 동질성을 갖는 가장 작은 총체적 토지단위(대기, 식생, 토양, 암석, 수문)
- 높은 균질성을 보이는 조그마한 생태계를 에코톱 또는 경관요소라 하고 경관을 이루는 기본단위가 됨
  (개별 생태계 → 산림생태계, 초지생태계, 습지생태계, 호소생태계)

03. 생태복원 시행공법

(1) 도시생태계 복원

1) 개요

① 도시지역에서의 서식처 복원
- 훼손된 서식처를 원래상태로 조성, 사라진 서식처를 새로 조성
- 도시환경 속으로 연결체계를 통한 다양한 자연경관요소를 도입하고 생태적 관리를 통해 '자기조절적인 영속과 생산적인 군집'을 이룸

② 도시지역에서의 생물서식공간 창출
- 다양한 생물서식 환경조건의 도출
- 공간조성
- 휴식할 수 있는 공간 제공
- 자연생태계의 먹이사슬 회복
- 생물다양성 증진

2) 도시지역의 생태복원과 녹화기술

① 녹화의 목표
- 자연식생에 근접한 군집 형성
- 경관과 조화되는 군집 형성
- 방재기능 높은 군집 형성
- 황폐한 생태계의 기능회복에 의한 유효한 군집 형성

② 생태복원 녹화기술의 효과
- 토지를 보전하는 효과
- 자연환경을 개선하는 효과
- 문화, 보건, 경관보존 기능을 높이는 효과
- 생물서식공간으로서의 역할

③ 생태복원 녹화기술의 기본방향
- 자연회복력 증대시킬 수 있는 방향
- 종자로부터 자연 군락을 재생·창조
- 자연에 가까운 방법으로 군락 재생
- 가급적 다양하고 풍부한 종 사용

3) 생태숲 조성

① 조성 과정

```
┌─────────────────────────────────────────────────────────┐
│              주변지역의 식생구조 특성 파악                │
└─────────────────────────────────────────────────────────┘
                            ↓
┌─────────────────────────────────────────────────────────┐
│              모델 선정(자연성 높은 군집 선정)            │
└─────────────────────────────────────────────────────────┘
                            ↓
┌─────────────────────────────────────────────────────────┐
│  천이 진행단계, 자연성, 다층적 식생구조, 종다양성, 토양환경 분석  │
└─────────────────────────────────────────────────────────┘
```

② 생태숲 조성 위한 분석 및 조상 항목

항목	분석 내용
천이 진행단계	층위별 상대우점치
자연성	조사지 내 귀화식물의 유무, 피복율 유사도지수
다층적 식생구조	층위별 종조성
종다양성	종수, 개체수
토양환경	토양산도, 유기물 함량

③ 모델선정시 고려 사항

- 식생군락을 모델로 제시
- 관상 가치 있는 식생군락 선정
- 생태계 질서 유지 가능 식생 선정
- 지역 대표적 식생군집 선정, 귀화식물이 적고 자연성 띠는 식생 선정

④ 생태숲 조성시 고려사항

- 식생 : 수관면적율을 최소 50%이상, 식재수목 성목시 70%이상 되게
   교목 수관면적은 총수관면적의 70%이상 되게
   교목 구성시 낙엽성과 상록성 각각 70%이하 되게
   총수관면적 중 30%이상은 복층림으로 조성
- 지형 및 표토의 보전
- 시설물의 제한
- 주연부 조성, 숲의 수직적 구조고려, 마운딩 조성, 곡선형 조성

(2) 산림생태계 복원

1) 산림의 공익기능과 환경보전기능

① 산림의 기능
- 수원함양기능
- 산림휴양기능
- 토사붕괴방지기능
- 대기정화기능
- 토사유출방지기능
- 야생동물보호기능
- 산림정수기능, 소음방지효과, 방풍효과, 기후완화효과

② 산림의 환경보전기능

수자원환경	유효수량과 수질 확보
재해방지	수해, 비탈붕괴, 토사유출, 눈사태, 바람침식의 방지
쾌적성 유지	기후완화, 공기정화, 소음경감
어메니티	경관형성, 생물상의 다양성 확보
레크레이션 장소	휴양, 행락, 삼림욕, 스포츠 등의 장소
문화기반	역사, 예술 등의 전승과 창출, 교육효과

2) 산림생태 복원의 기본사항

① 최종목표 : 육상생태계 복원의 최종목표는 산림식생 복원

② 적용가능한 경사도 : 15~35%(낙엽활엽수림 산림식생)
- 통기성과 배수가 좋아 뿌리 호흡이 용이
- 균등한 수분 공급과 이용 가능
- 자연스럽게 물리적, 공간적으로 격리되 주변 자연경관과 쉽게 조화

③ 최소군락면적 : 400~600m^2

④ 대상지 토양 조건
- 산지의 A1층의 표토층 30cm 이상, 깊이 50cm 이상 유효토층 확보
- 통기성과 투수성 양호, 양분과 수분 적당

⑤ 사면보호재료 사용 : 복원사면의 토양침식 방지, 반입토양의 안정화 위해
- 사면토양의 보습, 보온효과
- 외부 잡초 침입 견제효과
- 지속적 영양분 공급효과
- 토양미생물 발달 촉진
- 강우에 의한 토양침식 방지효과

⑥ 식생재료 : 포트 생육 묘목 사용, 2년 이상 양묘한 것

⑦ 식재방법 : 복원지역의 가장자리는 일부 면적을 완충지역으로 확보
- 식재종의 군락구조를 연장, 확대하는 방법

- 개화형 등 미적효과 가미한 배식
- 종간, 개체간 경쟁유도위한 밀식과 혼식

3) 수종 선정기준

① 다층식생구조를 고려해 도입식생 선정
- 온량지수를 기준으로 대상지역에 생육가능한 자연수종 선발
- 군집의 천이과정에서 도입수종의 음양성을 고려해 선발

② 토양 및 지형요인
- 도입수종은 토양환경에 대한 생육특성 고려해 선정
- 나지 또는 기존식생 없는 지역은 질소고정식물을 선구식물로 이용, 목표수종의 생육을 보호 및 촉진
- 지형요인은 환경요인을 조정해 식생구조를 변화시킴

(3) 하천(수변) 및 습지생태계 복원

1) 습지조성

① 습지의 기능
- 생태적 기능
- 경제적 기능
- 수리적 기능
- 수질정화 기능
- 문화적 기능
- 기후조절 기능

② 습지시스템 : 침전습지 → 오염물질 정화습지 → 생물다양성 향상 습지

③ 습지의 기본적 조성방법
- 수위유지, 토사유출방지, 수질오염방지
- 습지의 유역까지 통합, 관리함
- 다양한 식생, 산림조성으로 수자원 확보
- 가장자리 형태는 불규칙한 형태 되게 함

④ 수생·습지식생의 도입
- 습지식물 : 물 속에 산소공급 기여 식물 선정(보풀, 줄, 갈대, 물억새, 비비추, 수선, 노란꽃창포, 물오줌, 골풀)
- 수생식물 : 마디풀과, 수련과, 미나리아재비과, 부유식물, 부들
- 주연부 식생 : 활착이 빠른 수종, 보행자 접근 통제할 수 있는 수종
- 수질정화식물 : 유기·무기물질 제거, 재생이용 및 재순환기능 가짐
  　　　　　　　 정화비용 저렴, 온실 실치시 장기 이용 가능
  　　　　　　　 부레옥잠, 좀개구리밥, 개구리밥

2) 추이대 식생복원

① 갈대군락 조성 : 목책 설치, 사질양토 50cm 내외로 개량, 자연석 이용해 식재상 조성 후 갈대군락 식재

② 저습지 조성
- 하천에 낙차공이 설치되어 있는 지역에 저습지 조성
- 저습지는 모든 표면 유거수가 모이는 장소에 조성
- 수위는 하천 본류보다 낮게 해 유지용수를 안정적으로 확보
- 유공관을 이용해 하천 본류의 물을 주변지역으로 유입시켜 저습지 조성
- 저습지에 추수식물을 수변에 배치, 수생식물과 부엽식물 등 수중에 배치
- 왕성한 수질정화 위해 저습지대의 식생은 주로 정수식물로 구성

③ 저수로의 세굴방지
- 완만한 유속의 경우 식생은 침식으로부터 토양층 안정시킴
- 물에 잠긴 경엽부는 수류의 물을 차단해 세굴 방지

04. 생태통로의 조성

(1) 생태통로의 계획

1) 생태통로의 정의와 개념

① 개념
- 도로·댐·수중보·하구언 등으로 인해 야생동·식물의 서식지가 단절되거나 훼손 또는 파괴되는 것을 방지
- 야생동·식물의 이동을 돕기 위해 설치되는 인공구조물, 식생 등의 생태적 공간

② 생태통로 목적
- 다른 목적으로 이용하는 서식지들에 대해 정기적이고 규칙적 이동을 가능하게 함
- 야생동물들의 자유롭고 지속적 이동을 보장해 유전적 다양성을 유지하고 생존력을 높임

2) 생태계 단편화와 그 영향

① 생태계 단편화
- 정의 : 하나의 생태계가 여러 개의 작고 고립된 생태계로 분할되는 현상
- 원인 : 주거지, 농경지, 체육시설, 택지개발, 산업단지 등 조성
  울타리 설치, 도로 건설 등 인간 활동에 의해 단편화 발생
  도로와 철도건설 등 선형적 개발행위는 생태계를 서로 단절시킴

② 생태계 단편화 영향
- 생물의 원래 서식지가 작고 고립된 서식지로 나뉨
- 서식지의 전체 면적 축소, 개체군의 고립 초래
- 개체군의 고립은 외부와의 유전적 교환 차단, 유전적 다양성 감소시킴
- 생물 환경에 대한 적응력 약화시킴
- 인간 간섭을 받는 주변부(edge)가 증가됨
- 생물들의 서식환경 조건이 악화됨(소음, 진동, 빛 등)

3) 생태통로의 역할 및 종류

① 생태통로의 역할
- 야생동물 이동 통해 종 다양성 높이고 서식 개체수 증가 → 종의 생존 확률 높임
- 이동 통해 국지적으로 사라졌던 야생동물의 새로운 정착 가능 → 유전적 다양성 높임
- 행동권, 세력권 넓은 야생동물 서식 가능
- 이동 통해 서식지 위험 요소와 교란으로부터 도피 가능
- 다양한 환경의 서식지를 활용할 수 있는 접근성 증가
- 단편화된 생태계의 연결 통해 생태계의 연속성 유지

② 생태통로 종류
- 형태 따른 구분 : 선형 통로, 육교형 통로, 터널형 통로(하부통로형)
- 규모 따른 구분 : 소규모 통로, 국지적 통로, 지역적 통로, 대규모 통로

Chapter 04. 조경관리 및 생태계 관리

08. 경관생태

01. 경관생태학의 기초

(1) 경관생태학의 개념

1) 경관 및 경관생태학의 개념

   ① 경관
   - 지표를 구성하는 여러 요소가 모자이크처럼 분포하는 일정지역
   - 그 지역이 갖고 있는 종합적 생태학적 특성을 포함한 총체적 실체

   ② 경관생태학
   - 경관과 생태학 각각이 갖는 개념들의 통합된 개념
   - 구조, 기능, 변화를 강조하고 경관의 구조와 기능 및 변화에 초점 맞추어 연구

2) 경관생태학에서 다루어지는 7가지 원칙

   ① 경관구조 및 기능의 원칙 : 경관은 구성요소별로 이질적이고 구조적으로 상이
   ② 생물적 다양성의 원칙 : 여러 경관유형이 집합된 이질적 경관 → 여러 종의 공존을 증대시킴
   ③ 종의 이동 원칙 : 경관 내 종의 증가·감소는 경관 이질성에 서로 영향
   ④ 영양물질 재분배의 원칙 : 경관요소 상호간 무기영양물질 재분배 → 경관요소의 교란정도에 비례해 증가
   ⑤ 에너지 흐름의 원칙 : 경관요소 상호간 열에너지 및 생물총량의 이동 → 경관 이질성이 높아짐에 따라 증가
   ⑥ 경관변화의 원칙 : 경관의 교란 → 경관의 이질성(숲, 초지 경관 → 홍수 → 모래밭 ∴이질성 감소)
   ⑦ 경관안전성의 원칙 : 경관이 교란에 대응하는 능력

3) 경관의 기능

   ① 소스와 싱크 기능
   - 패치를 식물 서식지로 볼 경우 생태적 질, 크기, 형태가 서식지로서의 기능을 결정
     (패치 Patch : 점적으로 분산된 핵심지역들이 집중적으로 분포하는 지역을 중심으로 경계가 있는 지역)
   - 큰 패치나 폭이 넓은 코리더(통로)는 소스가 됨
   - 이질성 정도가 중간일 때 종 다양성은 가장 높음

   ② 유기물의 재분배
   ③ 에너지의 흐름

(2) 토지이용과 경관변화

1) 토지이용과 물리적·생물적 환경변화

① 태양복사에너지의 변화

- 경관요소에 따른 알베도의 크기 : 알베도는 경관요소에 유입되는 에너지에 대해 반사되는 에너지의 비로 정의

북반구의 소나무 숲	평균 7.5%
상록관목이나 숲	평균 20%
방목초지	20~30%
식생으로 덮여 있는 토양	10~25%
모래지역	35~45%
눈으로 덮여 있는 지역	평균 70%

- 농경지의 알베도 : 농경지 식생피복은 숲보다 계절적 변화가 심해서 알베도 변화가 큼
- 식생 없는 토양 알베도 : 유기물과 수분함량 낮은 토양일수록 증가
- 숲의 천이와 알베도 : 천이가 진행됨에 따라 순복사에너지와 증발산은 증가, 기온과 토양온도는 낮아짐
  (알베도 : 빛에 대한 표면의 반사율)

② 바람의 변화

- 자연지역에서 잘 발달된 식생수관은 거칠기를 증가시켜 지면부근의 풍속을 감소시킴

③ 수문과 하천환경의 변화

- 숲이 훼손되면 하천 최고유출량 증가
- 벌목은 증발산을 줄이고 지표 및 지하 물 흐름을 바꿈
- 산림을 경작지로 전환 → 지하수 상승해 토양에 염분을 집적시켜 식생구조가 바뀜
- 토지이용과 도시화 → 증발산량과 빗물침투량 감소, 하천으로 흘러드는 물의 양 증가

④ 토양과 영양염

- 경작활동 → 토양의 유기탄소 감소시킴
- 경작활동으로 조성된 초지 → 숲보다 질소의 무기염화와 탈질반응이 잘 일어나 질산염 농도가 낮은 편
  → 표토유실과 경관바탕에서 영양소 순손실이 높아짐

(3) 비오톱의 개념 및 분류

1) 비오톱의 개념

① 생물군집이 서식하고 이동하는데 도움이 되는 소면적의 단위공간·특정 생물군집의 서식지

② 비오톱은 식물과 동물로 구성된 3차원 공간서식지

③ 비오톱은 다양한 야생동식물과 미생물이 서식, 자연 생태계가 기능하는 공간

④ 비오톱은 생물사회의 서식공간(유기적으로 결합된 생물군)

2) 비오톱의 역할·기능
① 도시생물의 은신처, 분산, 이동통로로서의 역할
② 도시민의 휴식 및 레크레이션을 위한 공간으로서의 역할
③ 환경교육 및 도시생태계 연구를 위한 공간기능
④ 도시의 친근감 또는 환경변화, 오염의 지표로서의 기능
⑤ 도시환경보호 및 환경건전성의 유지기능

3) 비오톱의 보전 및 조성원칙
① 자연환경 보전 및 복원 : 조성대상지 본래 자연환경 복원·보전
② 재료사용 : 비오톱 조성시 이용소재는 그 지역 본래 재료
③ 용수확보
④ 핵심지역 설정 : 인간 침입 없는 핵심지역 설정
⑤ 설계기술의 적용 : 자연이 복원되어 완성된 단계가 되기 위한 계획이 필요
⑥ 시민참여
⑦ 모니터링 : 비오톱 조성 후 모니터링 실시

4) 비오톱 지도화 방법
① 선택적 지도화 : 보호가치 매우 높은 특별지역에 한해 실시(속성 비오톱 지도화 방법)
 - 단기적으로 신속·저렴하게 지도 작성
 - 세부적 비오톱 정보 제공 못함
 - 국토단위 대규모 비오톱 지도제작에 유리
② 포괄적 지도화 : 토지이용의 모든 유형이 도면화, 도시 내 모든 비오톱 유형 파악(서울시 비오톱 지도)
 - 비오톱 지도의 내용적 정밀도를 가장 높일 수 있는 장점
 - 도시 및 지역단위의 생태계 보전 등 위한 자료로 활용
 - 많은 인력과 시간 및 비용 소요
③ 대표적 지도화(절충형) : 선택적 지도화와 포괄적 지도화의 절충형
 - 평가의 경과가 동일·유사한 비오톱 유형에 적용
 - 시간과 비용 절감
 - 비오톱 관련 자료가 충분히 구축된 경우 적용 용이

5) 비오톱 지도화 과정
① 추진주체 : 시·군·구(환경부)
② 비오톱 지도화 과정

| 생태현황 기초조사 | → | 비오톱 현황파악 | → | 비오톱 유형화 | → | 평가·분석 | → | 지도화 |

02. 자연경관생태

(1) 산림

1) 산림의 개념

① 생물군집의 기본적 단위, 키 큰 목본식물로 우점되며 습한 기후지역에서 지표를 넓게 덮고 있음

② 생물사회 또는 생물공동체에서 살아가는 동식물의 집단

2) 산림의 기능

① 목재생산과 산림부산물의 생산기능 → 직접효용

② 토사유출방지, 휴양, 대기오염 정화, 수질 및 토양오염 정화, 수원함양, 야생동물보호 → 간접효용(공익기능)

3) 산림생태계의 수순환과정에서 역할

① 증산작용에 의해 지표면의 열환경 완화시킴

② 산림의 대규모 손실 → 지표의 열환경과 대량 증산량 감소로 인해 광역의 물순환을 변화시킴

③ 물은 광합성에 의한 물질생산에 기여, 생산된 물질순환 과정에서 산림토양 형성

④ 산림토양의 유무 → 우수유출 경로를 결정, 홍수와 갈수에 큰 영향 끼침

⑤ 산림과 산림토양의 유무는 하천의 토사량과 수질형성에 크게 영향 끼침

(2) 산림대

1) 우리나라 산림대

① 동북아시아 온대몬순기후, 온대 낙엽활엽수림 지대

- 난대림 : 연평균 14℃ 남해안지역
- 온대림 : 연평균 14~5℃ 전체의 85% 차지
- 아한대림 : 연평균 5℃ 이하지역(북한 고원·고산지역)

2) 산림토양 - 토양의 산성화가 식생에 미치는 영향

① 뿌리의 양분흡수력 저하

② 뿌리 내 효소작용 방해

③ 세포막 약화 → 식물 생활력 장애 초래

④ 토양 내 양분결핍(식물 이용할 염기 유실 및 용탈)

(3) 습지, 자연보전지역

1) 습지의 기능

①수문저장, 영양물질의 변형

②생명체의 성장, 습지식생의 다양성

③지하수 저장 및 충진

④지표수 공급 및 유량조절

2) 습지의 가치 : 생태적, 사회적, 경제적 가치
3) 습지 및 자연보전지역의 평가방식 및 평가모델
    ① WET: 개별습지의 기능과 가치를 종합적으로 평가하는 모델(전반적 습지의 기능평가에 유용)
    ② HEP : 어류 및 야생동물 서식처 평가 위한 모델
    ③ EMAP : 국가 생태자원에 대한 중요한 정보제공위해 수행(습지평가 위한 지표설정, 평가방법의 표준화, 중장기 습지모니터링 위한 국가네트워크)
    ④ HGM : 습지생태계의 종합평가방식(생태계 전문가들이 생태조사 통해 자료 수집→종합 평가)
    ⑤ RAM : 습지 기능을 간이 평가하는 방식(숙련 전문가가 단일 현장답사와 내업 통해 습지기능 평가)
    ⑥ IBI : 생물학적 평가모델, 습지의 생명부양 및 유지능력 평가

03. 복원 및 개발계획에서의 경관생태

(1) 보전·복원계획과 경관생태

1) 자연보존의 핵과 복원목표

① 생물다양성 유지위해 일정수준 이상의 수평공간 확보되야 함

② 야생 생물보호의 자연지역은 큰 덩어리 하나로 뭉쳐있어야 함

③ 자연 통로 설치로 생물적 네트워크 확보

④ 이차림, 초지, 인공림, 가로수 지대 등도 통로 기능 발휘

⑤ 자연지역과 인위지역 사이에 완충지역 배치

2) 복원 목표

① 회복수준에 따른 단계

- 복원 : 훼손된 자연구조와 기능 → 완전히 회복시키는 것
- 복구 : 훼손된 자연 → 사연상태와 유사상태로 회복시키는 것
- 재배치 또는 대치 : 훼손된 자연에 인위적으로 새로운 자연 창조

② 복원목표의 수준별 장·단점

목표의 수준	장점	단점
종의 복원	* 멸종위기종의 보전 * 생물다양성의 증진	* 생태계, 경관 수준의 상호작용과 과정에 대한 인식 부족 * 다른 종에 대한 예상 못한 피해 * 하나의 목표종에 대한 관심이 다른 종에 대한 소홀로 이어짐
생태계 기능의 복원	* 종 유지를 위해 필요한 대규모 과정의 인식 * 다양한 기관, 이익단체의 관리목표의 통합 증진 * 생태적 실체의 역동적 특성 인식	* 불분명한 생태계에 대한 정의가 복원되어야 할 단위를 정하는데 어려움 초래 * 생태계 기능에 대한 정의와 일반화가 어렵고, 기능이 규모에 따라 다르고, 기능간의 상호 관련성 부족

3) 식생의 생태학적 관리와 자연환경 유지·복원

① 식생의 생태학적 관리

천이촉진 방식	- 천이진행을 인위적으로 촉진시킴 - 목표로 하는 생물군집의 생식, 생육 위한 조건 지원 → 직접적 목표자연을 구성하는 생물은 이입
천이억제 방식	- 천이진행을 인위적으로 정지, 지연, 역행시킴 - 목표자연을 구성하는 생물상이 다른 생물상의 영향으로 성립되지 않을 때 이것을 제거하고 적절한 교란을 가하는 조치 취함
천이순응 방식	- 자연의 변화를 자연천이와 재생에 맡기고 그 이상의 특별한 간섭은 행하지 않음 - 인위 가하지 않음, 가벼운 교란발생지역에 적합한 복원방법

② 자연환경 유지·복원 유형

유지 중심	보존형	자연을 있는 그대로 지킨다는 의미, 천이를 진행시키지 않고 현재 유지
	보전형	인위적 노력으로 자연을 능동적으로 관리, 부양
	보호형	자연을 보호, 법과 제도 통한 방지책 가미
복원 중심	수복형	인위를 가해 이전의 자연을 유도, 회복시키는 것
	재현형	생물이 없는 것에 가까운 상태의 토지에 이전의 자연을 만드는 것
	창조형	자연을 창조하는 것

4) 생물서식공간 조성방법·절차 및 고려사항

① 생물서식공간 조성방법

- 도시의 경우 → 도시환경 속으로 숲, 초원, 습지 등 조성 → 옥상녹화, 벽면녹화 보급과 하천의 친수공간 조성, 녹지공간과의 연결고리 만들어 야생동물 서식처와 같은 자연요소 도입 → "자기 조절적인 영속과 생산적인 군집"을 이루고 이를 통해 생물다양성을 증진

② 생물서식공간 조성시 고려해야 할 사항

- 주변 환경에 대한 정확한 분석과 이해
- 생태네트워크
- 지역주민의 참여

Chapter 04. 조경관리 및 생태계 관리

09. 생태조사

01. 조사계획

(1) 생태조사 개요

1) 계획단계와 조사목적

　① 현황조사
　　- 현재 자연환경과 사회환경에 대해 조사
　　- 동·식물에 대한 현재 서식상태, 환경의 양과 질의 연결성, 임의적 영향과 생태적 문제점 등 현황 파악

　② 예측조사
　　- 현재 자연현황의 장래 예측과 환경정비에 의한 변화와 가능성 예측
　　- 지역의 가능성, 천이 등의 시간적 변화나 인간 관리행위에 의한 변동 포함해 검토

　③ 상세조사
　　- 특정 종, 개체군, 군집 등 생리나 생태에 관해 조사
　　- 조사과정서 보호나 보전, 유치의 대상되는 특정 종이나 군집에 관해 그 구체적 생태, 생활사 및 필요로 하는 사항에 대한 정보 얻음

　④ 모니터링조사
　　- 환경 변화나 동·식물상, 군집 등 변화를 계속적으로 조사
　　- 특정요인의 영향이나 특정한 종의 상태 감시

2) 조사의 원칙

　① 육상권역 → 육지와 담수 모두 담는 소권역 단위로 조사 수행, 해안 → 해안선 따라 별도 조사지 선정해 육상과 별도로 조사
　② 우선적 조사 실시지역 → 중점조사지 및 우선조사지, 단계적으로 일반조사지까지 확대
　③ 일반조사지의 조사는 생태지도 작성분야만 조사 실시
　　현지조사는 소권역 내 대표 평가소단위에서 실시
　　나머지 지역은 문헌 및 청문조사 실시
　④ 우선조사지에서 담수조사의 경우 하나의 하천이 2개의 소권역에 걸쳐 있는 경우 하나의 단위로 취급해 조사
　⑤ 조사에 사용되는 지도는 1 : 25,000 지형도를 기본도로 함

3) 조사지역 우선순위 선정기준

범주	가중치	항목
우수 및 보존대상지역	5	자연성이 뛰어난 지역(예: 녹지자연도 8등급 이상 지역)
		식생우수 지역
		희귀 동·식물종 서식 지역
		국립 및 도립공원 지역
		자연생태계보호 지역
		천연기념물보호 지역
		조수보호 구역
		대상분류군에 해당하는 다양한 종의 출현이 보고된 지역
		특산종 분포 지역
취약생태계 지역	2	생태적으로 민감한 지역
		개발예상 지역
		특산종분포 지역
생태계연결 지역	1	주요 생태계의 연결 지역(예: 백두대간에 포함되는 지역)
장기생태연구조사 지역	1	장기생태연구의 필요성이 높은 지역
기타	1	미조사 지역
		해당지역의 분류대상군의 자료가 빈약한 곳

(2) 표본추출방법·조사빈도

1) 표본추출방법

   ① 랜덤표본추출
   - 모집단 내의 각 원소가 표집 될 기회가 균등함
   - 추출한 표본 속 원소가 다른 원소의 추출에 영향을 미치지 않게 하는 방법
   - 전집에 대한 사전지식이 많이 필요치 않음
   - 다른 추출법과 표본 크기가 같을 때 표집오차가 큼

   ② 반복표본추출
   - 체계적으로 많은 표본을 반복해 측정해서 한 표본과 다른 표본 사이의 변동이 큰 생태표본에 대한 평균의 변동을 작게 함

   ③ 하위표본추출
   - 전체 모집단을 동질적인 하위집단으로 나누고 이러한 하위집단으로부터 무작위 추출 또는 그 하위집단의 요소들을 리스트에 배열해 체계표집하는 방법

2) 조사빈도

   ① 원칙 : 생물군집 및 생물상 조사는 1년에 계절별로 조사

   ② 조사빈도 고려사항
   - 조사대상 종 출현시기
   - 조사방법
   - 조사예산

   ③ 식물 조사시기
   - 개화시기를 고려해 봄, 여름, 가을(연3회) 조사를 기본
   - 제1회 조사 : 4월~5월 중순, 봄 식물 조사
   - 제2회 조사 : 6월 장마 전 늦봄 및 초여름 식물 조사
   - 제3회 조사 : 8월~9월 여름 및 가을 식물 조사

02. 생물군집구조 조사방법

(1) 식물군집조사

1) 브라운 블랑케법

① 개요 : 전체 군집의 일부분을 조사해 대표성을 나타내는 샘플을 정하는 방법, 조사구 범위에 나타나는 식물의 양적평가를 수반하여 완전한 목록 작성

② 조사구(표본구)의 설정
   - 넓은 지역을 답사해 군집의 유형 구별→균질한 식분 중에서 그 지역 대표하는 것을 주관적으로 선정

③ 조사구(표본구)의 크기
   - 교목림 : 100~400m^2
   - 관목림 : 25~100m^2
   - 키 큰 초본류 초원 : 4~25m^2
   - 키 작은 초본류 초원 : 1~4m^2
   - 이끼류, 지의류 군락 : 0.1~1m^2

2) 방형구법(측구법)

① 정방형을 기본으로 한 작은 방형구를 이용한 방법

② 군집의 분류 및 군집구조를 조사하는데 적합

③ 육상식물의 표본추출에 가장 많이 이용

④ 수중 저서생물인 고착성 동물이나 이동속도가 느린 동물의 표본추출에 이용

⑤ 큰 식물체가 어느 정도 간격으로 있는 산림이나 하천·습지의 가장자리와 같이 환경구배가 있는 곳에는 적용 ×

3) 대상법 및 선차단법

① 띠대상법
   - 두 줄 사이의 폭을 일정하게 유지, 그 속의 생물을 조사
   - 고도, 광도, 수분 및 염도 환경의 연속적인 구배에 따른 생물의 반응을 조사하는데 이용

② 선차단법
   - 한 줄을 직선으로 설치하고 그 선에 접하는 생물을 조사
   - 선의 길이를 단위로 하여 밀도 또는 상대밀도를 얻음, 밀도 및 피도는 줄의 길이에 대한 식물개체가 접촉하는 길이로 표시

(2) 일반식물상 및 특정식물종 조사

1) 일반식물상 조사

① 조사대상
   - 대상 지역 : 우선조사대상 지역과 일반조사대상 지역을 조사지역으로 함
   - 대상 생물 : 조사지역 내에 생육하는 모든 관속식물을 조사대상으로 함

② 조사시기
- 제1회 조사 : 4월~5월 중순, 봄 식물 조사
- 제2회 조사 : 6월 장마 전 늦봄 및 초여름 식물 조사
- 제3회 조사 : 8월~9월 여름 및 가을 식물 조사
③ 조사대상 : 주어진 권역 내에 생육하는 모든 관속식물 종을 대상으로 함

2) 특정식물종 조사
① 특정식물종의 개념과 의의
- 우리나라 자연환경지역에 자생하는 관속식물
- 학술적, 생태적, 상업적, 사회·문화적, 심미적 가치 등이 높아 우선적 보전대상이 되는 식물종

② 특정식물종의 선정기준
- 국가차원의 고유종 및 고유종하분류군 또는 한 지방에 국한해 분포하는 종
  (물푸레나무과의 미선나무, 울릉도의 너도밤나무)
- 식물구계지리학상으로 중요한 북방계 및 남방계 요소와 분포 한계선상에 해당하는 종의 개체군(집단)
  (설악산의 눈잣나무, 내장산의 비자나무)
- 상업적 가치로 인해 과거와 현재 지속적인 개체수 감소가 있는 식물종
  (목재 : 주목, 약재: 천마, 산채: 곰취, 관상: 개불알꽃)
- 천이의 진행에 따른 서식환경 변화로 개체군 쇠퇴, 개체수가 감소하는 종
  (초롱꽃과의 더덕, 국화과의 삽주)
- 원래부터 개체군의 크기가 작거나 개체수가 적은 희귀 식물종
  (설악산의 노랑만병초, 내장산의 단풍나무)
- 특수 입지 환경의 지표가 되거나 전형적 식생형의 결정에 중요한 식물종
  (석회암지대의 측백나무, 온대낙엽활엽수림의 거제수나무)
- 국가차원에서 지정된 특정야생식물, 천연기념물이나 유전자원 보존목적으로 법적 보호 받는 식물종
  (백합과의 큰솔나리)
- 서식지 파괴나 교란, 환경오염과 같은 위협요인에 따라 개체수가 과거에 비해 크게 감소하는 식물종
  (습지성 식물: 끈끈이주걱, 창포)

군집의 생산구조	
식물 군집의 물질생산에 미치는 요인	빛의 세기, 온도, 강수량, 토양 속 무기염류량, 잎의 총면적
생산구조도	식물의 생산량을 식물의 높이에 따라 나타낸 것
	- 광엽형 : 동화기관이 상대적으로 위에 분포해 윗부분에서 광합성이 많이 일어남, 조도는 밑으로 갈수록 급격히 감소
	- 협엽형 : 동화기관이 밑의 부분까지 분포

03. 자료정리 · 분석

(1) 개체군 분포 및 군집구조

1) 개체군 형성의 장·단점

   ① 장점
   - 주변의 불리한 환경요인으로부터 개체들의 상호 보호
   - 개체가 많음으로써 생기는 유전적 다양성 증대
   - 종내 경쟁에 의한 강한 개체의 생존
   - 배우자를 쉽게 구할 수 있는 생식의 이점

   ② 단점
   - 종내 경쟁에 의한 전 개체들의 활력 약화
   - 상호 접촉 증대로 인한 스트레스 수준 증가
   - 집중적인 이용에 의한 환경의 악화
   - 병의 전염가능성 증가
   - 물리적 접촉과 간섭의 증가에 따른 활동 저하

2) 개체군의 분포

   ① 개체군의 공간분포 유형
   - 임의분포(랜덤분포)
   - 집중분포
   - 규칙분포

3) 군집구조

   ① 군집의 정의와 특성
   - 군집 : 한 지역에서 여러 개체군이 유기적으로 상호작용을 하고 자급자족하는 생태학의 단위
   - 경계 : 군집은 대개 경계를 구분하기 어려운 경우가 많음
   - 속성 : 군집은 유기체이며 항상성을 가지고 개개의 개체군이 가지지 않은 독특한 구조적, 기능적 속성을 가짐

   ② 군집구조의 표현
   - 종조성 : 군집은 일정 지역에서 생육하는 특정 여러 개체군의 집합체로 개체군의 상대수도는 각각 다름
   - 상관 : 군집은 층위구조나 공간적 분포유형과 같은 고유한 구조적 특징을 가짐
   - 주기성 : 군집의 구조는 하루 또는 계절을 주기로 반복됨
   - 영양구조 : 군집은 먹이사슬과 영양단계를 포함한 특정한 에너지 흐름의 유형을 가짐

(2) 종풍부도 · 종다양도 · 군집유사도

1) 종풍부도

   ① 의의 : 군집 내에 존재하는 종의 수에 근거한 종의 밀도, 단위지역마다 종들이 얼마나 나타나는가를 보여줌

   ② 일반적 특징

   - 서식지의 복잡한 정도에 따라 종의 풍부도는 증가
   - 지역의 규모가 클수록 종의 풍부도는 증가
   - 종의 지리적 근원지와 가까울수록 종의 풍부도는 증가
   - 고위도에서 저위도로 갈수록 종수가 다소 증가하는 경향

2) 종다양도

   ① 의의 : 종풍부도와 각 종에 속하는 개체수의 분포도를 나타내는 균등도를 동시에 나타내는 척도

   ② 일반적 특징

   - 종다양도는 종의 이질성(한 군집 내에 다수 종들이 비슷한 개체수로 출현하면 종다양도가 높고, 소수의 종이 출현하거나 소수 종이 상대적으로 많은 개체수를 차지하는 군집은 낮음)
   - 종다양도가 높은 군집은 에너지 유동, 먹이망, 포식, 경쟁, 지위분배에 있어 상호작용이 복잡하고 다양함
   - 종다양도는 군집의 구성성분이 외부의 압력을 적게 받는 군집구조의 능력의 척도로 이용됨

3) 군집 유사도

   ① 의의 : 두 군집 종조성 사이에 얼마나 유사하고 얼마나 다른가를, 한 군집의 종조성이 시간경과에 따라 어떻게 변하는가를 판정하는데 이용하는 지수

(3) 종간 상호작용

1) 식물의 상호작용

   ① 특성 : 식물간 상호작용은 무기환경의 변화를 매개로 하여 서로 영향을 주고받는 간접적 관계

   ② 협동

   - 종내협동 : 이익을 함께 나누는 상호작용, 동일종류 식물이 서로 근접생활시 상호 개체성장에 유리하게 작용
   - 종간협동 : 어떤 식물이 특정한 식물군락이나 군락과 강하게 밀접한 관계를 가지고 출현, 생육하는 상호작용

   ③ 경쟁 - 종내경쟁 vs 종간경쟁

   ④ 타감작용 : 식물이 만들어내는 화학물질에 의해 다른 식물의 성장에 영향을 주는 현상, 편해공생의 일종

   - 호두나무 → 주글론은 식물 발아나 성장 저해
   - 소나무 → 잡초의 성장 저해
   - 죽백나무 → 락톤 물질 방출해 임상식물의 생육 저해

Chapter 04. 조경관리 및 생태계 관리

10. 생태관련법규 및 기준

01. 생태 자연도 작성 관련 법규 및 기준

(1) 생태·자연도 작성원칙

① 생태·자연도는 현지조사 결과에 기초하여 작성함을 원칙으로 한다.
  (다만, 효율적인 작성을 위하여 필요할 경우에는 조사보고서 및 학술발표 자료, 위성영상, 항공사진 등의 자료를 활용할 수 있다.)
② 생태·자연도 등급을 격하시키기 위하여 불법 또는 고의로 식생 등 생태계를 훼손한 때에는 그 훼손한 날로부터 10년간은 훼손되기 전의 생태·자연도 등급으로 유지한다.

(2) 생태·자연도 작성방법

① 생태·자연도는 전국의 자연환경조사 결과를 기초로 하여 작성하되, 특별한 사정이 없는 한 자연환경조사 결과가 조사 종점일로부터 2년 이내에 반영되도록 한다.
② 작성된 생태·자연도에 대해 법 제31조제1항부터 제3항까지의 규정에 따른 정밀조사·보완조사 또는 변화 관찰결과를 반영할 필요가 있는 경우에는 이를 매년 반영할 수 있다.

(3) 생태·자연도 평가항목 및 자료

생태·자연도는 "식생, 멸종위기 야생생물, 습지, 지형" 항목을 기준으로 평가하며 각 항목을 평가할 때에는 다음 각 호의 자료를 활용한다.

① 식생 : 현존식생도 및 식생보전등급, 임상도 등 식생의 현황을 파악할 수 있는 자료
② 멸종위기 야생생물: 자연환경조사보고서(무인도서 및 습지조사보고서 포함), 철새동시센서스보고서, 조수실태조사보고서, 멸종위기 야생생물 전국분포조사보고서, 철새도래지, 국제협약보호지역 관련 자료 등 야생생물의 현황을 파악할 수 있는 자료
③ 습지 : 전국자연환경조사보고서, 철새동시센서스보고서, 조수실태조사보고서, 습지조사보고서 등 습지의 생태적 상태를 파악할 수 있는 자료
④ 지형 : 전국자연환경조사보고서, 관련 조사연구보고서 등 지형보전등급을 파악할 수 있는 자료

(4) 등급평가의 최소면적

생태·자연도를 작성하거나 등급을 평가하기 위한 최소면적은 62,500m²로 함을 원칙으로 한다.

다만, 생태적으로 중요한 식생, 멸종위기 야생생물, 습지, 지형 및 생태·자연도 등급의 수정·보완, 사전환경성검토, 환경영향평가 등 지역적으로 조사를 하는 경우에는 62,500m²보다 작은 면적으로 생태·자연도 작성지침을 작성하거나 등급을 평가할 수 있다.

(5) 생태·자연도 1등급 권역 작성기준

다음 각 호의 어느 하나에 해당하는 경우에는 생태·자연도 1등급 권역으로 작성한다.

① 식생
  가. 식생보전등급 Ⅰ등급, Ⅱ등급에 해당하는 지역
② 멸종위기 야생생물
  가. 식물

1) 멸종위기 야생생물 Ⅰ급 종이 식생보전등급 Ⅰ등급에서 Ⅳ등급 또는 임상도 3영급 이상 지역에 서식하는 경우. 이때 생태·자연도 등급은 서식지가 포함되는 지역의 격자(250m×250m)를 중심으로 사방 8개의 격자 (750m×750m)로 표시한다.

2) 멸종위기 야생생물 Ⅱ급 종이 2종 이상 식생보전등급 Ⅰ등급에서 Ⅳ등급 또는 임상도 3영급 이상 지역에서 함께 서식하는 경우. 이때 생태·자연도 등급은 서식지가 포함되는 지역의 격자 (250m×250m)로 표시함

나. 국제협약 보호지역

1) 자연환경관련 국제협약·기구에 등록된 지역. 다만, 별도관리지역과 중첩되는 지역이 있거나 주거지, 농경지 등 보호지역이 아닌 지역이 포함되어 있을 경우에는 적용하지 않는다.

2) 자연환경보전을 위한 국가간 협력사업 대상지역. 다만, 별도관리지역과 중첩되는 지역이 있거나 주거지, 농경지 등 보호지역이 아닌 지역이 포함되어 있을 경우에는 적용하지 않는다.

③ 지형 : 지형보전등급이 Ⅰ등급인 지역. 다만, 취락지는 제외한다.

(6) 생태·자연도 2등급 권역 작성기준

다음 각 호의 어느 하나에 해당하는 경우에는 생태·자연도 2등급 권역으로 작성한다.

① 식생

가. 식생보전등급 Ⅲ등급, Ⅳ등급에 해당하는 지역

나. 식생 조사가 안 된 지역의 경우 자연식생으로 임상도 2영급 이상 지역

② 멸종위기 야생생물

가. 식물의 경우 제12조제2호에 따라 평가된 생태·자연도 1등급 권역 이외의 지역으로서 멸종위기야생식물이 1종 이상 서식하고 있는 지역. 이때 생태·자연도 등급은 서식지가 포함된 격자 (250m×250m)로 표시함

③ 지형 : 지형보전등급이 Ⅱ등급인 지역

(7) 생태·자연도 3등급 권역 작성기준

생태·자연도 1등급 권역, 2등급 권역 및 별도관리지역을 제외한 지역은 생태·자연도 3등급 권역으로 작성한다.

(8) 별도관리지역의 생태·자연도 작성

환경부장관은 별도관리지역에 대하여 생태·자연도 작성이 필요하다고 인정되는 경우 본 지침에 따라 생태·자연도를 작성할 수 있다.

02. 생태면적률 적용 지침

(1) 생태면적률 개요

1) 배경 및 목적

① 급속한 도시화, 인구증가 등으로 인해 콘크리트 구조물이나 인공지반이 증가해 도시지역의 자연 및 생태적 기능이 훼손되고 있어 도시의 오염저감, 열섬 등 기후변화에 적응하고 생물 다양성 증진 등 도시의 생태적 건전성 향상 및 쾌적한 생활환경 조성을 위해 생태면적률 제도를 도입한다.

2) 용어 정의

① 생태면적률 : 전체 개발면적 중 생태적 기능 및 자연순환기능이 있는 토양 면적이 차지하는 비율
② 현재상태 생태면적률 : 개발하기 전 토지피복유형을 기준으로 측정한 생태면적률
③ 목표생태면적률 : 전략환경영향평가 단계에서 개발 후 목표로 설정하는 생태면적률
④ 계획생태면적률 : 환경영향평가 단계에서 목표생태면적률을 근거로 토지이용 용도별로 설정하는 생태면적률
⑤ 자연지반녹지 : 개발 대상지에서 자연지반 또는 자연지반과 연속성을 가지는 절·성토 지반에 인공적으로 조성된 녹지로서 「도시공원 및 녹지에 관한 법률」에서 정하는 공원녹지를 포함
⑥ 자연지반녹지율 : 개발대상지에서 자연지반녹지가 차지하는 비율
⑦ 토지피복지도 : 인공위성이 촬영한 영상을 이용하여 숲, 습지, 포장면과 같은 지표면의 물리적 상황을 분류해 표시한 지도

3) 생태면적률

① 공간의 생태적 가치를 정량적으로 평가하기 위해 자연순환기능을 동등한 가치로 구분한 매개변수 사용
② 개발되는 공간의 생태적 가치를 평가하기 위한 매개변수
  - 우수의 증발산 및 냉각작용으로 인한 도시기후 조절 기능
  - 대기 중의 미세분진 및 오염물질 흡착 기능
  - 우수 투수, 저장 및 지하수 함양 기능
  - 유기토양층 생성 및 오염물질 분해 기능
  - 식물이나 동물의 서식처 제공 기능

(2) 생태면적률 산정 및 달성 목표

1) 생태면적률 산정 방법

① 개발 대상지를 자연지반녹지와 인공화 지역으로 구분

② 인공화 지역을 구분된 17개의 공간유형으로 구분

③ 인공화 지역의 공간유형별 면적에 정해진 가중치를 곱하여 공간유형별 생태면적을 산출

④ 자연지반녹지와 인공화 지역 생태면적의 합을 전체 대상지 면적으로 나누어 생태면적률을 산출

$$생태면적률 = \frac{자연지반녹지\ 면적 + \Sigma(인공화\ 지역\ 공간유형별\ 면적 \times 가중치)}{전체\ 대상지\ 면적} \times 100(\%)$$

2) 생태면적률 달성목표

① 개발사업 유형별 생태면적률 달성목표는 다음 표와 같으며 사업계획 수립, 계획·목표생태면적률 설정, 영향 평가 협의시의 지표로 활용

생태면적률 적용기준		
개발사업 유형	권장달성목표	세부내용
1. 도시의 개발	30	구도심 개발사업
	40	구도심 외의 개발사업
2. 산업입지 및 산업단지 조성	20	-
3. 관광단지의 개발	60	-
4. 특정지역의 개발	20~60	개발사업 유형별 기준 적용
5. 체육시설의 설치	80	일반 체육시설(실외)
	50	경륜·경정시설(실내)
6. 폐기물 및 분뇨시설의 설치	50	매립시설
	40	소각시설 및 분뇨처리시설

② 생태면적률 가중치

구분	생태면적률(%)	가중치
1급	생태면적률이 55% 이상인 경우	1.00
2급	생태면적률이 45% 이상 55% 미만인 경우	0.75
3급	생태면적률이 35% 이상 45% 미만인 경우	0.50
4급	생태면적률이 30% 이상 35% 미만인 경우	0.25
5급	생태면적률이 10% 이상 30% 미만인 경우	0.10

③ 피복유형에 따른 계수(가중치)

	피복유형		계수	공간(피복)유형 설명
1	자연지반녹지		1.0	- 자연지반에 자생하거나 조성된 녹지
2	수공간 (투수기능)		1.0	- 지하수 함양 기능을 가지는 수공간 - 바닥에 차수시설이 설치되어 있는 수공간의 경우는 계수 0.5
3	인공지반녹지		0.7	- 유효 토심이 90cm 이상인 인공지반 상부 녹지 - 토심이 90cm미만인 경우 계수0.5(최소 토심 40cm)
4	옥상녹화		0.6	- 유효 토심이 40cm 이상인 다층구조 녹화가 적용된 공간 - 토심이 40cm 미만인 경우 계수 0.4
5	투수포장 (식재포함)		0.4	- 순수포장면적이 50% 이상인 경우 또는 식재가 적용되지 않는 경우에는 계수 0.2(불투수포장 경우 계수 0)
6	벽면녹화		0.3	- 녹화된 벽면이나 옹벽(담장) 등 창 없는 벽면이나 옹벽의 녹화, 최대 10m 높이까지만 산정(최소 토심 20cm)
7	저류·침투 시설 연계면		0.1	- 지하수 함양을 위한 우수침투시설 또는 일시적 저류시설 연계 면
	식재유형		계수	식재유형 산정 시 유의사항
8	수고	환산면적	0.1	- 낙엽교목으로 H>5m, B>25cm 또는 R>30cm - 낙엽교목으로 H>5m, B>18cm 또는 R>20cm - 낙엽교목으로 H>4m, B>12cm 또는 R>15cm - 상록교목으로 H>5m, W>5m 8주 인정 - 상록교목으로 H>5m, W>3m 4주 인정 - 상록교목으로 H>4m, W>2m 2주 인정 * 수고 1.5m 이상 관목의 경우 환산면적 0.3의 50%로 인정(0.15)
	0.3~1.5m	0.1		
	1.5~4.0m	0.3		
	4.0m 이상	3.0		

(3) 적용대상 및 절차

1) 적용대상

① 전략환경평가 대상계획으로 개발기본계획 중 도시의 개발, 산업입지·산업단지 조성, 관광단지의 개발, 특정지역의 개발, 체육시설의 설치, 폐기물·분뇨·가축분뇨처리시설의 설치

② 환경영향평가 대상사업 중 도시의 개발사업, 산업입지 및 산업단지의 조성사업, 관광단지의 조성사업, 관광단지의 개발사업, 특정지역의 개발사업, 체육시설의 설치사업, 폐기물 처리시설·분뇨처리시설 및 가축분뇨처리시설의 설치

2) 적용절차

① 협의단계별 절차

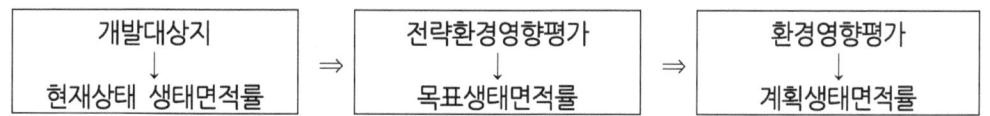

② 전략환경영향평가 대상 계획

- 관계행정기관 및 사업시행자는 개발대상지의 토지피복유형을 기준으로 현재 상태의 생태면적률을 산정하고 용도지역별 목표생태면적률을 설정하여 제시
- 협의기관은 관계행정기관 및 사업시행자가 제시한 현재상태 생태면적률을 바탕으로 사업계획, 환경특성 및 달성목표치를 고려해 목표생태면적률을 협의하여 설정하고 협의의견으로 제시
- 승인기관은 목표생태면적률을 사업계획에 반영하여 승인

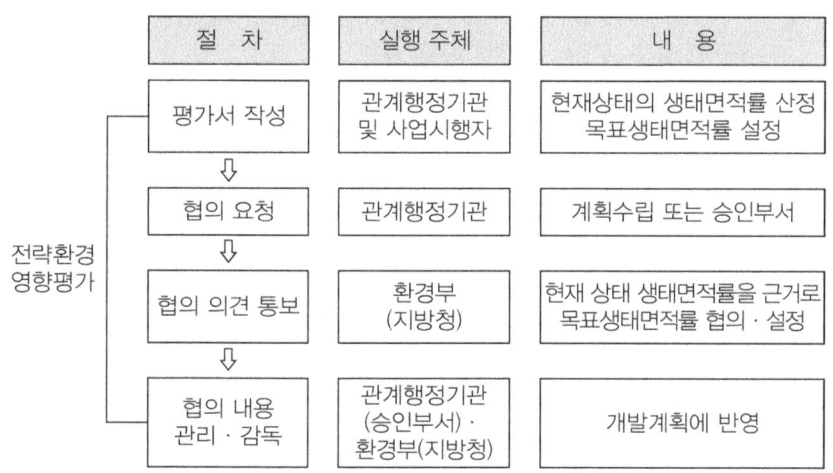

〈 전략환경영향평가 협의 절차 〉

03. 식생 보전등급 평가

(1) 용어 정의

① 식생 : 지표면을 덮고 있는 나무, 풀 등이 어우러져 있는 식물사회
② 식물상 : 조사지역에서 관찰되는 식물종의 전체 목록을 의미
③ 식생보전등급 : 식생의 보전가치를 평가한 등급
④ 지형보전등급 : 지형자원의 보전가치를 평가한 등급
⑤ 전국의 자연환경조사는 국립생태원장이 수행한다. (별도 전담조직 운영)

(2) 등급분류 기준

등급분류	분류기준
Ⅰ등급	* 식생천이의 종국적인 단계에 이른 극상림 또는 그와 유사한 자연림 　- 평균수령이 50년 이상된 산림식생(난온대상록활엽수림, 낙엽활엽수림) 　- 아고산대 침엽수림(분비나무군락, 구상나무군락, 주목군락 등) 　- 산지 계곡림(고로쇠나무군락, 층층나무군락 등), 하반림(오리나무군락, 비술나무군락 등), 너도밤나무군락 등의 낙엽활엽수림 * 산림식생 이외의 특수한 입지에 형성된 자연성이 우수한 식생이나 특이식생 　- 해안사구, 단애지, 자연호소, 하천습지, 습원, 염습지, 고산황원, 석회암지대, 아고산 초원, 자연암벽 등에 형성된 식생
Ⅱ등급	* 자연식생이 교란된 후 2차천이에 의해 다시 자연식생에 가까울 정도로 거의 회복된 상태의 산림식생 　- 군락의 계층구조가 안정되어 있고, 종조성의 대부분이 해당지역의 잠재자연식생을 반영하고 있음 　- 난온대 상록활엽수림(동백나무군락, 구실잣밤나무군락 등) 낙엽활엽수림(신갈나무군락, 당단풍군락, 졸참나무군락, 서어나무군락 등)
Ⅲ등급	* 자연식생이 교란된 후 2차천이의 진행에 의해 회복단계에 들어섰다가 인간에 의한 교란이 지속되고 있는 산림식생 　- 군락의 계층구조가 불안정하고, 종조성의 대부분이 해당지역의 잠재자연식생을 충분히 반영하지 못함 　- 조림기원 식생이지만 방치되어 자연림과 구별이 어려울 정도로 회복된 경우 * 산지대에 형성된 2차관목림이나 2차초원
Ⅳ등급	인위적으로 조림된 식재림
Ⅴ등급	* 2차적으로 형성된 키가 큰 초원식생(묵밭이나 훼손지 등의 억새군락이나 기타 잡초군락 등) * 2차적으로 형성된 키가 낮은 초원식생(골프장, 공원묘지, 목장 등) * 과수원이나 유실수 재배지역 및 묘포장 * 논 밭 등의 경작지 * 비교적 녹지가 많은 주택지(녹피율 60%이상)

* 비고 : 식재림은 인위적으로 조림된 수종 또는 자연적(2차림)으로 형성되었다 하더라도 아까시나무 등의 조림기원 도입종이나 개량종에 의해 식피율이 70%이상인 식물군락으로 한다. 다만, 녹화목적으로 적지 적수가 식재된 경우에는 식재림으로 보지 않는다.

(3) 식생 보전등급 평가항목 및 평가요령

평가항목	평가요령
1. 분포 희귀성	* 평가 대상이 되는 식물군락이 한반도 내에서 분포하는 패턴을 의미 * 분포면적이 국지적으로 좁으면 높게, 전국적으로 분포하면 낮게 평가
2. 식생복원 잠재성	* 평가 대상이 되는 식물군락(식분)이 형성되는데 소요되는 시간(잠재 자연식생의 형성기간을)을 의미 * 오랜 시간이 요구되면 높게, 짧은 시간에 형성되는 식물군락은 낮게 평가. 단 식생 발달기원이 부영화, 식재 등에 의한 것이면 상대적으로 낮은 것으로 평가
3. 구성식물종 온전성	* 평가 대상이 되는 식물군락의 구성식물종(진단종군)이 해당 입지에 잠재적으로 형성되는 식물사회의 구성식물종인가에 대한 평가 의미 * 이는 입지의 자연식생의 구성종을 엄밀히 파악하는 것으로 산림의 경우, 흔히 천이 후기종(극상종)으로 구성되면 높게, 초기종의 구성비가 높으면 낮게 평가
4. 식생구조 온전성	* 평가 대상이 되는 식물군락이 해당입지에 전형적으로 발달하는 식생구조(층위구조)가 얼마나 원형에 가까운가를 가지고 판정 * 산림식생은 4층의 식생구조를 가지며, 각 층위는 고유의 식생고와 식피율을 가지고 있으므로 층위구조가 온전하면 보전생태학적으로 높게 평가
5. 중요종 서식	* 식물군락은 식물종의 구성으로 이루어지므로 식물종 자체에 대한 보전생태학적 가치를 평가 * 그 분포면적이 좁거나, 중요한 식물종(멸종위기야생식물 I급, II급 또는 식물구계학적 중요종)이 포함되면 더욱 높게 평가
6. 식재림 흉고직경	*식재림의 경우 가장 큰 개체, 보통 개체의 흉고직경을 기록

04. 수질 및 수생태계 보전에 관한 법률

(1) 용어 정의

① 점오염원 : 폐수배출시설, 하수발생시설, 축사 등으로서 관거·수로 등을 통하여 일정한 지점으로 수질오염물질을 배출하는 배출원

② 비점오염원 : 도시, 도로, 농지, 산지, 공사장 등으로서 불특정 장소에서 불특정하게 수질오염물질을 배출하는 배출원

③ 기타 수질오염원 : 점오염원 및 비점오염원으로 관리되지 아니하는 수질오염물질을 배출하는 시설 또는 장소로서 환경부령이 정하는 것

④ 폐수 : 물에 액체성 또는 고체성의 수질오염물질이 혼입되어 그대로 사용할 수 없는 물

⑤ 강우유출수 : 비점오염원의 수질오염물질이 섞여 유출되는 빗물 또는 눈녹은 물 등

⑥ 불투수층(부투수층) : 빗물 또는 눈녹은 물 등이 지하로 스며들 수 없게 하는 아스팔트, 콘크리트 등으로 포장된 도로, 주차장, 보도 등

⑦ 수질오염물질 : 수질오염의 요인이 되는 물질로서 환경부령이 정하는 것

⑧ 특정수질유해물질 : 사람의 건강, 재산이나 동·식물의 생육에 직접 또는 간접으로 위해를 줄 우려가 있는 수질오염물질로서 환경부령이 정하는 것

⑨ 공공수역 : 하천·호소·항만·연안해역 그 밖에 공공용에 사용되는 수역과 이에 접속하여 공공용에 사용되는 환경부령이 정하는 수로

⑩ 폐수배출시설 : 수질오염물질을 배출하는 시설물·기계·기구 그 밖의 물체로서 환경부령이 정하는 것을 말한다. 다만,「해양환경관리법」에 따른 선박 및 해양시설을 제외

⑪ 폐수무방류배출시설 : 폐수배출시설에서 발생하는 폐수를 당해 사업장 안에서 수질오염방지시설을 이용하여 처리하거나 동일 배출시설에 재이용하는 등 공공수역으로 배출하지 아니하는 폐수배출시설

⑫ 수질오염방지시설 : 점오염원, 비점오염원 및 기타 수질오염원으로부터 배출되는 수질오염물질을 제거하거나 감소하게 하는 시설로서 환경부령이 정하는 것

⑬ 비점오염저감시설 : 수질오염방지시설 중 비점오염원으로부터 배출되는 수질오염물질을 제거하거나 감소하게 하는 시설로서 환경부령이 정하는 것

⑭ 호소 : 만수위(댐의 경우에는 계획홍수위를 말한다)구역 안의 물과 토지

- 댐·보 또는 제방(「사방사업법」에 의한 사방시설을 제외한다) 등을 쌓아 하천 또는 계곡에 흐르는 물을 가두어 놓은 곳
- 하천에 흐르는 물이 자연적으로 가두어진 곳
- 화산활동 등으로 인하여 함몰된 지역에 물이 가두어진 곳

⑮ 수면관리자 : 다른 법령의 규정에 의하여 호소를 관리하는 자를 말한다. 이 경우 동일한 호소를 관리하는 자가 2명 이상인 경우에는「하천법」에 의한 하천의 관리청 외의 자가 수면관리자가 된다.

⑯ 상수원호소 :「수도법」의 규정에 의하여 지정된 상수원보호구역 및「환경정책기본법」규정에 의하여 지정된 수질보전을 위한 특별대책지역 밖에 있는 호소 중 호소의 내부 또는 외부에「수도법」의 규정에 의한 취수시설을 설치하여 당해 호소수를 먹는 물로 사용하는 호소로서 환경부장관이 정하여 고시한 것

05. 생태관련 국제협약

(1) 3대 국제환경협약 및 람사르협약

① 생물다양성 관련 협약 : 생물다양성의 보전과 지속가능한 이용의 증진, 유전적으로 변형된 생명체의 안전관리 등을 규정

② 바이오안전성에 관한 생물다양성협약 카르타헤나 의정서 : 생물다양성에 부정적 영향을 미칠 가능성이 있는 유전자변형생물체(LMO)의 안전한 이동, 취급 및 사용 분야에서의 적절한 수준의 보호 확보

③ 생물다양성에 관한 협약 : 생물다양성 협약 적용범위 내의 유전자원과 관련된 전통 지식에 접근과 이 자원의 이용으로 발생하는 이익 공유

④ 기후변화에 관한 유엔 기본협약 : 지구의 온난화를 방지하기 위해 각국의 온실가스 배출 감축에 관한 기본 내용 규정

⑤ 사막화방지협약 : 기상이변, 산림황폐 등으로 심각한 한발 및 사막화의 영향을 받고 있는 국가들의 사막화 방지를 통한 지구환경 보호

⑥ 물새서식처로서 국제적으로 중요한 습지에 관한 람사르 협약 : 보호대상 습지지정, 람사습지 목록 관리 및 관련 정보 상호교환